# PROPÄDIX

Unterrichtsmaterialien für den Pädagogikunterricht

Hrsg. von Eckehardt Knöpfel

**Band 5**

Franz-Josef Brockschnieder

# Reggio-Pädagogik –

## ein innovativer Ansatz aus Italien

Schneider Verlag Hohengehren GmbH

**Umschlaggestaltung:** Simone Spörckmann

**Quellenangabe:**

**Knauf / Düx / Schlüter:** Handbuch Pädagogische Ansätze. Praxisorientierte Konzeptions- und Qualitätsentwicklung in Kindertageseinrichtungen. S. 136–139, Cornelsen Verlag Scriptor, Berlin 2007. ISBN: 978-3-589-24509-3

Leider ist es uns nicht gelungen, die Rechteinhaber aller Texte und Abbildungen zu ermitteln bzw. mit ihnen in Kontakt zu kommen.
Berechtigte Ansprüche werden selbstverständlich im Rahmen der üblichen Vereinbarungen abgegolten.


Bibliografische Information der Deutschen Nationalbibliothek

Die Deutsche Nationalbibliothek verzeichnet diese Publikation in der Deutschen Nationalbibliografie; detaillierte bibliografische Daten sind im Internet über ›http://dnb.d-nb.de› abrufbar.


ISBN 978-3-8340-0804-6 – **3. unveränderte Auflage**
Schneider Verlag Hohengehren, 73666 Baltmannsweiler
Homepage: www.paedagogik.de

# Inhaltsverzeichnis


Vorbemerkungen                                                                      1

Einleitung                                                                          2

Reggio-Pädagogik – Eine erste begriffliche Annäherung                               4

Reggio-Pädagogik – Ein Rückblick von Carlina Rinaldi                                6

Bruner: Das Wunder einer kleinen Stadt                                              7

Moss / Rinaldi: Was ist Reggio?                                                     9

Göhlich: „Was ist Reggiopädagogik?"                                                15

Dialog Reggio - Vereinigung zur Förderung der Reggio-Pädagogik in Deutschland e.V.:
Was heißt für uns „reggio-orientiert"?                                             21

Malaguzzi: Pädagogik als Projekt                                                   24

Reggio children: Historische und kulturelle Daten zu den Erfahrungen von Reggio Emilia   29

Malaguzzi: Hundert Sprachen hat das Kind                                           34

Liegle: Politisches Gemeinwesen und pädagogisches Konzept                          37

Malaguzzi: Die Rechte                                                              47

Malaguzzi: Die 100 Sprachen des Kindes                                            50

Brockschnieder: Das Bild vom Kind                                                 52

Jobst: Kinder mit besonderen Rechten – Inklusion in Kindertagesstätten            56

Knauf: Projekte in der Reggio-Pädagogik                                            62

Sommer: Ein weinender Springbrunnen                                                73

Vecchi: Die Geburt zweier Pferdchen - Die subjektiven Variablen                    77

Rinaldi: Ein Maß für die Freundschaft                                              79

Ullrich / Brockschnieder: Ästhetische Bildung                                      82

Stenger: Zwei Formen des in-Beziehungs-Tretens mit der Welt:   „Flirten"/ „Sich
Verlieben" und „Verhandeln"                                                        85

Ullrich / Brockschnieder: Ziele und Phasen des Lernprozesses                       91

Knauf: Die Rolle Erwachsener: Eltern und Erzieherinnen                             96

Rinaldi: Documentation and Assessment: What Is the Relationship? - The Pedagogy of Listening    100

Steudel: Beobachtung und Dokumentation als Pfeiler der pädagogischen Arbeit    105

Göhlich: Schaffung der Rahmenbedingungen als Teil des Konzepts - Der Raum als dritter Erzieher    110

Von der Beek: Der Raum als 3. Erzieher    113

Krämer: Abenteuer Spiegel    122

Ullrich / Brockschnieder: Wenn ein Schiff auf Reisen geht. Strukturelemente der reggianischen Elementarpädagogik    128

Zimiles: Kommentar zu ausgewählten Aspekten der Reggio-Pädagogik    137

Aufgaben- / Fragestellungen    143

Links zu Methodensammlungen    147

Literatur- und Medienhinweise    147

# Vorbemerkungen

Die vorliegende Textsammlung soll einerseits Pädagogiklehrerinnen und Pädagogiklehrern den ersten Einstieg in die eigene Auseinandersetzung mit der Reggio-Pädagogik erleichtern und andererseits Texte für den Pädagogikunterricht zur Verfügung stellen. Aufgrund dieser doppelten Funktion sind nicht alle Texte unmittelbar einsetzbar im Unterricht, sondern müssen gegebenenfalls noch gekürzt und/oder durch weitere Hilfen zur Texterschließung ergänzt werden. Neben Überblicksartikeln habe ich Texte zu folgenden Aspekten der Reggio-Pädagogik ausgewählt:

- Entstehungsgeschichte
- Theoretisches Selbstverständnis
- Rechte
- Bild vom Kind / Kindorientierung
- Inklusion
- Erzieherrolle
- Raumgestaltung
- Lernen/Bildung/Projektarbeit/Dokumentation
- Strukturelemente: Organisation, Gruppe, Team

Ein Text mit kritischen Anmerkungen zur Reggio-Pädagogik rundet die Textsammlung ab.
Im Vordergrund stehen Texte von Autoren, die selbst sehr eng mit der Theorie und Praxis der Reggio-Pädagogik verbunden sind bzw. waren. An erster Stelle sind hier Loris Malaguzzi und Carla Rinaldi zu nennen. Da diese Texte oft nur in englischer Sprache vorliegen, habe ich auch einige Textabschnitte in englischer Sprache übernommen.

Die Reggio-Pädagogik hat sich in Auseinandersetzung mit verschiedenen wissenschaftlichen Theorien ( Piaget, Wygotsky, Peirce, Dewey, Bruner, Gardner, Rogers,...u.a. ) entwickelt. Texte zu diesen Grundlagentheorien konnten aufgrund des begrenzten Umfangs leider nicht aufgenommen werden.

Zu jedem Text finden Sie Arbeitsaufträge bzw. Fragestellungen und Hinweise auf weiterführende Informationen. Um die Textauswahl für den Unterricht zu erleichtern, habe ich die Texte mit Schlagworten versehen. Eine Sammlung von textübergreifenden Aufgaben sowie ein umfangreiches Literatur- und Medienverzeichnis befindet sich am Ende der Textsammlung.

Ich hoffe, dass die Lektüre der Texte Freude bereitet und neugierig macht, sich intensiv mit der Reggio-Pädagogik auseinander zu setzen.

Für Anregungen und kritische Rückmeldungen wäre ich sehr dankbar!

F.-J. Brockschnieder

E-mail: brockschnieder@t-online.de

*"Es ist ganz gut, viel zu lesen,*
*wenn nur nicht unser Gefühl darüber stumpf würde*
*und über der großen Begierde,*
*immer ohne eigene Untersuchung mehr zu wissen,*
*endlich in uns der Prüfungsgeist erstürbe."* Lichtenberg

# Einleitung

Georg Christoph Lichtenberg ( 1742 – 1799) , Physikprofessor an der Universität Göttingen, spricht ein insbesondere im Internetzeitalter sehr aktuelles Problem an. Nehmen wir emotionslos, ohne eigene Überprüfung vorliegendes Wissen auf und versuchen es gedankenlos und ohne eigene Untersuchungen zu nutzen oder entwickeln wir unseren Prüfgeist  und setzen uns kritisch mit dem vorliegenden Wissen auseinander?

Die Vertreter der Reggio-Pädagogik haben ca. 200 Jahre später dieses Problem in den Mittelpunkt ihrer Überlegungen gestellt.

„Wie können wir Wissen herstellen, das für den Lernenden von Bedeutung ist? Wie können wir mit Kindern und Jugendlichen Folgendes teilen: das Bewusstsein unseres Wissens und unserer geistigen Konstruktionen und das Bewusstsein der Beziehungen, die zwischen diesen Konstruktionen und der Art, die Wirklichkeit zu beobachten und zu interpretieren, bestehen? (...) Das eigentliche Problem war und ist also nicht, wann und wie wollen wir den Kindern das Metermaß erklären oder anbieten (In welchem Alter? Auf welche Weise?), sondern vielmehr die Frage, wie wir Bedingungen herstellen können, die die Entwicklung eines gegensätzlichen und kreativen Denkens ermöglichen. Wie können wir die Fähigkeit und das Vergnügen unterstützen, sich mit den Ideen anderer auseinander zu setzen, anstatt sich auf eine einzige, vermeintlich wahre und richtige Idee zu beziehen, die Idee vom legitimierten Wissen, festgelegten Kodex und Raum?"[1]

Die Lösung, die sie entwickelt haben, findet seit den 80er Jahren zunehmend weltweit Anerkennung, obgleich es sich bei diesem Lösungsansatz eher um eine Erziehungsphilosophie als um ein direkt übertragbares Konzept handelt. Die Reggio-Pädagogik liefert keine pädagogischen Rezepte, sondern versucht auf der Basis bestimmter Prinzipien und Haltungen den pädagogisch angemessenen Lösungsweg zu finden. Pädagogisches Handeln ist im Verständnis der Reggianer also nicht die Anwendung fertigen Wissens, sondern ein kreativer Prozess, deren Leitlinien durch folgende Begriffe beschrieben werden können:

- Ästhetik
- Demokratisierung
- Gemeinwesenorientierung
- Kindorientierung
- Kommunikation/Dialog
- Konstruktivismus
- Kooperation
- Projektorientierung

Die Reggio- Pädagogik in ihrem Kern zu verstehen, bedeutet, sich ein klares Verständnis dieser Begriffe und ihres Zusammenhangs zu erarbeiten. Die ausgewählten Texte können hoffentlich dazu einen angemessen Beitrag leisten.

---

[1] Rinaldi, Carla: Ein Maß für die Freundschaft. In: Reggio children: Schuh und Meter. Wie Kinder im Kindergarten lernen. Weinheim 2002, S. 99f

Einstein

## Reggio-Pädagogik – Eine erste begriffliche Annäherung

1. Ergänzen Sie die folgende Liste und versuchen Sie die Begriffe in Gruppen zusammenzufassen: Antiautoritäre Erziehung; Reformpädagogik; Montessori-Pädagogik; Waldorf-Pädagogik; Schwarze Pädagogik; Freinet-Pädagogik; Reggio-Pädagogik;... .

2. Begründen Sie Ihre Zusammenfassung.

3. Reggio ist der Name einer Stadt in Norditalien. Halten Sie den Namen ‚Reggio-Pädagogik‘ für eine zufällige Bezeichnung oder eine programmatische Aussage?

www.googlemaps.de ( 23.6.2010)

4.  Recherchieren Sie unter  www.youtube.com
    Geben Sie die Begriffe: ‚Malaguzzi' und  ‚Reggio' ein und schauen Sie sich 3 - 5
    kurze Filme über die Reggio-Pädagogik an. Lassen Sie sich dabei nicht von der
    Sprache leiten.

    - Was fällt Ihnen auf?

    - Was erstaunt Sie?

    - Formulieren Sie drei Fragen.

    - Formulieren Sie drei Hypothesen.

5.  Ergänzen Sie

    R............

    E........

    G.........

    G........

    I.........

    O........

6.  Beschreiben Sie 2-3  aktuelle pädagogische Probleme. Bezüglich welcher
    Probleme erwarten Sie von der Reggio-Pädagogik eine Antwort?

7.  Gianni Rodari (1920 – 1980) war ein in Italien bekannter Kinderbuchautor, der
    sich auch in Reggio engagiert hat. In seinem Buch ‚Grammatik der Phantasie - Die
    Kunst Geschichten zu erfinden', stellt er verschiedene Methoden vor, Geschichten
    zu erfinden.

    - Wählen Sie aus den folgenden Begriffen 3 – 5 Begriffe aus und erfinden  Sie
      eine Geschichte: Reggio;  Malaguzzi;  Bild vom Kind; Phantasie; Lernen;
      Italien; Raum; Wissen; Erzieher; Eltern; Politik; Gemeinwesen; Kunst;
      Wahrnehmung; Kommunikation; Dialog; Konstruktivismus; Bunte Teams;
      Projekte; 2. Weltkrieg; Bildung; Spiegel; Politik;

    - Nehmen Sie diese Geschichten auf und erstellen Sie eine CD /einen Podcast
      mit Ihren Geschichten über die  Reggio-Pädagogik.

# Reggio-Pädagogik – Ein Rückblick von Carlina Rinaldi

"We have tried to cross boundries but also to inhabit them. In the face of historic antonyms – such as work-play, reality-imagination- we propose emotion *and* knowledge, creativity *and* rationality, *programmazione and progettazione*, teaching and research, individual *and* group, rigid science *and* plastic science.

We have tried to observe children and to observe ourselves with children. By doing this, we became aware and wanted to make visible that the dualistic way of thinking does not belong to children or to adults but to those who believe  that 'scientific' means without emotion, without passion, without heart; those who believe that without these qualities science is truer and more objective. We have been able to see instead how reason and emotion, learning and pleasure, fatige and joy, oneself and others, are not only capable of cohabiting together, but of reciprocally generating each other, supported by the strong force which comes from creative - and thus learning – freedom. The freedom of the unknown, of doubt, of the unfamiliar; a freedom children have if it is not restricted.

With these premises our choices become obvious around a problematic issue which has always been the subject of debate: the teaching-learning relationship. This is what Malaguzzi wrote on the subject: 'The aim of teaching is not to produce learning but to produce the conditions for learning, this is the focal point, the quality of learning.' The key tool and structure we had for implementing this choice was documentation."

Carlina Rinaldi: Reflections on Loris Malaguzzi and Reggio Emilia (2004)
In: Rinaldi, Carlina: In Dialogue with Reggio Emilia. New York 2006, S. 173f


**Arbeitsaufträge / Fragestellungen:**

1. Welche Grenzen/Gegensätze haben die Reggianer versucht zu überschreiten?

2. Welche Auffassung vertreten die Reggianer bzgl. der Beziehung von ‚lehren' und ‚lernen'?


**Weiterführende Informationen: Antinomien in der Pädagogik**

Winkel, Rainer: Antinomische Pädagogik und kommunikative Didaktik.
Düsseldorf 2. A. 1988

**Schlagwörter:**

Antinomien; Beobachtung; Freiheit; Grenzen; Gegensätze; Lehren; Lernen.

# Bruner: Das Wunder einer kleinen Stadt

Als ich die Krippen und Kindergärten von Reggio Emilia aufsuchte, Einrichtungen, die in der ganzen Welt berühmt sind, erwartete ich das x-te Wunder einer kleinen Stadt. Auf das, was ich dann vorfand, war ich nicht vorbereitet. Nicht, daß es besser war als alles, was ich bisher gesehen hatte. Aber ich war völlig überrascht, wie hier die Vorstellungskraft gepflegt und gleichzeitig in den Kindern der Sinn für das Mögliche gestärkt wird.

Ich will versuchen, mich zu erklären. Die Pflege der Vorstellungskraft steht an erster Stelle, aber man darf sich nicht aufs Märchenlesen beschränken. Es ist die Vorstellungskraft, die uns alle vor den Selbstverständlichkeiten, vor dem Banalen rettet, vor den gewöhnlichen Aspekten des Lebens. Die Vorstellungskraft verwandelt Tatsachen in Vermutungen.

Es handelte sich hier nicht etwa um individuelle Vorstellungskraft, die Kinder arbeiteten nicht getrennt voneinander. Wir waren alle einbezogen in etwas, das wahrscheinlich überhaupt das Humanste unter den Menschenwesen ist, in etwas, das die Psychologen und Primatenforscher heutzutage gern mit „Intersubjektivität" umschreiben. Das bedeutet, es soll gegenseitig verstanden werden, was der jeweils andere im Kopf hat - vermutlich eine späte Blüte der Evolution der Hominiden, ohne die unsere menschliche Kultur sich nie hätte entwickeln können und ohne die alle Versuche, andere etwas zu lehren, scheitern würden. Immer wenn wir dieser Gabe beraubt werden - im Falle des Autismus beispielsweise -, werden wir zu kulturellen und psychischen Krüppeln. Die Vorstellungskraft zu pflegen, verlangt eine Atmosphäre gegenseitigen Respekts und Zusammenhalts, verlangt jene Art von Respekt, der die Einrichtungen und Kindergärten von Reggio Emilia auszeichnet und so erfolgreich macht.

Das erste, was mir hier auffiel, war der gegenseitige Respekt der Menschen, der Kinder, der Erzieher, der Eltern und der ganzen Gemeinschaft überhaupt. Die Erfahrungswerte jedes einzelnen, aus der Welt der Dinge wie aus der Welt der Personen, wurden ernst genommen. Ich fand ein Grundvertrauen auf die menschliche Interaktion und die Pädagogik, die letztlich nichts anderes ist, als eine Ausweitung dieser Interaktionen. Diese Pädagogik will anderen helfen, die eigenen Erfahrungen intellektuell und emotional zu deuten. Sie will helfen, reichere, vollere und wandelbarere Bedeutungen zu finden.

All diese mit viel Respekt und Vorstellungskraft gelebten Erfahrungen zeichnen die Erzieher und Pädagogen von Reggio Emilia aus und wären nicht möglich, wenn die Erzieher nicht selbst und auf die gleiche Art und Weise wie die Kinder in die Lernprozesse einbezogen wären. Die erzieherischen Einrichtungen sind Gemeinschaften von Personen, die lernen, tun und imaginieren. Alle - nicht nur Kinder und Erzieher, auch Familien und interessierte Besucher wie ich - sind damit beschäftigt, die Welt der Möglichkeiten zu entdecken und neue Erfahrungen zu machen. Jeder hilft, steuert etwas bei und versucht, sinnvoll zu sein. Es sind Gemeinschaften von gegenseitigem Interesse, modellhafte Gemeinschaften, die sich auf Respekt gründen. Alles entwickelt sich aus interaktiven Prozessen, einem fortwährenden Abwägen zwischen verschiedenen Perspektiven und Gesichtspunkten. Das ist es, was ich in den Krippen und Kindergärten von Reggio Emilia entdeckt habe, und ich glaube, hinter all dem steckt der Geist Loris Malaguzzis, des

Begründers dieser Pädagogik, steckt seine Vision vom Möglichen im Leben und in der menschlichen Kultur. Die heutige Aufgabe und Verantwortung Reggio Emilias besteht meiner Meinung nach darin, die Welt wissen zu lassen, was hier getan wurde und immer noch getan wird. Ich wünsche mir, daß es zu einer weltweiten Zusammenarbeit kommt, damit das herkömmliche Bild des Kindes, der Kindheit und der Erziehung umfällt.

Quelle: Reggio children (Hrsg.): Hundert Sprachen hat das Kind. Neuwied 2002, S.117


**Arbeitsaufträge / Fragestellungen:**

1.a) Versuchen Sie mit 5 Begriffen das Wunder von Reggio zu beschreiben.

   b) Ist aus Ihrer Sicht der Begriff ‚Wunder' zu Recht gewählt?

2. Informieren Sie sich über den Autor: Alter, Beruf, Titel u. Inhalte seiner Hauptwerke.


**Weiterführende Informationen: Vorstellungskraft / Möglichkeitssinn**

Rodari, Gianni: Grammatik der Phantasie – Die Kunst, Geschichten zu erfinden. Leipzig 1992

Kleve, Heiko: Soziologische Kompetenz in der Sozialen Arbeit als Staunen über die Selbstverständlichkeiten der anderen.
http://www.ash-berlin.eu/hsl/freedocs/238/soziologische_kompetenz.pdf (6.7.2010)


**Schlagwörter:**

Erzieherrolle; Möglichkeitssinn; Respekt; Team; Vision; Vorstellungskraft; Zusammenhalt.

## Moss / Rinaldi: Was ist Reggio?

Im Februar dieses Jahres feierte die Stadt Reggio Emilia das 40-jährige Jubiläum der Eröffnung des ersten städtischen Kinderzentrums. In der ganzen Welt feiern ebenfalls Menschen, denn seit 1964 wurde Reggio auf der ganzen Welt zu einer der wichtigsten Erfahrungen für die frühe Kindheit. Jedes Jahr besuchen Tausende die Stadt, um von dieser Erfahrung und dieser Praxis zu lernen. Seit 1981 reiste die Ausstellung „Die hundert Sprachen der Kinder" um die Welt, Sprecher von Reggio begleiteten sie. In den vergangenen 22 Jahren wurde die Ausstellung in 103 Städten in 23 Ländern gezeigt. In 13 Ländern bestehen Reggio-Netzwerke, darunter Australien, USA, Korea, Großbritannien, Deutschland, Niederlande und die fünf nordeuropäischen Länder. Die Arbeit von Reggio hat so nicht nur in der englischsprachigen Welt Resonanz gefunden, sondern in vielen Teilen Europas und ebenso in einigen Ländern Asiens und Lateinamerikas. Aber was ist Reggio? Und wie sollen wir die Beziehung von Reggio zu so vielen Menschen und Orten in der ganzen Welt verstehen? Reggio ist eine Stadt mit etwa 150.000 Einwohnerinnen in der Region Emilia Romagna in Norditalien, einem der wohlhabendsten Gebiete Europas. In den vergangenen Jahren ist die Bevölkerung durch einen Zustrom von Einwanderern aus der ganzen Welt gewachsen, der zu dem beiträgt, was Sandra Piccinini das „neue Reggio" nennt. Reggio ist eine alte Stadt von angenehmer Größe, in der man, wie Jerome Bruner beobachtet hat, „eine seltene Form von Höflichkeit trifft, eine kostbare Form des gegenseitigen Respekts". Reggio ist auch ein Netzwerk, bestehend aus 33 Kindertageseinrichtungen für junge Kinder, einige davon für Kinder zwischen ein paar Monaten und drei Jahren (asili nido), andere für die Drei- bis Sechsjährigen (scuole dell'infanzia). Wir bezeichnen diese Zentren in den folgenden Artikeln als Krippen und Kindergärten beziehungsweise als Zentren für die frühe Kindheit oder städtische Schulen. Denn dieses Netzwerk ist von der Gemeinde aufgebaut und unterstützt worden, es ist das Kind einer starken und demokratischen örtlichen Regierung.

Aber am wichtigsten ist, dass Reggio ein Ort des pädagogischen Denkens und der pädagogischen Praxis ist, durchdrungen von kulturellen Werten, die die Zentren für die frühe Kindheit in soziale und kulturelle Räume verwandeln. Die folgenden Artikel, sowohl die aus Reggio als auch die der Freunde von Reggio, bieten eine Einführung in einige der interessantesten Ideen und in die Praxis von Reggio <u>in diesem Moment</u> — diese Worte sind unterstrichen, weil Reggio sich ständig in einem Stadium der Veränderung und Erneuerung befindet, seine Gegenwart immer als vorläufig betrachtet und in Frage gestellt wird. Reggio ist  kein stabiles Modell, das vorherbestimmte und vorhersagbare Ergebnisse produziert, sondern ein Ort, an dem Fragen und Unsicherheiten, Veränderungen und Innovationen willkommen sind.

Einer der Menschen, die am meisten Einfluss auf Reggio hatten, war der große pädagogische Denker Loris Malaguzzi (1920-1994), der erste Direktor der städtischen Kinderzentren. Sein Einfluss ist überall in Reggio zu spüren, selbst heute noch, zehn Jahre nach seinem Tod. Diesen Einfluss kann man in der Bereitschaft sehen, jenseits von orthodoxer Psychologie und Pädagogik Grenzen zu überschreiten; in dem Wunsch, Verbindungen zu knüpfen und neue Beziehungen zu finden; in der Skepsis gegenüber Gewissheiten und linearem Fortschritt und in der Liebe zu Komplexität, Innovation und dem Anders-Denken und — mit den Worten von Alfredo Hoyuelos - in einer Pädagogik der Verstöße, aber auch der Hoffnung und Erwartung.

Malaguzzis Ausgangspunkt war eine provozierende Frage: Was ist dein Bild vom Kind? Seine Antwort war klar, wie man an seinem Interview mit Carlo Barsotti in dieser Ausgabe sieht. Sein Bild war optimistisch und lebendig. Es zeigt ein reiches Kind, „das bei der Geburt viele Ressourcen und ein außergewöhnliches Potenzial hat, das niemals aufhört, uns zu verblüffen ... Es ist ein begabtes Kind, für das wir einen begabten Lehrer brauchen."

Dieses Kind ist, wie Paulo Cagliari und seine Kollegen erörtern, aktiver Konstrukteur seines Wissens. Es ist, mit den Worten von Vea Vecchi, „geboren als ein Ganzes und all seine Sinne streben danach, sich mit der Welt um uns in Beziehung zu setzen, um sie zu verstehen". Zu oft jedoch „finden wir uns in Stückchen geschnitten", traurigerweise. Wir riskieren durch die Pflichtschule, die Ressourcen und Potenziale der Kinder zu verschwenden, indem das reiche Kind arm gemacht wird. Aber wir brauchen es nicht, dass unsere Kinder fit für die Schule gemacht werden; wir brauchen vielmehr Schulen, die fit für die Kinder sind. Wir sehen hieran, wie machtvolle Ideen auftauchen, nicht nur über Kinder, sondern auch über Wissen und Lernen. Lernen ist nicht die Übertragung einer definierten Masse von Wissen, was Malaguzzi als „kleine" Pädagogik bezeichnet. Es ist vielmehr konstruktiv; das Subjekt konstruiert sein eigenes Wissen, und das immer in demokratischer Beziehung zu anderen und offen für verschiedene Wege des Erkennens, denn das individuelle Lernen ist immer parteiisch und vorläufig. Aus dieser Perspektive ist das Lernen ein Prozess des Konstruierens, Testens und Rekonstruierens von Theorien, wobei ständig neues Wissen erschaffen wird. Sowohl Lehrer als auch Kinder lernen ständig. Das Lernen selbst ist Gegenstand ständiger Erforschung und muss als solcher sichtbar gemacht werden.

Ein Weg dazu führt über den Prozess der pädagogischen Dokumentation, in dem Lernprozesse auf verschiedene Weise interpretiert werden, sodass sie mit anderen geteilt, dass über sie diskutiert und dass sie interpretiert werden können, dass über sie reflektiert werden kann. Pädagogische Dokumentation, wie Vea Vecchi sie beschreibt, ist eine „einzigartige Quelle des Wissens. Sie ist wertvolles Material für Lehrer, aber auch für Kinder, Familien und alle, die die Strategien im Denken der Kinder besser verstehen möchten". In diesem Prozess spielen die Pädagogistas eine wichtige Rolle, erfahrene Erzieher, von denen jeder in einer kleinen Zahl von Zentren arbeitet, um dabei zu helfen, das Verständnis für das Lernen zu vertiefen. Malaguzzis berühmter Hinweis auf die „hundert Sprachen der Kinder" hat Reggio dazu inspiriert, Ateliers (Werkstätten) zu entwickeln, in denen einige visuelle Sprachen (Ausdrucksformen) als Teil des komplexen Aufbaus von Wissen eingesetzt werden. Diese Ateliers sind „ein Mittel, Brücken und Beziehungen zwischen den verschiedenen Erfahrungen zu bauen", indem sie das Erschaffen von Verbindungen unterstützen, was zentral in der Herangehensweise von Reggio an die Pädagogik ist. Vea Vecchi, eine Atelierista, führt aus, wie die Schulen für ältere Kinder solche „expressiven Ausdrucksformen diskriminieren".

Zwei Worte, die in Reggio oft benutzt werden, um die pädagogische Arbeit zu beschreiben, sind Zuhören und Beziehungen. Das sind elementare Bedingungen für das Lernen. Sie spiegeln grundlegende kulturelle Werte wieder: Solidarität, Demokratie und Teilnahme.

„Teilnahme" ist der Gegenstand des Artikels von Paola Cagliari und ihrer Kollegen und wird von ihnen als „nicht einfach nur die Einbeziehung der Familien in das Leben der Schule" beschrieben, sondern als „Wert, als charakteristisches Merkmal der gesamten Praxis, als Weg, diejenigen zu sehen, die am erzieherischen Prozess beteiligt sind und in der Schule eine Rolle spielen". Das Individuum und die Gruppe stehen nicht in einem Konflikt, sind aber vollkommen gegensätzlich. Wie Vea Vecchi beobachtet: „Individuelles Lernen ist mit dem Lernen in der Gruppe verknüpft". Und im Herzen der Teilnahme steht immer der Dialog. Die Geschichte von Reggio in den letzten 40 Jahren ist eine Geschichte des konstanten Dialogs, sowohl in der Stadt als auch im Rest der Welt — eine Verflechtung des Lokalen und Globalen. Beziehungen bestehen nicht nur zwischen Kindern, Eltern und Lehrern. Genauso wichtig ist die Verbindung zwischen den Kinderzentren, der Umgebung und der Stadt selbst. Das Kind ist ein aktiver Bürger der Stadt, ein Bürger von heute, der auch in Zukunft leben wird, ein Bürger mit Rechten, aber auch der Erbauer einer Kultur, der aktiv zum Leben der Stadt beiträgt und imstande ist, Fragen, Reflexionen und Kreativität in dieses Leben zu bringen. Wie der Artikel von Simona Bonilauri und ihrer Kollegen deutlich macht, ist die Stadt — nicht nur ihre physische Umgebung, sondern auch die Kultur, die sie in sich birgt — von größter Bedeutung für jeden, der in den Kinderzentren von Reggio engagiert ist. Sie wird zum Gegenstand einer Art von Projektarbeit, die so typisch für Reggio ist, in der die Kinder die Stadt erforschen und den Stadtführer „Ganz Reggio" entwickeln. Das Konzept der Staatsbürgerschaft ist wiederum nicht lokal begrenzt, sondern auch global. Der Bürger von Reggio muss sich auch bewusst sein, dass er ein Bürger der Welt ist.

Der Leser wird viele Verweise auf Forschung in den Artikeln finden, denn die Forschung ist ein weiteres wichtiges Konzept für Reggio. Damit ist nicht Forschung gemeint, die von Spezialisten von außen durchgeführt wird, sondern Forschung als Teil der alltäglichen Praxis, Forschung, die von jedem ausgeführt werden kann — vom forschenden Kind, vom forschenden Lehrer, von forschenden Eltern. Forschung ist eine Angewohnheit des Verstandes, eine Haltung, die entwickelt oder vernachlässigt werden kann. Sie ist eine Antwort auf Neugier und Zweifel, Sie konstruiert neues Wissen, trägt zum kritischen Denken bei, ist Teil der Staatsbürgerschaft und der Demokratie. Wie alles in Reggio ist auch Forschung keine Aktivität, die für sich steht, sondern ein Prozess der Beziehungen und des Dialogs.

Wie können wir Reggio über die Zeit von 40 Jahren sehen? Natürlich nicht als Modell oder Programm, das uniformiert angewendet werden kann, indem man den Anleitungen auf der Verpackung folgt. Das pädagogische Denken und die pädagogische Praxis von Reggio kommen aus einem besonderen Kontext und einer speziellen politischen und ethischen Entscheidung. Das Denken und die Praxis können jedoch andere anregen, ihr eigenes Werk, ihre eigene Praxis aufzubauen — nicht als Reproduktion, sondern als Prozess, in dem etwas Neues konstruiert wird.

Vor allem gibt Reggio in einer Zeit der wachsenden Konformität in der frühen Kindheit vielleicht Hoffnung. Hoffnung, dass es möglich ist, anders zu denken und zu handeln, eine Insel des Dissenses zu werden und ein örtliches kulturelles Projekt zu kreieren, das den Mut hat, mit Unsicherheiten und Veränderungen zu leben. Die Kinderzentren in Reggio stehen —

mit den Worten von Howard Gardner — „als strahlendes Zeugnis für menschliche Möglichkeiten".

Carlina Rinaldi  war Pädagogische Direktorin der städtischen Zentren für die frühe Kindheit in Reggio Emilia. Sie ist jetzt pädagogische Beraterin für Reggio Children und Dozentin an der Universität von Modena und Reggio.

Quelle: Kinder in Europa. Beilage ‚Betrifft Kinder‘, Verlag Das Netz, Weimar/Berlin, Juni 2004, S. 2-3


**Arbeitsaufträge / Fragestellungen:**

1. Welche Ziele verfolgen die Vertreter der Reggio-Pädagogik?

2. a) Welche Wege beschreitet die Reggio-Pädagogik, um diese Ziele zu erreichen?

   b) Sind die Wege geeignet, um diese Ziele zu erreichen?

3. a) Wie wird L. Malaguzzi in dem Text charakterisiert?

   b) Welchen Eindruck vermittelt das Bild von L.Malaguzzi?

Loris Malaguzzi ( 1920 – 1994 )

4.  a) Wogegen spricht sich L. Malaguzzi in dem folgenden Zitat aus?

"This exhibit[2] opposes any prophetic pedagogy
which knows everything before it happens,
which teaches children
that every day is the same,
that there are no surprises,
and teaches adults
that all they have to do is repeat
that which they were not able to learn."

b) Was setzt die Reggio-Pädgogik an die Stelle der abgelehnten Aspekte ?


**Weiterführende Informationen: Ausstellung / Loris Malaguzzi**

www.reggiochildren.it

In den folgenden Ländern wurde die Ausstellung ‚Hundert Sprachen hat das Kind' gezeigt.

Quelle: http://zerosei.comune.re.it

Informationen zur Ausstellung
http://zerosei.comune.re.it/inter/100exhibit.htm

Reggio children: A message from Loris Malaguzzi. Reggio 1994 (VHS)

Reggio children (Hrsg.): Hundert Sprachen hat das Kind: die deutsch-italienische Originalausgabe zur Ausstellung. Neuwied - Krieftel - Berlin 2002

Hall, Kathy u. a.: Loris Malaguzzi and the Reggio Emilia Approach. London 2010

---

[2] Malaguzzi bezieht sich hier auf die Ausstellung 'Hundert Sprachen hat das Kind'.

**Schlagwörter:**

Bild vom Kind; Dialog; Dokumentation; Erzieherrolle; Geschichte; Konstruktivismus; Lernbegriff; Malaguzzi; Modell; Partizipation; Theorie-Praxis-Verhältnis; Ausstellung; Zuhören.

# Göhlich: „Was ist Reggiopädagogik?"

Antwort auf eine problematische Frage

Was ist Reggiopädagogik? Was sind ihre spezifischen Merkmale? Die Kita in X-stadt arbeitet reggio-orientiert, was halten Sie davon? Wir wollen unseren Hort reggiopädagogisch einrichten; können Sie mir die wichtigsten reggio-pädagogischen Materialien nennen und mitteilen, wo wir sie beziehen können? Solche und ähnliche Anfragen erhalte ich immer wieder. Sie sind nicht nur deshalb schwer zu beantworten, weil zur Reggiopädagogik kein fixiertes Ensemble vorgefertigter Materialien gehört, sondern auch, weil im Diskurs über den reggianischen Ansatz hierzulande einige Unklarheit herrscht, die nicht zuletzt davon herrührt, daß wir, so auch ich, eben nicht selbst MitarbeiterInnen reggianischer Kitas sind, sondern höchstens dort hospitiert haben, mit reggianischen PädagogInnen gesprochen haben oder gar den ganzen Ansatz nur aus Berichten Dritter kennen.

Wer heute von „Reggiopädagogik" spricht, muß deshalb zunächst klären, worauf er sich bezieht. Zumindest vier Ebenen lassen sich unterscheiden: 1. die Praxis, die Praxisdokumentation und die Theorie der kommunalen Kindertagesstätten und des Pädagogischen Zentrums von Reggio Emilia, 2. die Sekundärliteratur über diese Praxis und/oder Dokumentation und/oder Theorie, 3. die Konzeption und Praxis hiesiger Einrichtungen, Teams und/ oder einzelner PädagogInnen, die sich als reggiopädagogisch oder reggio-orientiert bezeichnen und 4. die Sekundärliteratur über diese hiesigen Einrichtungen. Im vorliegenden Artikel beziehe ich mich ausschließlich auf die erste Ebene. Ich gehe also nicht auf hiesige Praxissituationen ein und greife auch nicht auf Beschreibungen anderer Sekundärautoren zurück, sondern stütze mich auf bei Hospitationen in reggianischen Kitas erfolgte eigene Beobachtungen, auf eigene Interviews und Gespräche mit reggianischen Pädagoginnen und vor allem auf die von reggianischen PädagogInnen selbst erstellten, erst zu einem kleinen Teil in deutscher Sprache publizierten Video-, Foto- und Text-Dokumentationen der in ihren Einrichtungen laufenden Projekte. Mein so entstandener Artikel ist selbst logischerweise Sekundärliteratur und mit entsprechendem Vorbehalt (nämlich: daß es sich um die subjektive Zusammenfassung eines selbst nicht an der betreffenden Praxis Beteiligten handelt) zu lesen.

Dies vorausgesetzt, läßt sich nicht sagen, was Reggiopädagogik „ist", wohl aber, aus welchen Aspekten sich das Bild des reggianischen Ansatzes zusammensetzt, das ich aus den genannten Quellen gewonnen habe.

## Das Kind als Wirklichkeitskonstrukteur und lebendes Orchester

Beginnen wir mit dem Bild vom Kind. Im reggianischen Ansatz könnte man eher von Bildern von Kindern sprechen. Eine Kita muß ein Ort für alle Kinder sein, sagt der 1994 verstorbene reggianische Pädagoge Loris Malaguzzi, „nicht gegründet auf der Idee, daß alle gleich, sondern daß alle verschieden sind". Dahinter stehen zum einen eine historisch begründete, von der Erfahrung des Faschismus geprägte Distanz gegenüber Gleichschaltungsversuchen jeder Art sowie eine tiefe Anerkennung der Würde jedes einzelnen Kindes. Da die Lebenswirklichkeit des Kindes nur im gesellschaftlichen Kontext verständlich wird, ist das Bild des Kindes stets politisch. So schreibt Malaguzzi 1973: „Das Kind des Handwerkers oder des Arbeiters, des Emigranten aus den Bergen oder aus Süditalien, das Lasten und Frustrationen ertragen muß, die die Großen erdrücken, das Kind, das die Male einer enteigneten Kultur oder widriger Ereignisse, von Krankheiten oder Behinderungen trägt, oder das Kind, das in letzter Zeit immer öfter in unsere Kitas kommt, leidend, desorientiert, oft schon mit einer gekrümmten oder aufgelösten Persönlichkeit, Opfer der Schäden, die das gegenwärtige System in das Leben der Menschen und in ihre Beziehungen mit ihren Kindern eingraviert, diese Kinder fordern von der Pädagogik und von den Erzieher/Innen, durch die Probleme identifiziert zu werden, die sie repräsentieren: „(...) weil ihre Probleme das Grundverständnis der Erziehung erhellen, weil sie die Erziehung herunterholen vom Olymp, von ihrem Über-Allem- und Außerhalb-von-Allem-Bleiben, von ihrer falschen Neutralität, und weil sie im Pädagogen ein neues Gefühl für seine Aufgaben und seine Kräfte erwecken und ihn schließlich dazu bringen, Position zu beziehen, kurz gesagt, kritisch und politisch seinen Beruf zu leben."

Die hier erkennbare gesellschaftskritische und tendenziell deterministische Position ist jedoch nur die eine Seite des Bildes vom Kind im reggianischen Ansatz. Die andere Seite betont die jedem Kind eigene Kraft, sich selbst und seine Lebenswirklichkeit zu bilden und zu gestalten. Jedes Kind wird im reggianischen Ansatz als Konstrukteur seiner Wirklichkeit aufgefaßt. Diese Formulierung scheint mir treffender als der verwandte Begriff des schöpferischen Kindes, das etwa bei Montessori zu finden ist und das religiöse Motiv des göttlichen Kindes ahnen läßt. Hintergrund für diese Seite des reggianischen Bildes vom Kind sind nicht nur entwicklungspsychologische Erkenntnisse etwa Piagets und Bruners, sondern auch des Konstruktivismus (von Glasersfeld, von Foerster) und Systemtheorie (Bateson) und nicht zuletzt die eigenen Erfahrungen der reggianischen PädagogInnen aus Projekt-, Begleitung und -Dokumentation, die im Grunde auch als pädagogische Forschung zu verstehen ist. Wer nun das Bild vom Kind als Konstrukteur rein technisch-rational einsetzt, trifft allerdings das Wesen des reggianischen Ansatzes nicht. Aussagen wie: Ein unsicheres Kind ist nicht neugierig, das Kind fühlt die neue Lebensform, das Kind beseelt das Objekt etc. machen deutlich, daß es um mehr, um ein vielschichtiges, komplexes Ganzes der sich fortentwickelnden Identität eines Menschen geht.

Der Ich-Bildung dienen unter anderem die vielen Spiegel, die in den reggianischen Kindergärten zur Verfügung stehen. Am bekanntesten ist wohl das Spiegelzelt, in das die Kinder hinein- krabbeln können. Hier erfahren die Kinder sich selbst als Gegenüber. Spielerisch studieren sie dabei ihre Mimik, Gestik, Körperhaltung. Die Anfertigung von Selbstportraits im Atelier gehört ebenso zur Förderung der Identitätsbildung wie die Dokumentation der Kinderäußerungen zu einem Projektthema oder Gespräche der Erzieherin mit jedem einzelnen Kind über es selbst. Das Kind wird dabei, so Malaguzzi, als ein großes, gegenüber anderen nicht dicht abgeschottetes Orchester verstanden.

**Das Wir, die Gemeinschaft**

Ähnliches gilt auf anderen Ebenen für die sozialen Systeme der Familie, der Kindergruppe, des Erzieherkollektivs, der Kindertagesstätte. Die Entwicklung des Kindes, die Bildung des einzelnen Individuums, geschieht nicht solitär. Sie ist in den Aufbau und Erhalt der Gemeinschaften, in denen das Kind lebt, eingebunden. Die Ich- Bildung steht in Wechselbeziehung mit der Du- und Wir-Bildung. Die in einer Kita zusammenlebenden Kinder und Erwachsenen sind somit als Ko-Konstrukteure ihrer Lebenswirklichkeit zu verstehen.

Dementsprechend spielt der Teamgeist, die gelebte Kollektivität der Erzieherinnen und anderer Mitarbeiterinnen der jeweiligen Kita eine große Rolle. Gegen die Einsamkeit der Erzieherin, so lautet ein Wahlspruch der Reggiopädagogik, zu dessen Verwirklichung mehrere Faktoren beitragen: Tandemstruktur, d. h. die Erzieherinnen arbeiten zu zweit in einer Gruppe; interne Fortbildung, d. h. regelmäßige Reflexion der eigenen Praxis des Erzieherinnen Teams mit Beraterinnen aus dem kommunalen Pädagogischen Zentrum; von den 36 Arbeitswochenstunden sind sechs für Weiterbildung, Planung, Materialvorbereitung, Leitungsaufgaben, Elternarbeit etc. vorgesehen, was in der Regel gemeinsam geschieht; partizipative Leitung, d. h. die reggianischen Kitas werden nicht von einer Einzelperson geleitet, sondern von einem gewählten Leitungsrat aus Erzieherinnen und Eltern.

Besonders deutlich werden das Wir, das Miteinander der Tag für Tag an der pädagogischen Einrichtung Beteiligten, an der reggianischen „Charta der drei Rechte", nämlich der Rechte der Kinder, der Erzieherinnen und der Eltern, die gleichermaßen zu berücksichtigen seien.

## Hundert Sprachen

Zu den Rechten des Kindes gehört ein Recht auf Bildung von klein auf. Im reggianischen Ansatz sind darunter in erster Linie die Unterstützung und Förderung der hundert Sprachen der Kinder gemeint. Die Reggiopädagogik will die vielen Sprachen ans Tageslicht bringen und stärken, die Kindern und Erwachsenen potentiell möglich wären, sich aber aufgrund mangelnder und einseitiger Förderung in der Regel nicht ausbilden, oft sogar als Möglichkeit verschüttet werden. Nicht nur mündliche Rede und Schriftsprache, sondern der in den verschiedensten Wahrnehmungs- und Ausdrucksformen vorhandene Reichtum soll aufgedeckt und entfaltet werden. Die Sprachen sind von den einzelnen Kindern in Zusammenarbeit und gemeinsamen alltäglichen Leben mit anderen entwikkelte Systeme von Zeichen für die Wirklichkeit und für das Imaginäre, das vom phantasievollen Umgang mit der Wirklichkeit lebt. Die Kunsterzieherin und das Atelier, seit Anfang der 70er Jahre reguläre Bestandteile jedes kommunalen Kindergartens in Reggio Emilia, spielen dabei eine wichtige Rolle. Zur vielschichtigen Arbeit der Kinder an den oft mehrwöchigen Projekten tragen jedoch alle Erzieherinnen und ggf. Hilfskräfte, Eltern, Großeltern, Nachbarn und andere bei. Grundlage aller Sprachen ist die Erfahrung. Deshalb ist die Kita als Erfahrungsraum zu organisieren, deshalb sind Erfahrungsräume außerhalb der Kita als Ressource zu nutzen, und deshalb hat die pädagogische Praxis von der Erfahrung des Kindes bzw. der Kinder auszugehen.

## Der Raum als dritter Erzieher

Der Raum gilt in Reggio als — von den Pädagoginnen immer wieder auf Funktionalität und Nutzung, vor allem aber auf seine tatsächliche Nutzung durch die Kinder hin zu überprüfender und ggf. zu modifizierender — dritter Erzieher, der die Kinder selbst und die beiden Gruppenerzieherinnen in ihrer Arbeit mit den Kindern unterstützt. Die Gruppenräume sind in viele kleine funktional differenzierte Bereiche unterteilt, die allesamt mit anschaulichem, handlungsprovokativem, den Kindern unmittelbar zugänglichem und ständig aktualisiertem Material ausgestattet sind. Da gibt es, außer dem großen Atelier jeder Kita, in oder neben jedem Gruppenraum ein Miniatelier, in dem Farben, Papier, Scheren ebenso zu finden sind wie nach Farben und Formen sortierte Knöpfe, Blätter, Textilreste, Muscheln. Es gibt viele verschiedene Objekte, deren Farben, Formen und Materialität Kinder (und Erwachsene) reizt, sie anzuschauen, zu betasten, in die Hand zu nehmen und mit ihnen etwas zu tun. Die Kleider, Hüte, Halstücher in der Verkleidungsecke liegen nicht durcheinander in einer Kiste, sondern werden einzeln nebeneinander an einer Garderobe mit Kleiderbügeln und Haken angeboten. Die Wohnküche, in der die Kinder oft die außerhalb der Kita für sie zentrale Welt der Familie nachspielen, ist durch Raumteiler vom restlichen Gruppenraum getrennt und durch eine helle Leinendecke o. Ä. auf eine kindliche Zimmerhöhe gebracht, so daß eine immer noch helle, aber zugleich Geborgenheit ausstrahlende und Rückzugsmöglichkeiten bietende Nische entsteht. Nicht nur Gruppenräume und Atelier, sondern die ganze Kita wird möglichst transparent, hell, farbenreich gestaltet. In Flur und Treppenhaus finden sich Fotodokumentationen von Projekten, Spiegel, Kaleidoskope und anderes mehr. Auch die Toiletten werden in diese ästhetische Gestaltung einbezogen. Wer allerdings nur auf die — zweifellos faszinierende — Ästhetik der reggianischen Einrichtungen achtet, verliert aus den Augen, daß es stets um die Gestaltung von Erfahrungsmöglichkeit für die Kinder geht. Deshalb ist die Raumgestaltung der reggianischen Kitas nicht ohne die Projektorientierung zu verstehen.

**Projekte und Dokumentation**

Die Projekte und ihre Dokumentation sind die Meisterleistung der reggianischen Kitas. Sie können aus Beobachtungen, Erlebnissen, Gesprächen und Impulsen der Kinder wie der Erwachsenen ihren Anfang nehmen. „Unsere besten Erfahrungen", so der reggianische Pädagoge Sergio Spaggiari, „haben wir immer dann gemacht, wenn wir von alltäglichen Phänomenen ausgegangen sind, der Schatten, der Regen, der Schnee, das Blatt, die Stadt." Als Projekte wachsen können sie nur, wenn die Fragen der Kinder im Prozeß ihrer Aktivitäten Zeit, Raum und Material erhalten. Aufgabe der Erzieherinnen ist dabei, diese Prozesse dialogisch zu begleiten, d. h. sie zu (beob)achten, zu dokumentieren und sensible Impulse zu geben. Als kleines Beispiel, zu mehr reicht der Platz hier nicht, sei ein Ausschnitt aus der faszinierenden Projektdokumentation zum Thema „Schatten" angeführt. Ich habe gerade dieses ausgewählt, weil es etwas Zauberhaftes hat, und das Zauberhafte wie das vor- und frühwissenschaftliche Ausprobieren, Erkunden und Experimentieren zur Reggiopädagogik gehört: Ein Vogel aus Pappe ist weit oben, kurz unter der Decke, nah am Fenster befestigt. Er wirft einen deutlichen Schatten auf die Außenwand der Verkleidungsschnecke im Flur eines Kindergartens. Drei Kinder spielen dort. Eines der Mädchen entdeckt den Schatten und ruft die anderen, ihn sich anzuschauen. Als die anderen ihn anschauen, kommentiert sie, daß es der Pappvogel oben am Fenster ist, der den Schatten hierher wirft. Damit wäre die Angelegenheit vermutlich abgeschlossen gewesen. Hier greift die Erzieherin ein und erweitert das Spiel, das zugleich eine Studie ist. Die Erzieherin bestätigt, daß es sich wirklich um den Schatten jenes Pappvogels handelt, zeichnet den Umriß des Schattens auf der Wand nach und schlägt den Kindern vor, jetzt rauszugehen, auf dem Hof zu spielen und nach einiger Zeit wieder herzukommen, um wieder nach dem Schatten des Vögelchens zu schauen. Die Kinder gehen raus und kommen zurück, schauen, kommentieren, denken nach. Sie wollen den Lauf des Schattens anhalten. Wieder greift die Erzieherin ein und fragt, wie sie es denn anstellen wollen, daß der Schatten an Ort und Stelle bleibt. Die Kinder greifen zum naheliegenden Symbol. Sie sperren den Schatten in einen Käfig aus schwarzen Klebestreifen. Wieder gehen die Kinder spielen und kehren nach einiger Zeit zurück. Der Schattenvogel ist weitergeflogen. „Er hat sich befreit", sagt ein Kind. „Man muß ihn richtig festhalten, mit den Händen oder so." „Gehen wir doch in die Küche und holen etwas Brot und geben ihm Stückchen zum Essen, dann wird er schon anhalten." Sie legen die Brotstückchen auf den Boden, an die Stelle, an der sie den Schattenvogel erwarten. Und wirklich, er fliegt auf die Brotkrumen zu, läßt sich für einen Moment nieder. „Iß, sie schmecken gut", sagt ein Kind. Aber der Schattenvogel hält auch dort nicht an. Sie bauen ein Haus für ihn auf dem Boden, groß, damit er nicht entfliehen kann, und mit offener Tür, damit er hinein kann. Aber er fliegt weiter. „Er möchte lieber frei sein", sagt eines der Kinder. Die drei wissen nicht mehr weiter, sind aber mit dem Schattenvogel noch nicht fertig. Sie entschließen sich, die großen Kinder, die aus der Gruppe der Fünfjährigen, zu holen. Vielleicht haben die eine Lösung. Die drei knapp Vierjährigen schildern den Großen, was sie schon alles versucht haben, um den Vogel zu stoppen. Eine der Großen schlägt vor, sich zu verstecken und dann ganz leise wieder an den Vogel heranzuschleichen, dann würde er nicht wegfliegen. Die Kinder probieren es aus. Aber wieder ist der Schattenvogel weitergezogen. Nun wissen auch die Großen keinen Rat mehr. Am nächsten Tag stellen die Kinder fest, daß der Schattenvogel wieder in der gleichen Bahn fliegt. Sie merken, daß es mit der Sonne zusammenhängt. Wie genau, bleibt offen. Aber wie immer haben die Kinder ihre eigenen Gedanken dazu: „Die Sonne scheint auf den Vogel, weil der Schatten des Vogels diese Straße kennt, wie wir unseren Weg nach Hause kennen. Frühmorgens schläft der Schatten noch; dann schickt die Sonne ihren Strahl und es müßte so sein, daß man den Schatten nur so sehen kann, wie der Strahl auf den Vogel trifft. Am Tag danach, wenn die Sonne wiederkommt, weiß der Strahl schon, daß er wieder die Straße vom Tag zuvor machen muß." Die Dokumentation solcher Überlegungen der Kinder zu dem jeweiligen Phänomen ist ein unverzichtbarer Bestandteil des reggianischen Ansatzes.

## Gemeinwesenorientierung und Geschichte des reggianischen Ansatzes

Der Begriff der Projektorientierung verweist jedoch nicht nur auf thematische Projekte, sondern meint auch das Projekt der konzeptionellen Weiterentwicklung der einzelnen Kita, das aus der Vernetzung von Kindern, Erzieherinnen und Eltern und der Vernetzung von Kita und Nachbarschaft bzw. Stadtteil besteht. Die Verknüpfung der Erfahrungen der Kita-Kinder mit dem Gemeinwesen, in dem sie leben, und die Offenheit der Kita gegenüber Eltern und Nachbarn ist wesentlicher Bestandteil der pädagogischen Arbeit.

Daß die Wahl der Leitungsräte der Kitas stadtweit angekündigt wird und daß in ihnen neben Eltern und Erzieherinnen grundsätzlich auch Nachbarn der Kita, Bürger des Stadtteils gewählt werden können, ist ebenso ein Indiz für die Gemeinwesenorientierung wie der wiederkehrende Bezug der Projektarbeit auf die Stadt Reggio Emilia, die dementsprechend intensiv erkundet wird, oder wie die großartige materielle Vernetzung der Kitas mit lokalen Unternehmen über das reggianische Recycling-Zentrum, das von Firmen Restbestände von Papier, Metall, Schnur, Textil, Glas etc. sammelt und den Kitas zur Verfügung stellt, oder wie der Einbezug von Eltern, Großeltern, Nachbarn und örtlichen Experten in die thematische Arbeit an bestimmten Projekten.

Daß diese Gemeinwesenorientierung in Reggio Emilia so stark verankert ist, ist nicht zuletzt historisch begründet. Die Stadt war nicht nur eine der ersten freien Kommunen im Mittelalter und Gründungsort der ersten italienischen Republik am Ausgang des 18. Jahrhunderts. Sie hatte auch als eine der ersten italienischen Städte von 1910 bis 1920 einen sozialistischen Bürgermeister, der erstmals kommunale Kindertagesstätten gründete. Insbesondere aber wird die Stadt von dem Wissen geprägt, daß sie nach Faschismus und Krieg noch vor Ankunft der Westalliierten durch die lokale Widerstandsbewegung befreit wurde, sich also sozusagen selbst befreite und diese Befreiung im erfolgreichen Widerstand gegen die unter Beteiligung der Neofaschisten 1960 gebildete 100-Tage-Regierung Tambronis wiederholte. Diese Erfahrungen eines über das linke Lager hinausgehenden Zusammenhalts stärken die Philosophie des „vivere insieme", des Zusammenlebens in Reggio Emilia. Nicht zufällig sind eine ganze Reihe der kommunalen Kitas Einrichtungen, die zunächst nach dem Krieg von Befreiungskomitee, Frauenvereinigung oder Kooperativen und in den 60er Jahren von Eltern-Stadtteil-Komitees gegründet wurden.

## Übertragbarkeit?

Wer nach der Übertragbarkeit des Ansatzes fragt, trifft auf ein Faktum, das Schwierigkeit und Antwort zugleich ist, daß nämlich Konzeption und Praxis der reggianischen Einrichtungen uns über Jahrzehnte hinweg zeigen, was möglich ist, wenn sich eine ganze Kommune ihren Kindern verpflichtet. Schwierigkeiten bereitet das bei einem Transfer des Ansatzes insofern, als der Elementarbildung von anderen Kommunen in anderen Ländern, so auch hierzulande, in der Regel ein eher geringes Prestige und entsprechend wenig Aufmerksamkeit, Respekt und finanzielle Unterstützung zukommt. Schwierigkeiten bereiten auch die partizipativen Elemente des Ansatzes, die von der Geschichte Reggio Emilias gestützt werden, aber der hierarchischen und bürokratischen Prägung deutscher Kommunen zuwider laufen. Dennoch können in Deutschland zwei Wellen von Transferbemühungen festgestellt werden, eine von Berliner und Hamburger Kitaberaterinnen in der ausgehenden Mitte der 80er, Anfang der 90er Jahre und eine nach der „Wende" von sich neu orientierenden ostdeutschen Einrichtungen und

Pädagoginnen ausgehende Mitte der 90er Jahre. Heute beziehen sich Kindertagesstätten in den verschiedensten Gegenden Deutschlands auf die Reggiopädagogik. Ob und inwiefern sie allerdings tatsächlich an dem Ansatz anschließen, der in Reggio Emilia entwickelt wurde, kann und will der vorliegende Artikel nicht beantworten.

Quelle: PÄD Forum Juni 2001, S. 177 – 180

**Arbeitsaufträge / Fragestellungen:**

1."Was ist Reggio-Pädagogik?" Wieso ist die Beantwortung dieser Frage nach Auffassung des Autors problematisch?

2. Beschreiben Sie mit eigenen Worten die zentralen Aspekte der Reggio-Pädagogik.

3. Welche Zusammenhänge sehen Sie zwischen den beschriebenen Aspekten?


**Weiterführende Informationen: Konstruktivismus**

Informationen zum Sozialen Konstruktivismus
http://boag-online.de/pdf/boagap12.pdf ( 12.7.2010)

Informationen zum radikalen Konstruktivismus
http://beat.doebe.li/bibliothek/t00057.html (11.7.2010)


**Schlagwörter:**

Bild vom Kind; Dokumentation; Erzieherrolle; Gemeinwesenorientierung; Geschichte; Projekte; Raum; Rechte; Teamarbeit.

# Dialog Reggio - Vereinigung zur Förderung der Reggio-Pädagogik in Deutschland e.V.: Was heißt für uns „reggio-orientiert"?

Präambel: Die Reggio-Pädagogik ist kein Modell. Sie ist eine Erziehungsphilosophie, bei der die Rechte der Kinder und ein reflektiertes Bild vom Kind eine zentrale Stellung einnehmen. Reggio-Pädagogik konkretisiert sich in der Weise des pädagogischen Denkens, Wahrnehmens, Fühlens und (professionellen) Handelns. Dabei spielen auch die Rahmenbedingungen der elementarpädagogischen Praxis in Deutschland eine Rolle. Sie bilden die alltäglichen Umstände für den Dialog und die Interaktion mit Kindern, auch wenn sie der Weiterentwicklung oder Veränderung bedürfen.

1. Das Kind verstehen wir als Konstrukteur seiner individuellen Wirklichkeit und Entwicklung. Kinder bilden sich im sozialen Kontext selbst. Sie sind von Anfang an in der Lage, sich mit ihrer sozialen Umwelt auszutauschen und sie machen sich von Geburt an durch sinnliche Erfahrungen ein eigenes Bild von der Welt.

2. Kinder als Ko-Konstrukteure: Einen Teil ihres Wissens erwerben Kinder in der Gemeinschaft anderer Kinder. Für den Aufbau von Beziehungen sind Altersstruktur und Gruppengröße wichtige Komponenten. Kinder brauchen Unterstützung für die Bildung kleiner Gruppen und die Möglichkeit, sowohl Beziehungen mit Gleichaltrigen einzugehen als auch Kontakt zu Kindern auf anderen Entwicklungsstufen zu pflegen.

3. „Das Kind hat hundert Sprachen": Die verschiedenen Möglichkeiten der Sinneserfassung bilden die Grundlage für die vielen Sprachen der Kinder. Damit ihre Sinneserfahrungen zu einer Sprache werden können, brauchen Kinder Materialien, Werkzeuge, Rollen- und darstellendes Spiel, Musik, bildende Kunst und auch symbolische Strukturen, um möglichst viele Formen der Wirklichkeitsaneignung zu erfahren, auszuprobieren und um persönliche Ausdrucksformen zu entwickeln.

4. Lernen in Projekten: Die thematischen Projekte entstehen aus Beobachtungen, Erlebnissen, Gesprächen und Impulsen der Kinder wie der Erwachsenen. Sie wachsen als Projekte, wenn im Prozess der kindlichen Aktivität die Fragen der Kinder Zeit, Raum und Material erhalten. Den Erwachsenen kommt die Rolle des dialogischen Begleitens zu, dazu gehört das Beobachten, Dokumentieren und Impulsgeben als Herausforderung und Zumutung von Themen.

5. Dokumentation: Die Dokumentation dient der Ideensammlung und als kollektives Gedächtnis. Dokumentation ist eine Weise des professionellen Handelns sowie eine Möglichkeit zur Selbst-Evaluation. Dokumentation ist die Grundlage einer Pädagogik des Zuhörens und der Partizipation der Kinder. Sie macht Lernen sichtbar. Einerseits hilft sie damit den ErzieherInnen. Sie ist die Basis zur Rekonstruktion von Bildungsprozessen. Andererseits hilft sie den Kindern, ihre Lernprozesse zu überdenken, zu strukturieren und ihre eigenen Lernstrategien zu verbessern.

6. Das Selbstverständnis der ErzieherInnen und die Bedeutung des Teams: Die Anerkennung der Selbstständigkeit ist die Grundlage des pädagogischen Handelns. Prozesse der Verständigung zwischen Kindern und ErzieherInnen stellen sicher, dass die Erwachsenen wahrnehmen und berücksichtigen was Kinder in ihre Bildungsphase einbringen. Wahrnehmendes, entdeckendes Beobachten bildet einen wesentlichen Teil des

professionellen Handelns. ErzieherInnen sind kompetente PartnerInnen in kindlichen Forschungsprozessen. Die MitarbeiterInnen, vor allem die ErzieherInnen, arbeiten miteinander, reflektieren ihre Arbeit sowohl im Team als auch mit den anderen Einrichtungen und lernen dabei voneinander. Sie erhalten Praxisberatung und bilden sich kontinuierlich fort. Regionaler, nationaler und internationaler Austausch wird angestrebt.

7. Der Raum als „dritter Erzieher“: Räume wirken als reichhaltige, vorbereitete Umgebung, die den Kindern sowohl Anregung und Herausforderung bieten, als auch Geborgenheit und Rückzugsmöglichkeiten. Sie können als Gruppenräume strukturiert sein, wie auch als Funktionsräume, z.B. Räume für: Atelier, Bewegung, Entspannung etc.. Einrichtung und Material haben durch die Präsentation Aufforderungscharakter, bieten ordnende Orientierung, ermöglichen unterschiedliche Perspektiven, fordern verschiedene Wahrnehmung heraus und laden zum forschenden Lernen ein.

8. Lebensgemeinschaft auf Zeit mit Müttern und Vätern: Sie sind die Dialog- und Erziehungspartner des Teams. Die Lebenslage der Familie sowie ihre Kompetenzen sind wichtige Bezugspunkte des pädagogischen Handelns. Die Bildungsprozesse der Kinder werden durch Dokumentation sichtbar gemacht. Eltern werden so an den Denk- und Handlungsprozessen der Kinder beteiligt.

9. Gemeinwesenorientierung: Die Kita ist Bestandteil des öffentlichen Lebens und kooperiert mit anderen Institutionen. Die Verknüpfung der Erfahrungen der Kita-Kinder mit dem Gemeinwesen, in dem sie leben, und die Offenheit der Kita gegenüber Eltern, Nachbarn und Experten sind wesentlicher Bestandteil der elementarpädagogischen Arbeit. Die Arbeit in der Kita steht dabei in Wechselwirkung mit der Umgebung. Die Erfahrungen der Kinder mit Kunst und Kultur, Verkehr und Kommunikation, Handwerk und Gewerbe, Bildung und Forschung realisieren sich sowohl in dem Austausch von Personen und Orten außerhalb der Kita als auch in dem Hineinholen von Repräsentanten dieser Bereiche.

10. Die Rechte der Kinder: Jungen und Mädchen gestalten den Kita-Alltag mit. Interkulturelle Kompetenzen aller Kinder werden gefördert und Kinder mit besonderen Bedürfnissen berücksichtigt. Entsprechend der UN-Kinderrechtskonventionen setzen wir uns für die Anerkennung der Rechte und Potenziale der Kinder ein.

11. Konzeptionelle Weiterentwicklung: Die Kita ist eine ständig im Wandel befindliche lernende Organisation. In diesem Zusammenhang überprüft das Team in regelmäßigen Abständen seine Praxis und nimmt im Hinblick auf die Umsetzung der genannten Punkte notwendige Veränderungen vor.


Diskutiert auf der Mitgliederversammlung im Juni 2005 in Essen und im Oktober 2005 vom Vorstand verabschiedet.


Quelle: http://www.dialogreggio.de/Dialog-Reggio-Kriterien.pdf (14.4.2010)

**Arbeitsaufträge / Fragestellungen:**

1. Reggio ist kein Modell, sondern eine Erziehungsphilosophie. Worin bestehen die Unterschiede zwischen einem Erziehungs*modell* und einer Erziehungs*philosophie*?

2. „Reggio-Pädagogik konkretisiert sich in der Weise des pädagogischen Denkens, Wahrnehmens, Fühlens und (professionellen) Handelns." Erläutern Sie diese Aussage und belegen Sie Ihre Erläuterungen durch konkrete Beispiele.

3. Fassen Sie die 11 Merkmale zu Gruppen zusammen und formulieren Sie zu jeder Gruppe eine Überschrift.

4. Angenommen, Sie würden einen Kindergarten besichtigen. Könnten Sie anhand der beschriebenen 11 Merkmale feststellen, ob es sich um einen reggio-orientierten Kindergarten handelt? Begründen Sie Ihre Meinung.

5. Stellen Sie sich vor, Sie wären Mutter oder Vater eines 3- jährigen Kindes. Würden Sie aufgrund der beschriebenen Merkmale Ihr Kind in einem reggio-orientierten Kindergarten anmelden? Begründen Sie Ihre Meinung!


**Weiterführende Informationen: Kinderrechte**

UN-Kinderrechtskonvention
http://www.unicef.de/fileadmin/content_media/Aktionen/Kinderrechte18/UN-Kinderrechtskonvention.pdf http://www.unicef.de/kinderrechte3.html

Nationaler Aktionsplan "Für ein kindergerechtes Deutschland 2005-2010" (NAP)
http://www.bmfsfj.de/BMFSFJ/kinder-und-jugend,did=31372.html

Kittel, Claudia: Kinderrechte. Ein Praxisbuch für Kindertageseinrichtungen. München 2008

Korczak, J.: Rechte der Kinder
http://www.janusz-korczak.de/korczak_dimensionen.html


**Schlagwörter:**

Bild vom Kind; Dokumentation; Elternarbeit; Erzieherrolle; Gemeinwesenorientierung; Kinderrechte; Lernen, Projekte; Raumgestaltung.

# Malaguzzi: Pädagogik als Projekt

Anmerkungen zur Philosophie der »esperienza reggiana«

*Ergänzend zu Gesprächen zur Theorie und Praxis der Reggiopädagogik, die ich 1985 und 1986 (und dann wieder 1990) mit Loris Malaguzzi führte und von denen nur stichwortartige Mitschriebe existieren, hat Malaguzzi mir fernmündlich via Kassette auf Fragen geantwortet, die in den Gesprächen offen geblieben oder in meinen Notizen unklar waren. Dieser Akt erscheint mir beispielhaft für seine selbstverständliche Offenheit, Hilfs- und Kooperationsbereitschaft, an die nicht nur ich selbst mich gerne erinnere, sondern die m. E. der pädagogikgeschichtlichen Erinnerung würdig ist. Darüber hinaus macht der folgende Ausschnitt deutlich, was in Sekundärtexten über die Vorstellungen Malaguzzis und anderer Begründer/innen dieses Ansatzes doch nur bedingt darstellbar ist: die spezifische Sprache und Begrifflichkeit, die Radikalität, die Tiefe.*

*Die erste Frage lautete: Was sind die zentralen Punkte eurer Pädagogik? (M.G.)*

Hierzu möchte ich etwas vorausschicken. Die Anhaltspunkte für das, was wir »Pädagogik als Projekt« und »Pädagogik in der Veränderung« nennen, liegen, wie ich meine, zunächst einmal in der Fähigkeit, die historischen, ökonomischen, politischen und kulturellen Hintergründe analysieren und interpretieren zu können, hier die positiven Aspekte im Auge zu behalten, aber vor allem auch die negativen, die das Wohlbefinden und die Entwicklungs- und Lernprozesse der Kinder behindern oder die Erziehungsarbeit der Familien, der Erzieher und der Schulen insgesamt behindern können.

**Pädagogik als Projekt — warum?**

Weil unserer Auffassung nach eine bestimmte Richtung erforderlich ist, die nahe liegende Ziele, Zwischenschritte und langfristige Perspektiven aufweist.

Auch darum, weil wir in unsere Arbeit eine Zielrichtung, eine Perspektive bringen müssen, denn all das gibt sowohl den Kindern als auch den Erziehern Vertrauen und Sicherheit und trägt im Wesentlichen dazu bei, ihre Arbeit zu orientieren. Ein dritter Grund für diese Notwendigkeit: um sowohl die Ziele als auch die Zwecke offen und korrigierbar zu lassen. Das kulturelle Ziel, das letztendliche Ziel besteht darin, der Erziehungspraxis zu ermöglichen, immer wieder neue Anregungen und kulturelle Einflüsse aufzugreifen, der Realität ins Gesicht zu sehen, die Realität aufzugreifen anstatt ihr auszuweichen, und zwar mit all ihren Wider- sprüchen, denn wir wissen ja: Pädagogik ist auch die Kunst, Widersprüchliches bewusst anzugehen.

Ich sprach von »Pädagogik in der Veränderung«. Veränderung, weil Pädagogik keine Pädagogik ist, wenn sie sich selbst nicht ändert, sich nicht anpasst, nicht mit den entsprechenden Mitteln den Veränderungen der jeweiligen Situation gerecht wird und die Kinder, die Erzieher und die Familien nicht verändert. Dazu müssen mindestens drei Voraussetzungen gegeben sein:

1.dass das Projekt und die Veränderung beherrschbare, glaubwürdige und realisierbare Dinge sind und auch von den Kindern, den Familien und den Erziehern so empfunden werden,

2.dass sie von der Gruppe diskutiert und akzeptiert werden, nämlich von der Gruppe der Kinder, der Familien und der Erzieher, die hier zusammenkommt,

3. dass sie ein sich ergänzendes Ganzes darstellen, das die tatsächlichen Ressourcen der Kinder miteinander verbindet und immer wieder überprüft: die Lernziele, die die Kinder erreichen sollen, das methodische und didaktische Vorgehen, die wichtige Rolle, die die räumlichen Bedingungen dabei haben, die Organisation der Arbeit, die die Erwachsenen zu leisten haben. Alles das bildet den Rahmen, in dem die Kinder sich bewegen.

### Über die Kinder

Wir müssen von allem, was wir vielleicht nicht wissen, mehr verstehen lernen, uns die vielen Theorien aus dem Kopf schlagen, die die Kinder unterschätzen, die ihnen nur geringe Möglichkeiten zubilligen, geringe Fähigkeiten, auch alleine lange und ziemlich komplexe Strecken zurückzulegen, geringe Fähigkeiten, mit Gleichaltrigen und mit Erwachsenen zusammenzuarbeiten. Man muss ihnen allerdings zuhören können, auf ihre Interessen, ihre Probleme, ihr jeweiliges Tempo und ihre Wünsche eingehen. Wenn du viel erreichen willst, musst du ihnen vor allem sehr viel geben. Das gilt auch für die Erwachsenen, die mit Kindern arbeiten. Man muss den Kindern viele Gelegenheiten verschaffen, zu arbeiten und Erfahrungen zu sammeln. Sehr viel mehr, als dies normalerweise geschieht. Und vor allem muss man ihnen dabei helfen, auf sich selbst zu vertrauen. Man muss ihnen auf dem sehr weiten Feld ihrer Ausdrucksmöglichkeiten, ihrer Kommunikationsformen, ihrer Gefühle Hilfestellung geben und vor allem Achtung haben vor ihrem Erstaunen und den Fragen, die sie sich stellen. Ihren Wunsch akzeptieren, sich sowohl für die Anregungen, die plötzlich und zufällig auftreten, zu interessieren, als auch Ordnung in die Dinge, die Gefühle und den Verstand zu bringen. Eine wichtige Sache: Wem gehören sie, die Kinder. Die Kinder gehören sich selbst, und es ist gut, wenn sowohl die Eltern als auch die Erzieher über diesen Punkt nachdenken. Hier wird die Sache etwas kompliziert, und ich möchte nur sagen, dass man unter solchen Voraussetzungen hoffen kann, die Wege und die Entscheidungen für sie offen zu halten.

### Über die Erzieher/innen

Die Erzieher/innen und die Erwachsenen, die mit Kindern arbeiten, müssen wissen — und das ist eine Tatsache —, dass sie, auch wenn sie ihrer früheren Ausbildung etwas verdanken, doch das meiste der Ausbildung, der Sensibilität, den Erkenntnissen, den kulturellen Einflüssen verdanken, die sie in der Praxis, in der unmittelbaren Erfahrung erwerben. Hier muss sich heute, Tag für Tag, ihre Professionalität erweisen. So spielen z.B. die Organisation und eine entsprechende Gestaltung der Räume eine große Rolle. Allerdings unter der Bedingung, dass die günstigen räumlichen Bedingungen aus der Arbeit mit den Kindern heraus, aus dem Zusammenleben der Erzieher mit den Kindern entstehen und so eine eigene Identität erhalten.

Es müssen noch viele andere Bedingungen erfüllt sein, aber zwei von ihnen sind besonders wichtig:

Erstens müssen, so wie die Kinder gerne zusammenarbeiten, auch die Erwachsenen ihre Lust daran entdecken, gemeinsam, in der Zusammenarbeit, zu reflektieren, Projekte zu entwickeln, zu diskutieren und zu forschen. Eine Haltung, die das Spektrum der Fragen, Zweifel und Vertiefungen vervielfacht, die eigene Flexibilität erweitert, ich meine damit eine soziale Einstellung, eine Methode, die die Kinder, mehr als man glaubt, zu würdigen wissen und beurteilen können und an der sie sich ein Beispiel nehmen. Und die auch empfänglich macht für Erfahrung — für alle Erfahrungen — und so auch bei den Familien Verständnis und Anerkennung findet.

Zweite Bedingung: Sie ergibt sich sozusagen aus der ersten, und zwar daraus, dass die Erzieher überzeugt sind, dass ihre Arbeit mit den Kindern umso mehr Spuren hinterlässt, je besser sie im Hinblick auf eine gemeinsame Verantwortlichkeit mit den Familien zusammenarbeiten. Diese Arbeit ist schwer, sicherlich sehr schwer, aber sie zahlt sich zweifellos aus. Wenn die Erzieher es gelernt haben zusammenzuarbeiten, dann ist es für sie leichter, ihre Beziehungen zu den Familien zu erweitern, mit ihnen reden zu können, ihnen zuhören zu können, in gegenseitigem Austausch etwas zu geben und zu bekommen. Aber damit ändern sich auch die Methoden. Das heißt, die Methoden dieser partizipatorischen Pädagogik müssen alle erst gefunden, neu erarbeitet und vor allem dokumentiert werden, damit die Substanz der Beziehungen in der konkreten Erfahrung und auf dieser Basis realisiert werden kann. Auf Sand kann nichts wachsen, nichts aufgebaut werden. So muss auch diese Beziehung so weit organisiert und stabilisiert werden, bis sie zu einem Arbeitsstil wird, der eine neue, andere Erziehungskultur hervorbringt, nicht nur in der einzelnen Familie, sondern in allen Familien. Damit werden die Probleme auf eine dialektische Ebene gehoben, die in der herkömmlichen Vorschulerziehung unbekannt ist. Auch das bemerken die Kinder durchaus, und ihre Sicherheit wird größer, je mehr sie sehen, dass die Beziehungen zwischen ihrem Leben zu Hause und dem in der Kita enger und kommunikativer werden.

*Meine zweite Frage bezog sich auf den Ausspruch Malaguzzis, die Techniken seien niemals neutral, um dessen Erläuterung ich ihn bat. (M.G.)*

Das nächste Thema, das du ansprichst, ob die Techniken, die Verfahren neutral oder nicht neutral sind. Die Sache mit den Techniken ist etwas, das neu erarbeitet werden muss, da bisher die Techniken immer als zweitrangig und bedeutungslos angesehen wurden, oft sorglos, oft verächtlich, die falsche Alternative von Inhalten und Formen, von Strukturen und Überbau.

Nicht einmal dann, wenn ich eine Apfelsine mit dem Messer schäle, sage ich, dass die Technik nicht wichtig ist. Einen Stein polieren, ihm eine Form, eine beabsichtigte Funktion geben — hierzu bedurfte es eines langen kulturellen Prozesses des Menschen. Dies gilt auch heute, wenn bestimmten Materialien und künstlichen Maschinen Formen und Funktionen gegeben werden. Techniken sind nie neutral, genauso wenig wie die Inhalte. Inhalte und Techniken, Techniken und Inhalte bilden, richtig betrachtet, eine sinnvolle Einheit. Ein aktives Kind benutzt bestimmte Methoden für sein Erforschen, sein Auswählen und seine eventuellen Entdeckungen. Ein passives Kind, passiv geworden durch die Methodik der Erwachsenen, lernt nach bereits vorgegebenen Mustern. Auch die Massenmedien wenden Techniken an, aber das sind Techniken, die, wenn man sie richtig analysiert, keine unabhängigen Variablen sind, sondern Variablen, die vom Gebrauch und vom Zweck abhängen. Das Instrumentarium der Realität — Fernsehen und Computer, das gehört zum Instrumentarium der Realität — wird nicht moralistisch verboten, sondern aktiv einbezogen. Risiken kannst du nur verringern, wenn du die Dinge beherrschst, wenn du sie kennst, sie mit Verstand und Bewusstsein abwägst. Die Situationen sind immer ambivalent. Sie sind nie von vornherein gut oder schlecht. Auf den Zug der Erfahrung aufzuspringen heißt, sich nicht von den Erfahrungen überrollen zu lassen. Gerade im dialektischen Spiel, dann, wenn du dein Bewusstsein von den Widersprüchen des Realen auf einen immer höheren Stand bringst, erweist sich, ob du am Fortschritt teilnimmst oder am Rückschritt.

*In einer weiteren Frage bat ich Malaguzzi um Erläuterung seiner Aussage »Es ist notwendig, es zu ermöglichen, dass das Kind nichtbanale Sachen macht!« (M.G.)*

Jetzt, lieber Michael, sind wir bei der Frage nach der Bedeutung des Banalen. Was ist das Banale? Nun, ich würde sagen, dass das Banale durch eine Verflachung der Sinne entsteht, eine Verflachung des Fühlens, des Denkens, des Redens, oder es entsteht durch eine zu geringe und unvollständige — oder überhaupt unzureichende — Entwicklung der Möglichkeiten, die den Kindern oder dem Erwachsenen zur Verfügung stehen. Ich glaube, das Banale entsteht vor allem, wenn man sich selbst zu wenig Fragen stellt, zu wenig Schwierigkeiten macht und sich keine eigenen Standpunkte aneignet. Das führt zu Konformismus, Passivität und Inflexibilität. Wenn das Kind frühzeitig Erfahrungen macht, das Privileg hat, Erfahrungen zu machen, dann ist das ein großer Vorteil. Die Überwindung des Banalen ist tatsächlich ein ständiger Kampf, der sich durchs ganze Leben zieht.

Das Wiederholen und Sichbeschränken sind nicht von vornherein negative Vorgänge. Sie sind positiv, wenn es Phasen der Beruhigung sind, der Konsolidierung, oder Pausen, bevor man Wege für das weitere Vorangehen und die weitere Entwicklung findet. Es gibt Kinder, die ihre einzelnen Sinne oder die Sinne alle zusammen nur wenig benutzen, die einen Berg oder einen See sehen, ein Glühwürmchen, ein Blatt, eine Dachfläche, den Regen, das Vergehen der Jahreszeiten mit den Veränderungen, die das mit sich bringt, Gewalt und Gewalttätigkeiten — und nur geringe psychologische Vibrationen dabei haben, sich nur wenige oder überhaupt keine Fragen dabei stellen. In diesem Sinne wird das Hinausgehen über das Banale, das Gewöhnliche, ein kulturelles und pädagogisches Problem.

Durch das bloße Zusammensein mit einem Erzieher, einem Kunstpädagogen, mit anderen Kindern allein lässt sich das Banale nicht überschreiten. Es muss schon so sein, dass dieses Zusammensein Neugier erweckt, Bewegung, Austausch von Meinungen, sich loslösen von den Dingen, die man schon weiß, und vertrauensvoll und mit den eigenen Mitteln auf das zugehen, was man noch nicht kennt. Wenn die Lust und die Freude daran frühzeitig entstehen, hast du vielleicht bessere Möglichkeiten, sie immer wieder anzuwenden und dich vor Faulheit, vor unkritischer Übernahme, vor Stereotypien zu bewahren.

Quelle: Göhlich, Michael (Hrsg.): Offener Unterricht, Community Education, Alternativschulpädagogik, Reggiopädagogik. Weinheim/Basel 1997, S. 197 - 201

**Arbeitsaufträge / Fragestellungen:**

1. Die Reggio-Pädagogik ist kein Modell, sondern eine experimentelle Pädagogik, die sich ständig verändern muss. Pädagogik ist für L. Malaguzzi ein fortlaufendes Projekt.

a) Was konkret meint Malaguzzi, wenn er Pädagogik als ein Projekt bezeichnet?

b) Wieso ist aus seiner Sicht der Projektcharakter der Pädagogik notwendig?

c) Welche Bedingungen müssen gegeben sein, damit das Projekt ‚Pädagogik' ein Erfolg wird?


**Weiterführende Informationen: Praxisforschung / Handlungsforschung**

Cendon, Eva: Praxisforschung- Eine Einführung (2008)
http://www.google.de/webhp?hl=&sourceid=navclient-ff&rlz=1R0GGGL_de&ie=UTF-8#q=Praxisforschung&hl=de&rlz=1R0GGGL_de&ei=bVJATKalHoGcOMD3tNUM&start=60&sa=N&fp=8ddef8aaec310935 ( 3.7.2010 )

Neuweg, Georg Hans: Emergenzbedingungen pädagogischer Könnerschaft. In: Heid, Helmut u.a. (Hrsg.): Verwertbarkeit. Ein Qualitätskriterium (erziehungs-)wissenschaftlichen Wissens? Wiesbaden 2005, S. 205 – 228

Simon, Gerd: Der Begriff der Bedeutung in der Praxisforschung
http://homepages.uni-tuebingen.de/gerd.simon/7BedPraxisforschung.pdf ( 2.7.2010 )


**Schlagwörter:**

Bild vom Kind; Elternarbeit; Erzieherrolle; Lernen; Methoden; Partizipation; Praxisforschung; Projekt; Teamarbeit; Wissenschaftstheorie.

## Reggio children: Historische und kulturelle Daten zu den Erfahrungen von Reggio Emilia

1963 begann die Stadt Reggio Emilia, ein eigenes, breit gefächertes Erziehungsangebot aufzubauen. Die ersten Kindergärten für Kinder zwischen drei und sechs Jahren entstanden. 1970 folgten die Krippen für Kinder zwischen null und drei Jahren.

Nachdem die Stadt sich endlich ihrer bürokratischen Behäbigkeit entledigt hatte, konnte sie 1967/68 auch all jene Erziehungseinrichtungen übernehmen, die in den ersten Nachkriegsjahren aus Privatinitiativen hervorgegangen waren und dringend neue Impulse von außen sowie den Zugang zu neuen Mitteln benötigten.

Die Kindergärten und Krippen von Reggio Emilia zeichnen sich nach wie vor durch die Modernität ihrer theoretischen Überlegungen und durch ihre enge Verbindung mit Wissenschaft und Forschung aus. Alle Beteiligten befinden sich in einem kontinuierlichen Weiterbildungsprozeß. Andere Kennzeichen sind die kollegiale und aufeinander bezogene Arbeitsorganisation, die große Bedeutung, die der Umwelt als erzieherischem Element beigemessen wird, das Atelier, die intensive, lebendige Beteiligung der Familien und Bürger an der Führung der Einrichtungen sowie der rege Austausch mit den ortsansässigen Kulturbereichen.

All dies basiert auf einem globalen Erziehungsprojekt für Kinder von null bis sechs Jahren. Man geht davon aus, daß Kinder mit enormen Fähigkeiten ausgestattet sind und darüber hinaus eine Reihe von Rechten besitzen. Das heißt, die Sprachen des Kindes, ihre Entwicklung und Förderung stehen im Mittelpunkt dieser Erziehung: die expressiven, die kommunikativen, symbolischen, kognitiven, ethischen und metaphorischen, die logischen Sprachen sowie die Sprachen, die die Phantasie und die wechselseitigen Beziehungen betreffen.

Diese außergewöhnlichen Erfahrungen befinden sich in einem ununterbrochenen Entwicklungsprozeß und sind seit Jahren lebendiger Bezugspunkt für Erzieher, pädagogische Berater und Wissenschaftler, für Verwaltung und Politik, für Kulturschaffende aus ganz Italien und allen Teilen der Welt. Oft sind sie Anstoß zu weiterführenden Studien und Auseinandersetzungen. Begegnungen verschiedenster Art gehören zu den Erfahrungen, die sich von Anfang an durch eine Kultur des Dialogs, der Konfrontation und des gegenseitigen Austauschs mit anderen Wirklichkeiten entwickelt haben.

Die Geschichte der Krippen und der städtischen Kindergärten in Reggio Emilia ist daher reich an besonderen Ereignissen und Begegnungen.

So fand im März 1971 in Reggio Emilia in Fortsetzung des Werkes von Bruno Ciari der Nationale Kongress „Erfahrungen zur Schaffung einer neuen vorschulischen Erziehung" statt. Das war die erste Veranstaltung zur Kindererziehung, die von nichtkirchlicher Seite ins Leben gerufen wurde. Über neunhundert Erzieher nahmen auf eigene Kosten daran teil.

Alle Beiträge wurden in einem Buch veröffentlicht, das viele Jahre lang Standardwerk und Maßstab für die Entwicklung der Krippen und Kindergärten war, die in ganz Italien entstanden.

Ein Jahr später veranstaltete Gianni Rodari in Reggio Emilia Seminare mit Erziehern und Kindern. Seine "Grammatik der Phantasie", die er später der Stadt als symbolischem Auftraggeber des Werkes anerkennend widmen sollte, fand hier ihren Ursprung.

Im Jahr 1975 trugen die Erfahrungen von Reggio entscheidend zum Erfolg des Nationalen Kongresses bei, der von der Region Emilia-Romania in Bologna zum Thema "Das Kind als Subjekt und Ursprung von Recht in Familie und Gesellschaft" veranstaltet wurde. Tragweite und Resonanz dieses Kongresses waren sehr groß. Wer die Ereignisse und Prozesse, die die Entwicklung einer neuen Kindheitskultur begünstigt haben, nachvollziehen möchte, der findet unter den Kongreßbeiträgen nach wie vor interessante Dokumente.

1976 wurden die Krippen und Kindergärten von Reggio Emilia in den Sendungen eines Rundfunkmoderators wiederholt der „Antireligiosität" und des „Antiklerikalismus" bezichtigt, Anklagen von außerordentlicher Erfindungsgabe. Als Antwort darauf wurden die Einrichtungen ein Jahr lang zur Plattform einer öffentlichen Debatte zu Themen der Erziehung, besonders der religiösen Erziehung. Eltern, Erzieher, Persönlichkeiten aus Schule, Kultur und Politik sowie Vertreter der religiösen Bereiche nahmen daran teil. Das war ein Lehrstück in Kultur und Bürgersinn, progressiv und befreiend zugleich. Das Abschlußdokument "Die religiöse Erziehung und die Kindererziehung" wurde von allen Teilnehmern getragen.

1980 wurde in Reggio Emilia die Nationale Vereinigung der Kinderkrippen - heute Nationale Vereinigung Krippen und Kindheit - gegründet, ein unabhängiges Organ, das Erzieher, Fachkräfte, pädagogische Berater, Wissenschaftler und Universitätsdozenten vereint. Die Institution Krippe und allgemeinere, die Kindheit betreffende Themen sollten hervorgehoben, diskutiert und vertieft werden. Die Vereinigung rief bislang sieben Nationale Kongresse ins Leben (La Spezia, Rom, Pistoia, Orvieto, Venedig, Ancona und Riccione), die sich einer großen Teilnehmerschaft italienischer und ausländischer Interessenten erfreuten. Mitte der achtziger Jahre erfuhr das Netz der reggianischen Erziehungseinrichtungen seine größte Ausdehnung: 21 Kindergärten und 13 Krippen. Mehr als 50 Prozent der ortsansässigen Kindergartenkinder und 30 Prozent der Krippenkinder waren hier untergebracht. Trotzdem konnten nicht alle Kinder, vor allem in den Krippen, aufgenommen werden. Gleichzeitig verhinderten die wachsenden Verwaltungsschwierigkeiten, hervorgerufen durch neue Finanzverordnungen, eine Erweiterung des lokalen Haushaltsstellenplans. An neue Kindergärten und Krippen war nicht zu denken.

Man war gezwungen, neue Wege zu suchen, um diesem wichtigen Bedürfnis der Bürger von Reggio Emilia entgegenzukommen. 1987 entstanden in Zusammenarbeit mit einigen Sozialkooperativen zwei weitere Krippen, eine dritte kam bald hinzu. Aus dieser Bewegung ging 1991 auch eine Krippe hervor, die die Familien selbst verwalteten, in Zusammenarbeit mit der Stadt und der Pädagogischen Leitung der Krippen und Kindergärten.

Ende der achtziger Jahre führten die staatlich verordnete Kürzung des Haushaltsetats und die sich daraus ergebenden Sparmaßnahmen der Kommunen zu nicht geringen Problemen in den örtlichen Erziehungseinrichtungen. Zeitweilig stand ihr Fortbestand zur Diskussion. Es gab sogar Überlegungen, das gesamte reggianische Erziehungsnetz unter staatliche Trägerschaft zu stellen, wie es in anderen Bereichen zunehmend geschah.

Nach langen Debatten fiel die Antwort der Stadt noch einmal positiv aus, und die pädagogische Berufung Reggio Emilias erfuhr neuen Auftrieb. Mit der Durchsetzung des Projekts "Kindheit" demonstrierte die Gemeinde von Reggio Emilia eine eindeutige Entscheidung zugunsten der Kinder. Der Verstaatlichung zweier altersgemischter Kindergärten zum Trotz, setzte man sich für die Weiterentwicklung eines anspruchsvollen Erziehungsangebots ein.

Die eigenen Erfahrungen werden verstärkt an alle Einrichtungen weitergegeben, die es in diesem nunmehr gemischten System gibt: städtische Kindergärten und Krippen sowie staatliche und private Kindergärten.

Ein weiterer grundlegender Schritt in diesem Prozeß war das Abkommen mit der FISM (Föderation Italienischer Katholischer Kindergärten) von 1994. Die Gemeinde von Reggio Emilia setzte sich als erste mit einer höheren Bezuschussung (1996 zirka 700 Millionen Lire) ein für den Erhalt von mehr Qualität bei der Aus- und Weiterbildung des Personals, bei der Erweiterung der räumlichen, materiellen und sonstigen Ausstattungen. Später wurden in vielen italienischen Städten ähnliche Vereinbarungen getroffen.

Die ersten ausländischen Delegationen, die sich für das reggianische Modell interessierten, kamen aus Kuba, Bulgarien, Spanien, Japan, der Schweiz und Frankreich. 1979 begann ein intensiver Austausch mit einer Gruppe aus Schweden, der in der Ausstellung „Wenn das Auge über die Mauer springt" im Moderna Museet von Stockholm gipfelte. Die Ausstellung dokumentierte die Arbeit in reggianischen Krippen und Kindergärten, die ein Jahr zuvor eröffnet wurden. Die Stockholmer Ausstellung wurde von einem Dokumentarfilm des schwedischen Fernsehens begleitet sowie von einer Buchveröffentlichung Stockholmer Pädagogen, Journalisten und Schriftsteller, die sich mit den in Reggio Emilia gemachten Erfahrungen auseinandersetzten.

Der enorme Erfolg der Ausstellung, die sich, immer wieder überarbeitet, zur heutigen Version von „Hundert Sprachen hat das Kind" entwickelte, nahm hier seinen Anfang. Seit 15 Jahren reist sie nun durch die Welt, erzählt von Kindern, ihren Möglichkeiten und Rechten, und trägt ihre hoffnungsvolle Botschaft in alle Kontinente.

Über die Ausstellung intensivierte sich der Austausch mit dem Ausland. Mit jedem Jahr interessierten sich mehr Personen aus verschiedensten Ländern, unterschiedlichen Berufen und Bereichen für diese Pädagogik. Reggio Emilia wurde international immer bekannter und erfuhr 1991 den endgültigen Durchbruch, als eine internationale Expertengruppe in der amerikanischen Zeitschrift "Newsweek" den städtischen Kindergarten „Diana" aus Reggio Emilia zum fortschrittlichsten Kindergarten der Welt erklärte.

Weitere Anerkennungen ließen nicht auf sich warten. 1992 wurde Professor Loris Malaguzzi, der Begründer dieser Pädagogik, für seine verdienstvolle Arbeit zugunsten der Kinder mit dem Lego-Preis (Dänemark) ausgezeichnet. Einen ähnlichen Preis erhielten 1993 die reggianischen Krippen und Kindergärten von der Kohlstiftung aus Chicago (USA). 1994, unmittelbar nach dem Tod Malaguzzis, erging in Erinnerung an das Lebenswerk des Pädagogen der Hans-ChristianAndersen-Preis an alle Einrichtungen Reggio Emilias. Eine weitere Auszeichnung erteilte im gleichen Jahr die Mediterranean Association of International Schools.

All dies veränderte schließlich die Art der Anfragen aus dem Ausland. Man war mehr und mehr an aktiver Zusammenarbeit interessiert und wollte auch in anderen Ländern Einrichtungen nach dem reggianischen Modell aufbauen. Aus diesem Grund entstand „Reggio Approach".

Als Antwort auf die zahllosen, immer dringlicheren und wichtigeren Fragen hatte die Stadt Reggio Emilia - außerstande, sie selbst zu beantworten - versprochen, eine "Public Company" ins Leben zu rufen.

1994 entstand "Reggio Children", ein internationales Zentrum zum Schutz und zur Weiterentwicklung der Rechte und Möglichkeiten von Mädchen und Jungen. "Reggio Children" ist eine vornehmlich öffentlich finanzierte Gesellschaft, die von der Privatwirtschaft, von Banken, städtischen Betrieben, privaten Sozialkooperativen, aber auch von Einzelpersonen wie Erziehern und Eltern aus Kindereinrichtungen unterstützt wird.

Die thematischen Schwerpunkte von "Reggio Children" ergeben sich hauptsächlich aus den theoretischen und praktischen Anregungen der reggianischen Krippen und Kindergärten; man befaßt sich mit der Organisation von internationalem Austausch, von Seminaren und Studienprojekten, mit der Veröffentlichung von Texten und Filmmaterial. Darüber hinaus unterstützt "Reggio Children" all jene, die, von „Reggio Approach" angeregt, selbst entsprechende Erziehungseinrichtungen aufbauen wollen, bietet Beratungs- und Koordinierungshilfe bei der Eröffnung von Krippen, Kindergärten und Kinderzentren im Ausland.

1994 erklärte "Reggio Children" das Modell "Early Learning Center" in Washington zur ersten Kindertagesstätte, die, entsprechend der Ideen von „Reggio Approach", die Vielfalt des Kindes anerkennt. Die räumliche Gestaltung wie auch das kollegiale Arbeitsklima und die Einbeziehung der Familien in die Projekte der Tagesstätte sind beispielhaft.

In Anlehnung an die Erziehungsphilosophie von „Reggio Approach" entstanden Kindertagesstätten in der ganzen Welt: die experimentellen Krippen und Kindergärten in Stockholm (Schweden), ein Kindergarten in Tirana (Albanien), einige Kindertagesstätten in St. Louis (Ohio) und Kalifornien (USA) sowie einige private Einrichtungen in Bangkok (Thailand).

1995 übergab die Europäische Union "Reggio Children" die pädagogische Betreuung des Kinderzentrums „Clovis", das für die Kinder von EU-Angestellten in Brüssel eingerichtet worden war. Die Hoffnung auf Verbreitung einer Kultur der Kindheit, deren Grundlage die Rechte und vielfältigen Möglichkeiten der Kinder sind, erfuhr Aufschwung.

1995 kam es zu zwei weiteren bedeutungsvollen Begegnungen: Professor Jerome Bruner, die vielleicht größte Autorität im Bereich der zeitgenössischen Psychologie, hatte die reggianischen Krippen und Kindergärten besucht und war tief beeindruckt. Er rief ein gemeinsames Projekt ins Leben, das die Veränderung der internationalen Erziehungssysteme anstrebt.

Ebenso wichtig war die Begegnung mit Vertretern des italienischen Bildungsministeriums, das nach mehr als dreißig Jahren die Bedeutung und das Neue der reggianischen Pädagogik anerkannte. Es entstand die Idee, gemeinsame Ausbildungsprogramme für den gesamten schulischen und erzieherischen Bereich des Landes zu erarbeiten.

Quelle: Reggio children (Hrsg.): Hundert Sprachen hat das Kind. Neuwied 2002, S.19-21


**Arbeitsaufträge / Fragestellungen:**

1.a) Erstellen Sie anhand des Textes eine Zeittafel zur Reggio-Pädagogik.

   b) Ergänzen Sie die Zeittafel für den Zeitraum vor 1963 und von 1995 -2010.

2. „Reggio Emilia wurde international immer bekannter und erfuhr 1991 den endgültigen Durchbruch, als eine internationale Expertengruppe in der amerikanischen Zeitschrift "Newsweek" den städtischen Kindergarten „Diana" aus Reggio Emilia zum fortschrittlichsten Kindergarten der Welt erklärte."

a) Wie war die Expertengruppen zusammengesetzt?

b) Welche Kriterien waren maßgeblich für diese Entscheidung?

c) Nehmen Sie Stellung zu dieser Beurteilung.


**Weiterführende Informationen: Entstehungsgeschichte**

Film: Reggio children: Not just any place. Reggio 2008


**Schlagwörter:**

Ausstellung; Entstehung; Rezeption.

# Malaguzzi: Hundert Sprachen hat das Kind

Wir wollen uns auch mit der Geschichte Reggios befassen, denn sie ist Teil unserer Erfahrungen und ist nicht auszuklammern, wenn wir Ihnen heute Einblick in die Entwicklung unserer Praxis geben wollen. Bei pädagogischen Erfahrungen handelt es sich um Lebenserfahrungen der Art, von der wir nicht genau wissen, warum sie uns geschieht. Wir haben das Privileg, daß unsere Erfahrung über einen langen Zeitraum hinweg wachsen konnte. Wir hatten die Möglichkeit, eine Kerngruppe von Erzieherinnen, Pädagoginnen und Künstlerinnen zusammenhalten und eine kontinuierliche Arbeit machen zu können. Deshalb konnte auch eine Art kollektiver Kreativität entstehen. Dazu brauchten wir selbstverständlich viel Diskussion sowohl untereinander wie auch mit den Familien. Wir setzten uns mit Beispielen und Erfahrungen anderer, auch im Ausland auseinander.

Die Geburt des Projektes selbst ist indessen sehr ungewöhnlich. Sie erinnern sich an den letzten Krieg - wir sind irgendwie Kinder dieses Krieges.

Das Projekt wurde aus der vom Krieg hinterlassenen Zerstörung entwickelt, am Rande von Reggio, in einem Dorf. Dort machten sich die Frauen und Männer nach dem Durchzug der deutschen Soldaten an die Beseitigung der von diesen hinterlassenen Ruinen.

Der Wiederaufbau begann. Die Kriegsmaschine hatte einen Panzer, drei Lastwagen, neun Pferde "vergessen"; diese wurden von den Frauen des Dorfes verkauft, denn sie hatten beschlossen, einen Kindergarten einzurichten. An den Wochenenden, über viele Monate hinweg, arbeitete die Dorfbevölkerung am Aufbau des Kindergartens.

Dies ist der Ursprung unseres Projektes.

Frauen wollten den Kindergarten für ihre Kinder, sie verhalfen ihren Kindern zu ihrem Recht und wurden damit zu Protagonisten einer neuen Erziehung für ihre Kinder. Sie verwalteten mehrere Jahre ihren Kindergarten selbst und erhielten keine öffentliche Unterstützung. Die Eltern und Erzieherinnen mußten große Opfer bringen, und oft war das Essen für die Kinder von einem Tag zum anderen nicht gesichert.

Den Frauen gelang es, solidarische Aktionen zugunsten des Kindgartens zu organisieren. Den Bauern wurde aufgegeben, wenigstens ein Ei wöchentlich an den Kindergarten abzuliefern; wer jagte oder fischte, hatte mit den Kindern im Kindergarten ehrlich zu teilen. Der Kindergarten diente den Kindern - aber ebenso den Müttern und Vätern, den Großeltern und dem Dorf. Die Erwachsenen gingen in ihrem Kindergarten ein und aus; er bildete einen Art Hafen, wo jeder auf dem Weg anlegen und verweilen konnte.

Diese Art pädagogischer Arbeit war bisher nicht in den hohen Schriften der Pädagogik verzeichnet, und sie warf bisher nicht behandelte Fragen auf.

Wie sollte unter diesen Umständen beispielsweise ein Erziehungskonzept formuliert werden? Die Erziehungsvorstellungen mußten ja geteilt werden von den Müttern und Verwandten - wie auf einem großen Bauernhof!

Diese Erfahrung des Zusammenwirkens von Eltern, Erzieherinnen und Kindern ist für unser Projekt bis heute wegweisend geblieben. Die starke Beteiligung der Familien und ihre intensive Beziehung zum Kindergarten sind ganz wichtige Momente für die Organisation der pädagogischen Arbeit und letztlich auch für die in ihr erreichbare Qualität.

Wir versuchen also, die Eltern ständig dabei zu haben. Natürlich bedeutet dies für die Erzieherinnen eine große Anstrengung.

Dieser Ansatz löste eine darauf verpflichtete pädagogische Forschung aus und förderte die Entwicklung einer neuen Didaktik - einer Didaktik der Kommunikation zwischen Familie und Institution.

Dafür gab es keine pädagogischen Modelle, auf die hätte zurückgegriffen werden können.

Und es gab für dieses Konzept keine Fachkräfte. (Die in den katholischen Kindergärten tätigen Schwestern waren nicht entsprechend ausgebildet.)

Mit selbstverwalteten Kindergärten waren erstmalig Einrichtungen entstanden, die nicht konfessionell gebunden waren. Für die darin arbeitenden Erzieherinnen war erst ein Status zu schaffen.

Die Stadt Reggio übernahm 1967 diese selbstverwalteten Einrichtungen. Sie konnte zu diesem Zeitpunkt auf keine eigenen Erfahrungen zurückgreifen.

Montessori-Kindergärten existierten noch nicht wieder, nachdem die Montessori-Pädagogik durch den Faschismus ins Exil getrieben worden war; der Vorwurf: Wissenschaftlichkeit. Durch den Faschismus war Italien aber auch von der Entwicklung in Fachbereichen wie der Psychologie, der Psychoanalyse oder der Anthropologie abgeschnitten worden. Auch von Pestalozzi und Fröbel waren nur noch Erinnerungsspuren vorzufinden: sie waren wegen angeblich anti-kirchlicher Einstellungen abgelehnt worden.

Um ihrer Verantwortung gerecht werden zu können, mußten die Erzieherinnen von Reggio zu verschiedenen Orten Europas reisen auf der Suche nach verwertbaren pädagogischen Erfahrungen, die sie 1967 mit den alten Erfahrungen aus der Phase der Selbstverwaltung verbinden konnten. Anregungen aus der Theorieentwicklung von Makarenko, Valon, Piaget und Wygotzki wurden integriert. Aus der in den USA entwickelten Handlungstheorie nahmen wir wichtige Hinweise in unsere Konzeptionsdiskussion auf.

Der Beschluß der Reggianer Stadtverwaltung zur Schaffung kommunaler Einrichtungen wurde zu diesem Zeitpunkt von der katholischen Kirche als Herausforderung verstanden und stellte die bisherige monopolartige Stellung der konfessionellen Kindergärten in Frage.

In dieser "Konkurrenzlage" kam einer sehr gründlichen konzeptionellen Fundierung gerade in dieser ersten Phase kommunalen Engagements besondere Bedeutung zu.

In der Tat wirkte das von uns entwickelte Erziehungskonzept geradezu naiv provokatorisch.

Die tradierten Institutionen waren starr autoritär bestimmt und deshalb nicht in der Lage, das Kind bei der Herausbildung seiner ganz individuellen Identität zu stützen, und sie waren nicht in der Lage, die Beziehung zwischen Erwachsenem und Kind pädagogisch angemessen zu definieren.

Wir stellten uns dem Erfordernis, uns mit unseren Vorstellungen und unserer pädagogischen Praxis bekannt zu machen und die Achtung und Anerkennung der Eltern und der Reggianer zu gewinnen. Wir waren Woche für Woche mit den Kindern und unseren Arbeitsmitteln Instrumente, Staffeleien usw. - draußen in der Stadt unterwegs: die Stadt war den Kindern Lernort und Lernen fand auf den Plätzen, den Straßen und Höfen statt - auch in der Absicht, über diese neue Erziehung zu informieren. Tatsächlich wurden unsere Aktivitäten mit großer Aufmerksamkeit und Anteilnahme begleitet.

Im Zuge dieses Prozesses stießen wir auf ein sehr grundsätzliches Problem: die Entwicklung theoretischer Konzeptionen und deren institutionelle Umsetzung müssen in engem produktiven Verbund geschehen; davon hängt die in der Praxis erreichbare Qualität der pädagogischen Arbeit ganz entscheidend ab. Gelingt die angemessene Lösung dieses Problems nicht, führt dies ganz regelmäßig zu den größten Schwierigkeiten. Wir konnten dies bei uns, aber auch an vielen Orten in Europa und in den USA beobachten.

Quelle: Senatsverwaltung für Jugend u. Familie (Hrsg.): Hundert Sprachen hat das Kind. Berlin 1992, S. 17-31


**Arbeitsaufträge / Fragestellungen:**

1. Welche historischen und gesellschaftlichen Bedingungen haben die Reggio-Pädagogik geprägt?

2. L. Malaguzzi behauptet, eine neue Pädagogik/Didaktik  geschaffen zu haben.

   a) Was war aus Sicht von L. Malaguzzi das Neue an der Reggio-Pädagogik?

   b) Unter welchen Bedingungen ist ein neues Konzept in der Praxis erfolgreich?


**Weiterführende Informationen: Entstehungsgeschichte**

Balancieren auf seidenem Faden. Interview mit Loris Malaguzzi von Carlo Barsotti.
Aus dem Film „L'uomo di reggio" von Carlo Barsotti. In: Kinder in Europa. Juni 2004,
S. 10 – 15


**Schlagwörter:**

Entstehungsgeschichte; Familie; Elternarbeit; Kommunikation; Theorie-Praxis-Verhältnis.

*Loris Malaguzzi hat diesen Vortrag anlässlich einer Tagung zur Eröffnung einer Ausstellung über die Arbeit der Krippen und Kindergärten in Reggio Emilia 1991 in Berlin gehalten.*

# Liegle: Politisches Gemeinwesen und pädagogisches Konzept

Zur internationalen Rezeption der Reggio-Pädagogik

Vortrag am 13. Oktober 2005 in der Akademie der Diözese Rottenburg-Stuttgart in Weingarten

Dass die Kindertagesstätten in Reggio Emilia nicht vorstellbar sind ohne ihren engen Bezug zum politischen Gemeinwesen, das ist allen klar, die sich mit diesen Orten für Kinder befasst haben oder dort gewesen sind.

Gerade dies: die Verankerung der Sorge für Kinder im politischen Gemeinwesen gehört zu den besonderen Merkmalen der Reggio-Pädagogik, die das Faszinierende dieses Modells ausmachen und die in der internationalen Rezeption und Verbreitung dieses Modells ein großes Gewicht haben.

Bevor ich darauf eingehe, will ich Ihnen mein Thema „Politisches Gemeinwesen und pädagogisches Konzept" in einem weiter gesteckten geschichtlichen Rahmen vor Augen führen. Mir scheint nämlich, dass weithin in Vergessenheit geraten ist, dass dieser Zusammenhang von Politik und Pädagogik für die gesamte Geschichte der Tageseinrichtungen für Kinder von grundlegender Bedeutung ist, dass er jedenfalls aus den langfristig überdauernden und wirksamen pädagogischen Konzepten gar nicht wegzudenken ist.

Allerdings ist, wenn wir die lange, 165-jährige Geschichte betrachten, Folgendes interessant festzustellen: Der enge Zusammenhang „politisches Gemeinwesen – pädagogisches Konzept" ist in fast allen Fällen nur bei den Begründern und Begründerinnen des jeweiligen pädagogischen Konzeptes klar ausgeprägt und von zentraler Bedeutung. Sehr viel weniger, wenn überhaupt, gilt das für die überdauernde Praxis, für die etablierten Bewegungen, die sich im Laufe der Zeit entwickelt und herausgebildet haben, also für die nationale und internationale Fröbel-Bewegung, für die nationale und internationale Montessori-Bewegung, für die nationale und internationale Waldorfpädagogik und auch für die etablierte Praxis des Situationsansatzes. Die einzige Ausnahme von dieser Regel scheint mir – jedenfalls bislang – die nationale und internationale Reggio-Children-Bewegung darzustellen; hier hat sich der politische Impetus durchgehalten.

## 1. Die Reggio-Pädagogik und die pädagogische Tradition

Erlauben Sie mir ein paar Stichworte zu den genannten pädagogischen Konzepten, und zwar in ihrem jeweiligen Zusammenhang mit dem politischen Gemeinwesen. Für diesen kleinen Ausflug oder Umweg durch die Geschichte gibt es, wie ich finde, einige gute Gründe: Die Reggio-Pädagogik zeichnet sich dadurch aus, dass sie alle fortschrittlichen Traditionen in Wissenschaft und Praxis ganz bewusst angeeignet und in die pädagogische Arbeit mit Kindern integriert hat; außerdem ist es für unser Verstehen von Reggio vielleicht hilfreich, wenn wir Anschluss-Stellen finden, die uns vertraut sind; schließlich bietet sich hier die Gelegenheit, schon einmal ein wenig systematisch hinzuschauen, was es im Einzelnen bedeuten kann, Erziehung und Bildung im politischen Gemeinwesen zu verankern.

Bei Fröbel denkt man in erster Linie an die Spielgaben und eine romantische Religiosität. Man vergisst dabei leicht, dass sich Fröbel bei der Gründung der ersten Kindergärten in Deutschland der fortschrittlichsten Sozialform der bürgerlichen Gesellschaft bedient hat, der Form des Vereins. Vereine erziehender Mütter und Väter, Zusammenschlüsse von Familien also zur gemeinsamen, öffentlichen Pflege der Kindheit, zum Kampf um eine umfassende nationale Bildung. Vereine, das waren die ersten Ausdrucksformen von Bürgerbeteiligung, von ziviler Gesellschaft, und es ist kein Zufall, dass sich Fröbel der Demokratie-Bewegung seiner Zeit verpflichtet gefühlt hat, die in die Paulskirchen-Versammlung von 1948 eingemündet ist und hier ihr vorläufiges Ende im Zeichen politischer Repression gefunden hat. Im Revolutionsjahr 1848 hat Fröbel in einem Brief an seinen Freund Karl Hagen geschrieben: „Politik und Pädagogik (jede in ihrem umfassenden Sinne genommen) <sind> die Namen der beiden Ehegatten des Menschheits- wie des Volkslebens...in der bisherigen naturwidrigen Trennung beider hat alles Unheil seinen Grund... Warum lebte ich 1844 so lange im Badener Land? Ich hoffte, die Vertreter desselben beim Landtage zur Ahnung mindestens der ursprünglichen Einigung von Politik und Pädagogik zu erheben. Gleiches erstrebte ich bei den sächsischen Volksvertretern beim sächsischen Landtag. Doch der alte Spielmann erschien vielleicht beiden ein kindischer Alter... Ich erziehe und bilde seit einem Menschenalter für die Republik und zu ihr hin, ich bilde und erziehe für die Ausübung der demokratischen Tugenden." (Fröbel 1986, Band II, S. 311 f.)

Die ersten, von Fröbel begründeten Kindergärten in Deutschland haben sich also als Kristallisationspunkte eines demokratischen politischen Gemeinwesens verstanden, als Elemente einer republikanischen Verfassung.

*1.2 Maria Montessori*

Bei Maria Montessori denkt man an die Arbeitsmaterialien, an sensible Phasen, an das Kind als Messias, an die *casa dei bambini* als eigene Welt der Kinder und an die Forderung, zwei Welten zu etablieren, diejenige für Kinder und diejenige für Erwachsene. Man vergisst dabei leicht, dass es Maria Montessori letztlich um eine neue Verbindung dieser beiden Welten ging. Die Frage der Kindheit und der Bildung war für Montessori eine soziale und politische Frage erster Ordnung. Die Befreiung des Kindes zur „Normalisierung" setzt eine Umgestaltung der Gesellschaft voraus, sie bietet dafür Herausforderung und Anlass. Die mögliche Verbesserung der gesellschaftlichen Verhältnisse seit der Einigung Italiens und der Etablierung der ersten Republik (1870) war für Montessori nur vorstellbar im Rahmen sozialer Bewegungen und Reformen. Dabei ging es um die Emanzipation der Frau, aber auch um weitere Sozialreformen, wie sie von der sozialistischen Bewegung gefordert wurden. Von dieser Bewegung fühlte sich die junge Akademikerin „auf das stärkste angesprochen":

*„Ihre Emphase für die Kommunisierung der Familie, ihr Eintreten für die Sozialisierung des* Hauses und ihr Kampf für die Befreiung des Kindes sind nicht von dem Hintergrund der sozialistischen Bewegung zu trennen. Ihre Verkündigung des neuen Menschen und der neuen Gesellschaft trägt auch Züge, die an die sozialistische Verheißung einer neuen Gesellschaftsordnung erinnern." (Böhm 1991, S. 91)

Der ursprüngliche Montessori-Kindergarten ist also ein Ort der zugleich pädagogischen und politischen Befreiung, ein wesentlicher Baustein für eine gerechte Republik.

*1.3 Rudolf Steiner und die Waldorfpädagogik*

Bei der Waldorfpädagogik denkt man an Eurythmie, an zarte Farben, an kreatives Werken und an Formen der Wiedergeburt wie den *Ätherleib*. Man vergisst dabei leicht, dass Rudolf Steiner seine Pädagogik in einem engen Zusammenhang mit Vorstellungen und Vorschlägen zur Gesellschaftsreform entwickelt hat. Im Rahmen der Dreigliederung gesellschaftlicher Aufgaben – Wirtschaft, Kultur und Recht bzw. Politik – wollte er grundlegende Werte (in der Wirtschaft brüderliche Kooperation, in der Kultur Freiheit, im Recht Gleichheit) zur Geltung bringen. Diese abstrakt klingenden Vorstellungen konnte Steiner nach der Katastrophe des Ersten Weltkriegs in der Praxis erproben. Er wurde zum Leiter der ersten Waldorfschule, einer freien, d.h. nichtstaatlichen Schule (der auch ein Kindergarten angeschlossen war) für die Kinder der Arbeiter der Waldorf-Astoria-Zigarettenfabrik in Stuttgart bestellt. Steiner hat sich außerdem vehement für die Anerkennung der Bildungsansprüche der Arbeiterschicht sowie für die Gleichberechtigung der Arbeiter gegenüber dem Unternehmer eingesetzt und sich der Betriebsrätebewegung zur Verfügung gestellt, um ihr Mitbestimmungsmodell zu unterstützen. Die Schule unterstand nicht der staatlichen Administration, vielmehr musste sich die Lehrerschaft „in das mühsame Geschäft der kollegialen Selbstverwaltung hineinfinden" (Lindenberg 1992, S. 120). Die Zusammenarbeit mit den Eltern, also der Arbeiterschaft der Fabrik, war außerordentlich eng.

„Menschen haben sich erhoben, Menschen, die in der verschiedensten Weise als Räte, als Menschenräte, die Weiterentwicklung in die Hand nehmen wollen, die von sich aus, von ihrer menschlichen Entschlusskraft, von ihrer menschlichen Einsicht, von ihrem menschlichen Willen aus eingreifen wollen in die Entwicklung." (Steiner, Gesamtausgabe, zit. bei Lindenberg 1992, S. 117).

Die erste Waldorfschule und der erste Waldorfkindergarten waren also Orte der Eigeninitiative, der Selbstverwaltung, der Partizipation, der Kooperation der beteiligten Pädagogen und Eltern sowie des Unternehmens.

*1.4 Jürgen Zimmer und der Situationsansatz*

Beim Situationsansatz denkt man an Projekte des sozialen Lernens, an didaktische Einheiten, an die Orientierung an den Kindern und ihren Themen. Man vergisst dabei leicht, dass sich Jürgen Zimmer im ursprünglichen Situationsansatz nicht nur an den damals neuen Bildungs- und Curriculumtheorien orientiert hat, sondern an zwei politische geprägten Ansätzen: der Befreiungspädagogik von Paolo Freire und dem Ansatz der *community education* in Großbritannien. Im Sinne der Befreiungspädagogik werden Situationen als *Schlüsselsituationen* aufgefasst, die für bestimmte „*generative Themen*" stehen, Themen, die zentrale Aspekte der sozial und politisch bestimmten Lebensverhältnisse betreffen. Bildung soll der kritischen Bewusstmachung dieser Themen dienen, Kinder sollen zu einem befreienden Bewusstsein befähigt werden; an die Stelle von blinder Fremdbestimmung soll bewusste Selbstbestimmung treten, und zwar nicht eine individualistisch verstandene, sondern eine sozial bestimmte, solidarische, auf Partizipation am Geschehen im Kindergarten angelegte. Und der *community*-Gedanke meint die Verankerung der Kindergärten im Gemeinwesen, Partizipation der Kinder auch am Leben des Gemeinwesens, Partizipation der Eltern sowie der Bürgerinnen und Bürger, aber auch: das Gemeinwesen als Thema des sozialen Lernens, als übergreifender Ort für Exkursionen und Projekte.

Der Kindergarten im ursprünglichen Situationsansatz hat sich also verstanden als ein Ort der Befreiung des Kindes und der Freisetzung bürgerschaftlicher Netzwerke im Gemeinwesen, als eine Republik im Kleinen.

Wir ersehen aus diesem historischen Rückblick, dass die Reggio-Pädagogik mit Bezug auf den Zusammenhang von Pädagogik und politischem Gemeinwesen an eine lange Tradition anknüpfen kann, und zwar sowohl auf nationaler Ebene (insbesondere Maria Montessori) als auch auf internationaler Ebene (beispielsweise die Fröbel-Bewegung).

## 2. Loris Malaguzzi und die Reggio-Pädagogik

Immer, wenn Loris Malaguzzi über die Ursprünge und Anfänge der Reggio-Pädagogik in den 60er und 70er Jahren gesprochen oder geschrieben hat, hat er den demokratischen Aufbruch, die basisdemokratische Befreiungsbewegung betont, Befreiung der Kinder von den Zumutungen der alten Schule und von der traditionellen, bewahrenden, vom Monopol der katholischen Kirche geprägten Kinderbetreuung, Befreiung aber auch der Gesellschaft und Kultur der Erwachsenen von ihrer Befangenheit in Egoismus und Individualismus, Isolation, Indifferenz und Gewalt. Am Anfang der Reggio-Pädagogik steht also ein demokratischer Aufbruch, der von einem starken Wir-Gefühl getragen wurde. Wir, das waren – und das sind immer noch bis in die Gegenwart – Erzieherinnen und Lehrer, Eltern, Gemeindevertreter(innen), Wissenschaftler(innen). Eine Art pädagogische Bürgerbewegung, die freilich nicht aus dem Nichts kam, die vielmehr anknüpfen konnte an umfassender organisierte und bereits etablierte Bewegungen: die Frauenbewegung, die Genossenschaftsbewegung (Coop), die Arbeiter- bzw. Gewerkschaftsbewegung, die sozialistische Bewegung bzw. der eigene, italienische Weg des Kommunismus und, schließlich, die Widerstandbewegung gegen den faschistischen Staat. Basisdemokratischer Aufbruch, das hieß Anschluss an diese sozialen, bürgerschaftlichen Bewegungen, und das hieß: An die Stelle von Staat und Kirche tritt Gesellschaft, Zivilgesellschaft, gelebte Republik. Wir, die betroffenen Bürgerinnen und Bürger, können die Trägerschaft für Schulen und für Kindertagesstätten übernehmen und zusammenarbeiten für eine bessere Zukunft unserer Kinder.

Diese zivilgesellschaftliche Trägerschaft hat *nicht nur die Anfänge* der Reggio-Pädagogik bestimmt, sie besteht fort und kommt beispielsweise in der Zusammensetzung der Leitungsräte der Kindertagesstätten – Erzieherinnen und Forscherinnen, Eltern und Gemeindevertreter – zum Ausdruck.

Noch einmal zu den weiter wirksamen Wurzeln der Reggio-Pädagogik, diesmal mit einigen Sätzen von Loris Malaguzzi aus einem Gespräch mit Lella Gandini:

„Nach viel Druck und Gefechten von Seiten des Volkes kamen die von Eltern getragenen Schulen unter die Verwaltungshoheit der Gemeinde von Reggio Emilia. Wir hatten acht Jahre lang gekämpft, von 1960 bis 1968. Als Teil des größeren, in ganz Italien ausgefochtenen politischen Kampfes für öffentlich unterstützte Kleinkinderschulen im Sinne eines Rechtsanspruches jedes 3-6-jährigen Kindes haben wir das Recht des Staates und der Gemeinden debattiert, solche Schulen einzurichten... <Es ging um die> Entwicklung einer beispielhaften Politik für das Kind und die Familie... Frauengruppen, Lehrer, Eltern, Bürgerräte und Schulkomitees machten sich daran, mit der Gemeinde zu arbeiten, um diese Entwicklung zu unterstützen und voranzubringen.... All das trägt dazu bei, eine Erziehung zu gestalten, die auf Beziehung und Beteiligung gründet. In der Praxis müssen wir unser Netzwerk der Kommunikation und der Begegnungen kontinuierlich aufrechterhalten und immer wieder neu erfinden." (Edwards et al. 1993, S. 46 und 58 f.)

## 3. Die internationale Rezeption und Verbreitung der Reggio-Pädagogik

Die Reggio-Pädagogik stellt derzeit den wichtigsten Bezugspunkt und das einflussreichste Vorbild für die Curriculumentwicklung in Tageseinrichtungen für Kinder dar, und zwar weltweit, d.h. in vielen Ländern Europas, in USA und in Australien. Man kann daher derzeit in ähnlicher Weise, wie dies für die Fröbel-Bewegung, die Montessori-Bewegung und die Waldorfpädagogik gegolten hat und partiell immer noch gilt, von einer internationalen Reggio-Bewegung sprechen. Deren Entstehung und Verbreitung lässt sich aus den vielen fortschrittlichen Elementen des pädagogischen Konzepts, den ansprechenden Dokumentationen von Lernprojekten und der professionellen Öffentlichkeitsarbeit unschwer erklären. Andererseits enthält diese internationale Erfolgsgeschichte aber auch überraschende Momente, wie zum Beispiel die Tatsache, dass in den Tageseinrichtungen in Reggio – im Widerspruch zu den international artikulierten Anforderungen – die Lernerfolge der Kinder nicht gemessen werden (und daher auch nicht mit den Lernerfolgen von Kindern in anderen settings verglichen werden können); und es gibt auch keine längsschnittlich angelegten Untersuchungen, die Auskunft darüber geben könnten, ob Reggio-Kinder im Erwerb der in der PISA-Studie erhobenen Kompetenzen gut abschneiden.

Es sind also nicht die möglichen langfristigen Folgen für den Schulerfolg der Kinder, was international fasziniert. Es ist vielmehr die kreative Pädagogik der „hundert Sprachen", und es ist die Verankerung der Tageseinrichtungen für Kinder im politischen Gemeinwesen. Ist es nicht so, fragt beispielsweise John Nimno, ein Wissenschaftler aus Australien, dass wir in der Vorstellung befangen sind, die Kinder lebten nur in Nestern, die aus Familien und Freunden bestehen und die abgeschirmt sind vom öffentlichen Leben? Sollten wir nicht aus unserer individualistischen und familienzentrierten Kultur ausbrechen und von Reggio lernen?

„Eine stärker eingebundene Identität für junge Kinder schafft die Möglichkeit, dass junge Kinder zu aktiven Teilhabern an einem ausgedehnten Feld von Nachbarschafts- und Stadt-Kontakten werden. Ausdifferenzierte Projekte in Reggio Emilia, die z.B. die Faszination über die Wirkungsweise der unterirdisch verlegten Leitungen oder die jährliche Obsternte betreffen, haben ihre Grundlage in der Anerkennung der Bedürfnisse der Kinder, ihr Verhältnis zum Gemeinwesen zu verstehen. Kinder werden eingeladen, mit städtischen Angestellten und mit Landwirten über ihre Arbeit zu sprechen. Ausflüge konzentrieren sich auf die Erkundung des Lebens auf den umgebenden Straßen und Dörfern und nicht so sehr auf Museen zoologische Gärten und gut verpackte Unterhaltung. Wenn ein Projekt im Gange ist, verbreiten die Lehrer darüber Nachrichten in der lokalen Presse. Und wenn es Zeit ist, den Abschluss eines Projektes zu feiern, ist es durchaus wahrscheinlich dass der Bürgermeister oder Gemeinderatsmitglieder eingeladen werden." (Nimno in Edwards u.a. 1998, S. 306)

Nun wird man sicher nicht sagen können, die italienische Gesellschaft und Kultur seien im Ganzen weniger individualistisch und familienzentriert als die australische oder unsere. Aber in Reggio Emilia wird eben vorgeführt, dass das engagierte Lernen und Leben mit Kindern in sich selber gleichsam kulturschaffend wirken kann. Wie schon bei Fröbel und Montessori, Rudolf Steiner und Jürgen Zimmer wird die politisch verstandene Pädagogik zum Ausgangspunkt nicht nur für eine Befreiung der Kinder, sondern auch für die Freisetzung der Gemeinschaftspotentiale des Gemeinwesens. Insofern ist die Verbindung von Pädagogik und politischem Gemeinwesen nicht das Abbild einer etablierten Kultur, sondern der Versuch und der Wille, eine neue Kultur des Sozialen zu begründen. Genau in diesem Sinne hat sich Loris Malaguzzi Anfang der 90er Jahre in einem Gespräch mit Nella Gandini geäußert:

„Die Aspekte der Isolation, der Indifferenz und auch der Gewalt, die mehr und mehr zu einem Element des gegenwärtigen sozialen Lebens werden, stehen so sehr im Gegensatz zu unserem Ansatz, dass uns dies umso entschlossener macht, auf unserem Weg weiter voranzuschreiten. Und die Familien empfinden das ähnlich; die entfremdenden Aspekte des modernen Lebens werden zu einem Beweggrund, unseren Angeboten gegenüber umso geneigter und offener gegenüberzustehen." (Edwards et al. 1993, S. 58 f.)

Das heißt: Tageseinrichtungen für Kinder werden in Reggio Emilia nicht nur als Spiegel des politischen Gemeinwesens aufgefasst und gestaltet, sondern als ein Ferment zur Mobilisierung des Gemeinwesens.

Als ein zweites Beispiel für die internationale Rezeption der Reggio-Pädagogik wähle ich Rebecca New von der Tufts University (Medford, Massachusetts, USA). Auch sie betont – auf dem Hintergrund der individualistischen amerikanischen Kultur und Gesellschaft – den für die ReggioPädagogik typischen Zusammenhang von Pädagogik und Gemeinwesen. Sie spricht von der „zentralen Bedeutung von Beziehungen – unter Erwachsenen wie unter Kindern – als Ziel und Strategie" (New in Fthenakis/Oberhuemer 2004, S. 47), vom hohen Grad an elterlichem und bürgerschaftlichem Engagement (ebenda), von einem „Curriculum(s), das von der Gemeinde geschaffen und mit ihr verbunden ist" (Ebenda S. 49). Von Reggio lernen, das bedeutet für Rebecca New eine „bessere(r) Beachtung der starken und transaktionalen Verknüpfung zwischen einer Kultur und ihren Kindertageseinrichtungen" (S. 50); die Tageseinrichtung als „ein Ort, an dem Kinder neue Lebensformen kennen lernen, auch wenn Pädagogen und Eltern in ihrer eigenen Lebensgeschichte gegensätzliche Erfahrungen gemacht haben" (Ebenda) – hier wird also ein weiteres Mal die Bedeutung der gemeinsam verantworteten Erziehung für die Erschaffung einer neuen Kultur des Sozialen hervorgehoben:

„Diese Prämisse – dass nämlich Kindertagesstätten Orte sind, an denen Eltern und Pädagogen zusammenkommen, um herauszufinden und zu entscheiden, was für die Entwicklung der Kinder am besten ist – verleiht dem dynamischen Prozess, eine entwicklungsangemessene Praxis zu definieren, neue Bedeutung. Genauso gibt sie dem Entwicklungskonzept eine neue

Bedeutung, weil der Blickwinkel erweitert und die Entwicklung der Erwachsenen und der Gemeinde mitberücksichtigt wird.... Es verknüpft Gefühle, Intellekt, Projekte und Probleme der Einrichtung mit denen in der Welt – und umgekehrt." Ebenda S. 51) „Ein solcher Curriculumansatz ist nicht nur für junge Kinder entwicklungsangemessen, sondern auch für die erwachsenen Mitglieder unserer Gemeinschaften, in denen jeder Einzelne für einen Beitrag zu einer sicheren, globalen, demokratischen Gesellschaft verantwortlich ist." (Ebenda, S. 52 f. )

**4. Lebendiges Gemeinwesen auf lokaler/regionaler Ebene und die Vision der Einen Welt**

Lernen, Bildung, Erziehung stehen heutzutage in immer stärkerem Maße vor den Herausforderungen der Globalisierung. Das wissen und sagen auch die Reggianer. Und in der internationalen Rezeption der Reggio-Pädagogik spielt gerade die Überzeugung eine wichtige Rolle, dass in der Reggio-Pädagogik die globalen Herausforderungen produktiv aufgenommen werden. Was ist damit gemeint? Noch einmal geht es um den Zusammenhang von Pädagogik und politischem Gemeinwesen. In diesem Falle heißt das: Kinder müssen Gemeinschaft im Kleinen, die Republik auf lokaler Ebene erfahren, um in globalen Zusammenhängen empfinden und denken zu können. Es braucht die Erfahrung jenes *Io chi siamo* („ich bin, was wir sind") – ein Motto, das Loris Malaguzzi von seinem hochgeschätzten Freund Bruno Ciari übernommen hat –, um in der Lage und motiviert zu sein, auch die Eine Welt unter Aspekten der Solidarität zu betrachten.

Die kreative Praxis der Reggio-Pädagogik kann uns dazu anregen und dazu ermutigen, die Erziehung in früher Kindheit zu einem erstrangigen gemeinsamen Anliegen des Gemeinwesens zu machen. Es gibt ja bei uns bereits Hunderte von lokalen Bündnissen für Familien. Es sollte auch Hunderte von lokalen Bündnissen für Kinder geben. Sie wären Ausgangspunkte dafür, dass Bildung, Erziehung und Betreuung im Kindergarten zu einer gemeinsamen Verantwortung des Gemeinwesens werden, dadurch zum Beispiel, dass jeder Kindergarten sein Konzept mit den Eltern, mit dem Träger und – wenn es nicht um kommunale Einrichtungen geht – mit Repräsentanten der lokalen Verwaltung abspricht und gestaltet, und dadurch, dass das Leben und Lernen der Kinder zu einem öffentlichen Thema des Gemeinwesens wird. Und solche lokalen Bündnisse wären Ausgangspunkte dafür, dass Kinder am Arbeiten und Leben im Gemeinwesen teilhaben und hineinwachsen in die Bürgerschaft in der kleinen Republik.

Es ist schon eine ganze Reihe von Jahren her, dass Eletta Bertani, seinerzeit (1988) Stadträtin in der Kommune Reggio Emilia und verantwortlich für das Ressort Bildung, zu diesen Fragen eine kleine Rede gehalten hat, und zwar anlässlich der Eröffnung der Ausstellung „Wenn das Auge über die Mauer springt" in der Markthalle in Hamburg. Daraus zitiere ich einige Sätze, weil sie nicht nur mit Blick auf Reggio Emilia, sondern auch mit Blick auf die heutige bildungspolitische Situation in Deutschland erstaunlich aktuell klingen. Zunächst aber geht es um Merkmale des Konzepts der Reggio-Pädagogik:

„Ein ... Merkmal ist das Soziale, der Wunsch, etwas gemeinsam zu machen, die Möglichkeit, dass sich alle gemeinsam beteiligen können an der gemeinsamen Leitung: die Eltern, das Personal, das Umfeld, also Nachbarn und Politiker. Die gemeinsame Leitung heißt ‚gestione sociale'. Das ist der Kernpunkt unseres Konzeptes. Wir gehen von einer Mitverantwortung aller beteiligten Gruppen in der Kleinkinderziehung aus. Erziehen ist also eine Aufgabe der Familie, der Institution, in der die Kinder tagsüber sind und des Gemeinwesens. Das verlangt eben nicht nur Beteiligung, sondern auch Übernahme von Verantwortung." (Projektgruppe Reggio/Hamburg 1990, S. 29 f.)

So weit betrifft die Rede Vertrautes, bereits Angesprochenes. Dann geht es aber weiter:

„Wir stellen Veränderungen fest, sowohl bei den Kindern als auch bei den Familien. Und wir müssen versuchen, diese Veränderungen zu interpretieren. Die sozialen Anforderungen werden komplexer und auch die Anforderungen, die die Familien an uns richten, sind umfangreicher und komplexer geworden. Und gleichzeitig verringern sich die Ressourcen, die Geldmittel, die der Gemeinde zur Verfügung gestellt werden. Ich möchte sagen, dass die Mentalität bei uns (in Italien) vorherrscht, dass die Gemeinden glauben, dass diese Investitionen in Krippen und Kindergärten ein Zusatz sind, ein Luxus, etwas, was eigentlich eine Vergeudung darstellt. Wir in Reggio haben diese Meinung natürlich nicht.. Wir sind da ganz klar in unserem Einsatz, in unseren Ideen... Wir werden uns auch bemühen, jene Institutionen, die noch nicht involviert sind in dieses Programm, anzusprechen, mit einzubeziehen, sowohl öffentliche als auch private Institutionen... Unser Ziel ist es also, diese Herausforderung anzunehmen, mit Hartnäckigkeit, mit Einsatz, mit Phantasie, um weiter zu kämpfen, weiter auszubauen und Verbesserungen zu erzielen. Wir meinen, dass Städte, die mehr auf die Bedürfnisse der Kinder eingehen, Städte sind, in denen es sich besser leben lässt für alle, nicht nur für die Kinder. Das ist unsere tiefe Überzeugung. Die Zivilisation eines Volkes zeigt sich in den Antworten auf die Bedürfnisse der Kinder. Das ist unsere Überzeugung und das ist das Ziel, das wir auch in Zukunft verfolgen werden." (Ebenda, S. 30 f.)

Während Eletta Bertani von Reggio als einer phantasievollen Stadt sprach, ist mir etwas eingefallen – jetzt gebe ich meine Stimme Loris Malaguzzi, der gleich nach der Stadträtin in Hamburg zu Wort kam:

„Während Eletta Bertani eben von Reggio als von einer phantasievollen Stadt sprach, ist mir etwas von Stendal eingefallen. Während einer Reise durch Italien fiel ihm auf, dass die Städte, die am meisten Phantasie haben, auch am verrücktesten sind, Venedig und Reggio. Ich weiß nicht, was Stendhal damit gemein hat. Tatsache ist aber z.B., dass wir in Reggio erst ein Haus für 3000 geistig behinderte Personen aufgebaut haben. Später haben wir es dann in einem großen Kampf, mit einer großen Bewegung gegen die Psychiatrie wieder zerstört. Und dann möchte ich noch erwähnen, dass gerade in Reggio zwischen Poesie und Verrücktheit und Phantasie die italienische Flagge geboren ist. Gerade dieses Bild von Verrücktheit und Phantasie prägt auch unsere Arbeit. Wir sind ein bisschen Pädagogen, aber wir sind auch ein bisschen verrückt. Aber wir sind auch in der Lage nachzudenken." (Ebenda S. 31).

## 5. Schluss

Das gehört, wie mir scheint, zu dem, was in der internationalen Rezeption der Reggio-Pädagogik das Faszinierende ausmacht: die Mischung von Selbstbewusstsein und Selbstironie, von Nachdenklichkeit und Fröhlichkeit, die in den zitierten Sätzen zum

Ausdruck kommt. Ja, auch Fröhlichkeit, eine zugleich emotionale und geistige Fröhlichkeit, mit der die Reggianer auch die Kinder anstecken. Ich bewahre immer noch den Katalog zur ursprünglichen Ausstellung „I cento linguaggi dei bambini", weil in diesem Exemplar, das mir am 24. April 1990 in Tübingen überreicht wurde, die folgende persönliche Widmung steht:

„In Wertschätzung, Freundschaft und Dankbarkeit für dieses fröhliche Treffen, das versucht hat, das Kind von den vielen Anonymitäten herauszuholen, um ihm Rechte, Subjektivität und Fröhlichkeit am Leben und am Wachsen anzuerkennen. Loris Malaguzzi."

Die Ausstellung in Weingarten wird dazu beitragen, dass einige sich vom Virus der Fröhlichkeit anstecken lassen. Und irgendwann – nach kürzerer oder längerer Inkubationszeit – werden wir seine Auswirkung in einigen Tageseinrichtungen für Kinder entdecken können.

**Literatur**

Böhm, W.: Maria Montessori. Hintergrund und Prinzipien ihres pädagogischen Denkens. Bad Heilbrunn 1991.

Edwards, C./Gandini, L./Forman, G. (eds.): The hundred languages of children. The Reggio Emilia approach to early childhood education. Norwood, N.J. 1993.

Edwards, C./Gandini, L./Forman, G. (eds.): The hundred languages of children. The Reggio Emilia approach – Advanced reflections. Second edition. Greenwich/London 1998.

Fröbel, F.W.A..: "Kommt, lasst uns unsern Kinder leben!" Aus dem pädagogischen Werk eines Menschenerziehers. 3 Bände. Berlin (Ost) 1986.

Fthenakis, W. E./Oberhuemer, P. (Hrsg.): Frühpädagogik international. Bildungsqualität im Blickpunkt. Wiesbaden 2004.

Liegle, L.: Politik für Kinder in Europa. In: Ebert, S. (Hrsg.): Zukunft für Kinder. Grundlagen einer übergreifenden Politik. München/Wien 1991, S. 280-301.

Lindenberg, C.: Rudolf Steiner. Reinbek 1992 (=rororo Bildmonographien)

New, R.S.: Kultur und Curriculum: Reflexionen über „entwicklungsangemessene Praxis" in den USA und Italien. In: Fthenakis/Oberhuemer 2004, S. 31-56.

Projektgruppe Hamburg: Wenn das Auge über die Mauer springt. Hamburger Dokumentation. Hamburg 1990.


**Arbeitsaufträge / Fragestellungen:**

1. „Tageseinrichtungen für Kinder werden in Reggio Emilia nicht nur als Spiegel des politischen Gemeinwesens aufgefasst und gestaltet, sondern als ein Ferment zur Mobilisierung des Gemeinwesens."

a) Erläutern Sie diese Aussage.

b) Können/sollten pädagogische Institutionen als „Ferment zur Mobilisierung des Gemeinwesens" genutzt werden?

2. Welche Unterschiede und Gemeinsamkeiten sieht der Autor zwischen der Reggio-Pädagogik und den weiteren frühpädagogischen Ansätzen bzgl. des Verhältnisses von politischem Gemeinwesen und pädagogischem Konzept.

3. Wie versuchen die Vertreter der Reggio-Pädagogik den gesellschaftlichen Veränderungen zu begegnen?

4. „For it seems to us, that we live today in a phase of history when the ethical and political dimensions of education, with their accompanying argumentation, are too often neglected issues. The idea  of education for all children, including young children, as a shared experience  in a democratic society and of schools as part of that society whose citizens take responsibility  for  all  their  children  is  increasingly  replaced  by  another  idea. Education is increasingly viewed as an individual  commodity and the metaphor for the school changes from the forum or public space to business, a business competing in a market to sell its products - education and care. Parents become autonomous calculating consumers, supported  in their individual calculation by marginal concepts such as delivery, quality, excellence and outcomes The school is reduced to a site of technical practice, to be evaluated against its ability to reproduce knowledge and identity and to achieve uniform and consistent criteria. The school has become a technology of normalisation."

( Die Kindergärten in Reggio werden als „scuola dell' infanzia" als Schulen der Kindheit bezeichnet )

Quelle: Dahlberg, G. / Moss, P.: Our Reggio Emilia. In. Rinaldi, C.: In Dialogue with Reggio Emilia. New York 2006, S. 2

Übersetzen Sie den Textabschnitt und nehmen Sie Stellung zu den Aussagen.


**Weiterführende Informationen: Pädagogik u. Politik**

Bernfeld, S.: Sysiphos oder die Grenzen der Erziehung. Frankfurt 1967

Freire, P.: Pädagogik der Unterdrückten. Hamburg 1973

Weitere Informationen zu P. Freire:
http://de.wikipedia.org/wiki/Paulo_Freire


**Schlagwörter:**

Elternarbeit; Fröbel; Gemeinwesenorientierung; Geschichte; Montessori; Politik; Praxisforschung; Rezeption; Situationsansatz; Theorie-Praxis-Verhältnis; Verbreitung; Waldorfpädgogik.

# Malaguzzi : Die Rechte

### Die Rechte der Kinder

Jedes Kind hat das Recht, als Subjekt individueller, legaler, ziviler und sozialer Rechte anerkannt zu werden. Das Kind ist Träger und Erschaffer seiner eigenen Kultur und deshalb aktiv an der Ausbildung seiner Identität, Autonomie und Kompetenz beteiligt, die sich über die Beziehungen und Interaktionen mit Gleichaltrigen und Erwachsenen, mit Ideen und Dingen, mit wirklichen und imaginären Ereignissen der miteinander verbundenen Lebensbereiche herstellen. Dies schafft einerseits grundlegende Voraussetzungen für eine stärkere Anbindung des Individuums an die Gemeinschaft, für verbesserte zwischenmenschliche Beziehungen, schreibt es den Kindern - und jedem einzelnen Kind - doch angeborene Gaben und Fähigkeiten von außerordentlichem Reichtum, außerordentlicher Kraft und Kreativität zu. Diese Gaben zu verkennen oder nicht zu fördern, würde Leid und Verarmung bedeuten.

Deshalb haben Kinder das Recht, all ihre Möglichkeiten umzusetzen und zu entwickeln. Ihrer Anlage zu gemeinschaftlichem Handeln messen wir einen hohen Stellenwert zu, was uns ihre Zuneigung und ihr Vertrauen einträgt und wodurch ihrem Bedürfnis und Wunsch, etwas zu lernen, Genüge getan wird; erst recht, wenn sie von einer starken Gemeinschaft Erwachsener ermutigt werden, die bereit ist, zu helfen, die die Suche nach konstruktiven Strategien des Denkens und Handelns vor die Vermittlung von Wissen und Fertigkeiten stellt.

All dies fördert kreative Intelligenz, freies Wissen, eine von Nachdenklichkeit getragene Individualität, fortwährende Differenzierungs- und Integrationsprozesse mit anderen Menschen und Kulturen.

Die Rechte der Kinder sind immer auch die Rechte der anderen Kinder. Nur so erlangen Kinder die Dimension eines erweiterten Humanitätsbegriffs.

### Die Rechte der Erzieher

Erzieher und alle Mitwirkenden der pädagogischen Einrichtungen haben das Recht, sich an der Ausarbeitung und Vertiefung der konzeptionellen Richtlinien zu beteiligen, die Inhalt, Zielsetzung und Praxis der Erziehung festlegen. Dies erfolgt unter Wahrung der Rechte von Kindern und Eltern in der offenen Auseinandersetzung im Team, mit der pädagogischen Leitung und dem Elternbeirat. Die Erzieher sind auf diese Weise an den methodischen Entscheidungen beteiligt, an der Didaktik, den Forschungs- und Beobachtungsprojekten ebenso wie an der Gestaltung von Erfahrungsfeldern, der Vertiefung eigener beruflicher Kompetenz sowie der allgemeinen Entwicklung des Teams, der kulturellen Initiativen und der Aufgaben gemeinschaftlicher

Führung und schließlich an der Organisation der räumlichen und alltäglichen Arbeitsbedingungen. Dieses Netz der Kooperation und vielfältigen Interaktion, das auf den Ideen und Kompetenzen jedes einzelnen und aller zusammen beruht, ist immer offen für

Veränderungen und Experimente. Es birgt in sich bereits den Ansatz für modellhaftes Forschen und erzieherisches Interagieren, für eine neue Auffassung von Kultur und Leben.

Dieses Modell belebt nicht nur die Rolle der Schule und Familie neu, sondern reformiert und stärkt auch die gesellschaftlichen Formen der Wissensaneignung und Neubildung tiefgreifend, indem es sich den Kindern als Lebendiges und Stimulierendes darstellt, das wunderbar mit den Bedürfnissen und Wünschen ihrer Beziehungswelt und ihrer Art, sich Kenntnisse anzueignen, vereinbar ist.

Für die Erzieher, für jeden einzelnen unter ihnen, sind dies Ausgangsbedingungen, die den Dialog, den Ideen- und Erfahrungsaustausch fördern und die Bewertungs- und professionelle Urteilsfähigkeit stärken.

**Die Rechte der Eltern**

Die Eltern haben das Recht, in Übereinstimmung mit den Satzungsprinzipien aktiv an den Erfahrungen bei der Betreuung und Ausbildung ihrer, der öffentlichen Institution anvertrauten Kinder, teilzuhaben.

Kein Delegieren von Verantwortung, keine Entfremdung, sondern die Bestätigung in ihrer Rolle als Eltern - ein wichtiger Grundsatz in unserer langjährigen institutionellen Tradition - ist das Ziel.

Im Wissen um den Gewinn, den sie daraus für die Geborgenheit und das Wohlbefinden der Kinder ziehen kann, bemüht sich die Einrichtung einerseits, die Eltern ständig einzubeziehen. Darüber hinaus fördert sie den Aufbau eines kommunikativen Netzes, das tiefere gegenseitige Vertrautheit ermöglicht, die gemeinsame Suche nach Modalitäten, Inhalten und Wertvorstellungen einer fruchtbaren Erziehung. Andererseits handelt es sich vornehmlich um junge Eltern unterschiedlicher Reife, Kultur sowie ethnischer Herkunft, die in verschiedensten Berufen arbeiten. Alle haben Probleme wie Zeitknappheit und Lebenshaltungskosten, sie haben Schwierigkeiten mit ihren elterlichen Aufgaben, Einsamkeitsängste, Zukunftssorgen und ein großes Bedürfnis, sich mitzuteilen, über Fragen zu sprechen und nachzudenken, die die Erziehung ihrer Kinder betreffen. Wenn die Krippen und Kindergärten im Verbund mit den Eltern bei der Suche nach einer gemeinschaftlichen interaktiven Kultur übereinstimmen, die Ausdruck einer rationalen und für alle vorteilhaften Entscheidung ist - schließlich suchen alle sinnhaltige Erfahrungen -, begreift man, wie feindlich und fehlgeleitet die Pädagogik der institutionellen Isolierung und Dogmatik ist.

Partizipation und suchendes Forschen sind letztlich zwei Begriffe, unter denen sich die allgemeinere Konzeption unserer Erziehungstheorie fassen läßt. Sie sind beste Voraussetzung für die Verwirklichung und Förderung des kooperativen Einvernehmens zwischen Eltern und Erziehern, auf der Basis von Werten, die den Zielen der Erziehung zuträglich sind.

Reggio Emilia - Januar 1993

Quelle: Reggio children (Hrsg.): Hundert Sprachen hat das Kind. Neuwied 2002, S. 214 – 215

**Arbeitsaufträge / Fragestellungen:**

1. Fassen Sie die Rechte der Kinder, der Erzieher und der Eltern in Form einer Tabelle zusammen.

2. Wie begründet L. Malaguzzi die Bedeutung der jeweiligen Rechte?

3. Wie würden Sie als Eltern, Erzieher oder Kind die formulierten Rechte beurteilen?


**Weiterführende Informationen: Rechte**

Kittel, Claudia: Kinderrechte - Ein Praxisbuch für Kindertagesstätten. München 2008

Ungermann, Sylvia: Die Pädagogik Janusz Korczaks. Gütersloh 2006, S. 372 - 405

Reggio children: Ein Ausflug in die Rechte der Kinder. Aus der Sicht der Kinder. Neuwied 1998

Sommer, Brigitte: Kinder mit erhobenem Kopf. Berlin 1999, S. 26 – 78


**Schlagwörter:**

Bild vom Kind; Elternarbeit; Erzieherrolle; Partizipation; Rechte.

# Malaguzzi: Die 100 Sprachen des Kindes

Und es gibt Hundert doch.

Ein Kind ist aus Hundert gemacht.

Ein Kind hat hundert Sprachen
hundert Hände,
hundert Gedanken,
hundert Weisen,
zu denken, zu spielen und zu sprechen.

Hundert -
immer hundert Weisen
zu hören, zu staunen und zu lieben.
Hundert Freuden
zu singen, zu begreifen
hundert Welten zu entdecken,
hundert Welten frei zu erfinden,
hundert Welten zu träumen.

Das Kind hat hundert Sprachen
und hundert und hundert und hundert,
aber neunundneunzig werden ihm geraubt

Die  Schule und Kultur trennen
ihm den Kopf vom Körper.

Man sagt ihm: es soll
ohne Hände denken,
ohne Kopf handeln,
nur hören und nicht zu sprechen,
ohne Freuden verstehen,
nur Ostern und Weihnachten
staunen und lieben.

Man sagt ihm,
es soll die schon bestehende Welt entdecken.
Und von hundert Welten werden ihm neunundneunzig geraubt.

Man sagt ihm:
Spiel und Arbeit
Wirklichkeit und Phantasie
Wissenschaft und Vorstellungskraft,
Himmel und Erde,
Vernunft und Träume
Dinge sind, die nicht zusammenpassen.
Ihm wird also gesagt,
dass es Hundert nicht gibt.
Ein Kind aber sagt:
„Und es gibt Hundert doch.".

Quelle: Reggio children:  Hundert Sprachen hat das Kind. Neuwied 2002,  S. 3

**Arbeitsaufträge / Fragestellungen:**

1. Beschreiben Sie mit eigenen Worten das Bild vom Kind in diesem Gedicht.

2. Versuchen Sie die ‚Hundert' zu konkretisieren.

3.
„Man sagt ihm,
es soll die schon bestehende Welt entdecken.
Und von hundert Welten werden ihm neunundneunzig geraubt."

Erläutern Sie diese Aussage und formulieren Sie drei Konsequenzen, die sich daraus für die Erziehung
ergeben.

4. Vergleichen Sie das Gedicht von L. Malaguzzi mit dem folgenden Gedicht von
B. Brecht.

**Was ein Kind gesagt bekommt**

Der liebe Gott sieht alles.
Man spart für den Fall eines Falles.
Die werden nichts, die nichts taugen.
Schmökern ist schlecht für die Augen.
Kohlentragen stärkt die Glieder.
Die schöne Kinderzeit, die kommt nicht wieder.
Man lacht nicht über ein Gebrechen.
Du sollst Erwachsenen nicht widersprechen.
Man greift nicht zuerst in die Schüssel bei Tisch.
Sonntagsspaziergang macht frisch.
Zum Alter ist man ehrerbötig.
Süßigkeiten sind für den Körper nicht nötig.
Kartoffeln sind gesund.
Ein Kind hält den Mund.

Bertolt Brecht ( 1937 )

Quelle: http://kw.uni-paderborn.de/fileadmin/kw/institute/germanistik/germanistik/Personal/Eckhardt/Materialien/Kindergedichte.pdf
(5.7.2010)

**Weiterführende Informationen:**

Cloer, E.: Kinderbilder in der Moderne. Der unaufhaltsame Aufstieg polarisierter und
reduktionistischer Deutungsmuster. In: Neue Sammlung 41.Jg. / H.2 / 2001, S.213 - 230

Mike Weimann: Betrifft Kinder – Was man Kindern sagt - Poster mit einer Sammlung von
Aussagen.
Bezugsquelle: http://www.betrifftkindershop.de/

**Schlagwörter:**

Antinomien; Ausdruck; Bild vom Kind; Erzieherrolle; Kultur; Schule; Sprache.

# Brockschnieder: Das Bild vom Kind

Jede pädagogische Theorie geht von einem bestimmten Menschenbild bzw. von einem bestimmten Bild vom Kind aus. Nicht immer wird dieses Bild jedoch explizit dargelegt und/oder zum Ausgangspunkt des pädagogischen Handelns gemacht.

Die Reggio-Pädagogik gehört zu den pädagogischen Ansätzen, die das Bild vom Kind in das Zentrum ihrer pädagogischen Überlegungen gestellt haben. Ausgangspunkt ihrer Überlegungen war die kritische Auseinandersetzung mit den bereits vorliegenden Kinderbildern.

Das Fazit dieser Auseinandersetzung war radikal:

„..(Wir) müssen alles, was die Geschichte und Kultur über Jahrhunderte in das Bild vom Kind hineingepreßt hat, über den Haufen werfen. Wir müssen das Kind davor bewahren, daß an seine Stelle eine Metapher gesetzt wird, denn eine Metapher favorisiert den Kult und erschwert die Wahrnehmung des Individuums." [3]

Dass Mallaguzzi vor metaphorischen Beschreibungen des Kindes warnt, verwundert zunächst, da die Vertreter der Reggio-Pädagogik sich gerne und oft einer metaphorischen Sprache bedienen. Dennoch ist seiner Analyse in diesem Zusammenhang zuzustimmen.

Zwei mögliche Folgen metaphorischer Beschreibungen kritisiert Malaguzzi: Die kulthafte Verehrung von Kindern und die nicht hinreichende Berücksichtigung der kindlichen Individualität. Auch in anderen Zusammenhängen betont Malaguzzi immer wieder die schädlichen Folgen, die kultartige und emphatische Kinderbilder haben. Malaguzzi fordert im Gegensatz dazu ein realistisches Bild vom Kind, d.h. die Konstruktion eines Bildes vom Kind, das aus der pädagogischen Praxis heraus entsteht. Bzgl. dieser Forderung weist die Reggio-Pädagogik große Ähnlichkeiten mit Korczak auf.

„Die theoretische Durchdringung des Erziehungsfeldes und nicht etwa vorgängiger Optimismus führt zu einer *realistischen Sicht des Kindes, die sich vorurteilsfrei dem Kinde nähert, wie es tatsächlich ist.* Keine Erbsünde, keine Naturmetaphysik, keine Geschichtsphilosophie, sondern einzig eine *präzise Erziehungsphänomenologie* stützt Korczaks Hauptthesen über Kindheit und Erziehung." [4]

Obgleich Malaguzzi die Konstruktion eines realistischen Bildes forderte, war er sich stets bewusst, dass Bilder immer Modelle und keine gesicherten Theorien und Fakten sind. Sie stellen eine Mischung aus präskriptiven und eher deskriptiven Aussagen dar.

---

[3] Senatsverwaltung für Jugend u. Familie (Hrsg.): Hundert Sprachen hat das Kind. Berlin 1992, S. 26
[4] Oelkers, J.: Erziehung in der Gegenwart. Notizen zu Korczaks pädagogischer Theorie. In: Neue Sammlung, 23. Jg., 1983, S. 228 -239, S. 235f

**Die präskriptive Seite des Bildes vom Kind**

„Der große Kampf muss um die Respektierung des Kindes geführt werden."[5]   Kinder sind weder untereinander gleich, noch sind sie Erwachsenen gleich, aber sie sind gleichwertig. Kindern ist von Erwachsenen der gleiche Respekt entgegenzubringen wie den Erwachsenen. Kinder haben ihre eigene Kultur, ihre eigenen Wege zu lernen und erbringen großartige Leistungen. Dafür verdienen sie unbedingte Wertschätzung. Die Erwachsenen müssen respektieren, dass die Kinder die Protagonisten ihres Lebens sind und zwar von Beginn an. Kinder werden nicht erst zu Menschen, sondern sind es mit der Geburt. Daher ist ihnen auch der Respekt entgegenzubringen, der allen Menschen entgegenzubringen ist. Diese Respektierung des Kindes gesellschaftliche Realität werden zu lassen, sah Malaguzzi als eine der größten Herausforderungen an.

**Die deskriptive Seite des Bildes vom Kind**

Kinder zeichnen sich nach Auffassung der Reggianer durch folgende Merkmale aus:

- Jedes Kind hat eine eigene Identität. Jedes Kind ist individuell.

- Jedes Kind gestaltet seine Entwicklung selbst. Sie sind die Regisseure ihrer Entwicklung.

- Kinder bringen von Geburt an Fähigkeiten mit, die sie eigenständig weiterentwickeln können. Kinder sind also kompetent in dem Sinne, dass sie ein großes Potenzial in sich tragen.

- Kinder möchten ihre Potenziale ständig ausbauen.

- Kinder sind neugierig.

- Kinder sind Forscher und konstruieren eigenständig ihr Wissen.

- Kinder verfügen über viele Sprachen/Ausdrucksmöglichkeiten

- Kinder haben eine eigene Zeitstruktur

- Kinder sind soziale Wesen

Obwohl die Reggianer von ihrem Bild vom Kind sehr überzeugt sind, gehen sie sehr selbstkritisch damit um. Sie möchten den Kindern dieses Bild nicht überstülpen, sondern sehen in diesem Bild den Ausgangspunkt der Begegnung mit dem individuellen Kind. Das Bild vom Kind stellt also kein Axiom dar, sondern wird eher als eine hypothetische Aussage, die in der pädagogischen Praxis einer kontinuierlichen Überprüfung unterliegt, verstanden.

Zwei Aspekte stehen dabei im Mittelpunkt:

1. Die kontinuierliche Überprüfung der Richtigkeit der Annahmen durch

---

[5] Malaguzzi, Loris: Sechs Jahre Glück. In: TAZ vom 15.5.1987 zitiert nach Sommer, B.: Kinder mit erhobenem Kopf. Neuwied 1999, S. 26

- den Dialog mit den Kindern.

- die Dokumentation der Lernprozesse.

- die Schaffung unterschiedlicher Herausforderungen und Ausdrucksmöglichkeiten.

2. Die Suche nach dem konkreten, individuellen Kind. Auch ein positives, optimistisches von den Kompetenzen eines Kindes geprägtes Bild, birgt wie alle Kinderbilder die Gefahr, dass das individuelle, konkrete Kind nicht in den Blick gerät. Genau dies ist aber für die Erziehung unerlässlich. Immer zu versuchen, hinter dem allgemeinen Bild das konkrete Kind zu entdecken, ist für die Reggianer integraler Bestandteil ihrer pädagogischen Arbeit.

**Bild vom Kind: Pädagogische Schlussfolgerungen**

Auch wenn in der Pädagogikgeschichte die Beschreibung von Kinderbildern in der Regel die Funktion hatte, pädagogische Vorgehensweisen zu begründen, so ist die Beziehung zwischen dem Bild vom Kind und den pädagogischen Vorgehensweisen dennoch nicht eindeutig.

Oft diente in der Pädagogikgeschichte das Bild vom Kind dazu, entweder gesellschaftliche Anforderungen abzuwehren und eine Schonraumpädagogik zu begründen oder einer laissez-faire Erziehung eine Begründungsbasis zu liefern.

Beide Ansichten teilen die Reggianer nicht!

Kinder sind Teil der Gesellschaft und müssen sich mit gesellschaftlichen Anforderungen auseinandersetzen. Dies bedeutet nicht, dass die Kinder aufgefordert sind, alle Anforderungen vorbehaltlos zu erfüllen, sondern sie zur Kenntnis zu nehmen und ihre subjektiven Bedeutungen zu erkennen. Kinder sind also mit den konkreten gesellschaftlichen Gegebenheiten zu konfrontieren und sollen nicht in einem gesellschaftsfernen Schonraum aufwachsen. Diese Konfrontation mit der Realität erfolgt aber immer im Dialog zwischen Kind und Erziehern.

Obwohl es naheliegt, einem kompetenten Kind eher selbstbestimmt seinen Weg gehen zu lassen und sich als Erzieher darauf zu beschränken, schädliche Einflüsse vom Kind fernzuhalten, geht die Reggio-Pädagogik bewusst einen anderen Weg.

Kompetente Kinder brauchen nach ihrer Auffassung kompetente Erzieher, die sie immer wieder mit neuen Herausforderungen konfrontieren und sie dabei unterstützen, Bedeutungen zu erkennen und zu überprüfen. Die Annahme kindlicher Kompetenz führt auf Seiten der Erzieher nicht dazu, sich selbst überflüssig zu machen, sondern respektvoll und dialogisch mit den Kindern umzugehen.

Quelle: Brockschnieder, Franz-Josef: Wenn das Auge über die Mauer springt. In: PädagogikUnterricht 30 Jg. H.1 / 2010, S. 22-23

**Arbeitsaufträge / Fragestellungen:**

1. Erläutern Sie den Unterschied zwischen der deskriptiven und der präskriptiven Seite des Bildes vom Kind.

2. "Even when you wish to enrich or change the meaning making of others, you must begin by understanding and respecting where they are - where their own thoughts, feelings, imagination have led them first. And with the young particularly, you cannot rob them of their meaningful reality without demeaning them and sapping their self-confidence. Respectfully helping young children find meanings in their encounters with the world and with each other: that is the hallmark of pedagogy in the Reggio Emilia preschools."          ( J. Bruner 1995 )

a) Welche Behauptung stellt Bruner auf?

b) Wie begründet er seine Behauptung?

c) Teilen Sie seine Position?

3. Legt man Kinder frühzeitig auf ein so genanntes realistisches Bild von der Wirklichkeit fest, versagt man ihnen, ihren persönlichen Sinn mit dieser Wirklichkeit zu verknüpfen.

Nehmen Sie Stellung zu dieser Behauptung.


**Weiterführende Informationen: Kindorientierung / Kind als Forscher**

Ansari, Salman: Schule des Staunens. Lernen und Forschen mit Kindern. Heidelberg 2009

Pareigis, Johanna: Anleitung zum Forschersein. Weimar 2008

http://www.bibernetz.de/ww3ee/entdeckergeist-ansari.php

http://www.haus-der-kleinen-forscher.de/

Göppel, Rolf: „Kinder denken anders als Erwachsene.... " In: Ders.: Aufwachsen heute. Stuttgart 2007, S. 45 – 68

Ungermann, Sylvia: Die Pädagogik Janusz Korczaks. Gütersloh 2006, S. 347 - 371

**Schlagwörter:**

Bild vom Kind; Forscher; Gesellschaftliche Anforderungen; Kindorientierung.

# Jobst: Kinder mit besonderen Rechten – Inklusion in Kindertagesstätten (...)

Die Integration von Kindern mit Beeinträchtigungen im Elementarbereich in Italien ist Teil einer gesamtgesellschaftlichen Reformbewegung in den 1960er- bzw. 1970er-Jahren. Zu nennen ist in diesem Bereich zunächst die nationale Psychiatriereform. Die Kritik an der „totalen Institution" führte zum Gesetz 180/1978, das die Auflösung geschlossener psychiatrischer Kliniken zur Folge hatte. Die antipsychiatrische Bewegung wurde auch auf den Kinder- und Jugendbereich übertragen, so dass im Jahre 1977 per Nationalgesetz die Sonderschulen abgeschafft wurden (vgl. Filippini Steinemann 1995: 70). Concita Filippini Steinemann schreibt: „Das Gesetz 517, das als ‚Integrationsgesetz' bekannt ist, bringt eine radikale Abkehr von den bisherigen Bestimmungen, da mit einem Schlag die Förder- und Differenzialklassen - also alle Sonderklassen - aufgelöst werden" (a.a.O.: 75). Das bedeutete, dass die bislang bestehenden Sonderschulen abgeschafft wurden und alle Kinder mit Beeinträchtigungen in den 1970er-Jahren Zugang zu den Krippen und Kindergärten erhielten (vgl. Roser 1998: 26f.).

In der norditalienischen Stadt Reggio Emilia wurde die gemeinsame Erziehung von Kindern mit und ohne Beeinträchtigungen bereits vor ihrer gesetzlichen Festschreibung praktiziert (vgl. Smith 1998: 201), was die folgende Stelle in der Veröffentlichung *I bambini disabili 2)* belegt: „Die Erfahrung mit der Integration 3) von Kindern mit Beeinträchtigungen 4) in kommunalen Einrichtungen reicht zurück bis ans Ende der 1960er-Jahre. Damals führte man die Archive noch nicht mit der Genauigkeit von heute, jedoch kann mit Sicherheit der Eintritt eines Kindes mit (geistiger) Beeinträchtigung' 5) im Jahr 1969 im Kindergarten Robinson nachgewiesen werden" (Comune di Reggio Emilia 1993: 16, Übersetzung d. Verf.).

Die Entwicklung der Integration in Italien wurde in ihren Prinzipien auch durch die Gesundheitsreform von 1978 beeinflusst. Artikel 2 des entsprechenden Gesetzes besagt, dass der italienische Gesundheitsdienst für die Integration Sorge zu tragen hat: „Der gesamtstaatliche Gesundheitsdienst strebt im Rahmen seiner Zuständigkeit die Förderung der Gesundheit im Entwicklungsalter an, indem die Verwirklichung der schulmedizinischen Dienste in den öffentlichen und privaten Schulen aller Typen und Grade (angefangen beim Kindergarten) gewährleistet und mit allen Mitteln die Integration der Behinderten begünstigt wird" (Riforma sanitaria [23.12.1978] zitiert nach Filippini Steinemann 1995: 77). Durch die Gesundheitsreform wurden lokale Gesundheitseinheiten, die so genannten unità sanitarie locali (USL), eingerichtet, die die zersplitterten Zuständigkeiten und Kompetenzen auf dem medizinisch-sozialen Gebiet vereinheitlichten (vgl. ebd.). Auch in Reggio Emilia wurde eine USL eingerichtet, die im Rahmen eines Abkommens mit der dortigen Stadtverwaltung das Recht von Kindern mit Beeinträchtigungen auf Besuch der kommunalen Krippen und Kindertageseinrichtungen festschrieb: „Die USL und die Stadtverwaltung erkennen im Rahmen einer erweiterten und programmatischen Interventionspolitik im Gesundheits- und Erziehungssektor für Kinder und Familien an, dass Kinder mit Beeinträchtigungen 6) ein Recht auf den Besuch kommunal geführter Krippen und Kindertageseinrichtungen haben. Dieses Recht wird, aufgrund des Prioritätskriteriums, auch bei starker Selektion der Zulassungsanträge geschützt" (Comune di Reggio Emilia 1993: 17, Übersetzung d. Verf.).

Das Zitat und insbesondere der Passus „im Rahmen einer erweiterten und programmatischen Interventionspolitik im Gesundheits- und Erziehungssektor für Kinder und Familien" machen deutlich, dass die Integration von Kindern mit Beeinträchtigungen im Elementarbereich Teil einer umfassenden gesellschaftlichen Reform war.

Das Recht auf „Eingliederung" besitzen in Italien alle Kinder mit Beeinträchtigungen „unabhängig von Diagnose und Behinderungsgrad" (vgl. a.a.O.: 12). Der langjährige Pädagogische Direktor der kommunalen Kindertageseinrichtungen in Reggio Emilia, Loris Malaguzzi, verfasste in den 1970er-Jahren das Manuskript *Die behinderten Kinder. Bericht über Erfahrungen in den kommunalen Krippen und Kindergärten der Region Reggio Emilia*. Er unterstreicht hier, dass es das Recht eines jeden Kindes ist, sich in der Gemeinschaft mit anderen Kindern und Erwachsenen zu entwickeln. Er schreibt dazu: „Das, worauf es ankommt, ist, sie nicht voneinander zu trennen, nicht für sie eine Reihe von pädagogischen Maßnahmen zu konstruieren, sondern eine einzige neue Pädagogik, die (...) imstande ist, mit einer vorhersehbaren und bewußten Heterogenität von Problemen und Kindern umzugehen" (Malaguzzi 1976: 14).

Eingebettet in die gesamtgesellschaftliche Entwicklung in Italien, führte auch in Reggio Emilia „eine starke und weitreichende politische und kulturelle Opposition" zur Auflösung von Sondereinrichtungen für Kinder mit Beeinträchtigungen, wie beispielsweise des Instituts „Sante de Sanctis". Darüber hinaus sorgten politische Entscheidungen durch die Kommune und die Provinzialverwaltung dafür, dass die sozialen Dienste im Bereich der Hilfen für Kinder mit Beeinträchtigungen dezentralisiert wurden (vgl. a.a.O.: 2). Infolge dieser Dezentralisierung und der engen Verknüpfung der einzelnen Disziplinen untereinander wurde eine wohnortnahe Integration favorisiert (vgl. a.a.O.: 6). Ein weiterer Auszug aus dem Abkommen zwischen USL und Stadtverwaltung verdeutlicht dies: „Die Wahl der erzieherischen Einrichtung erfolgt in der Regel in Rücksicht auf das Wahlrecht der Familie und das Prinzip der Nähe" (Comune di Reggio Emilia 1993: 17, Übersetzung d. Verf.). Wenn die betreffende Kindertageseinrichtung jedoch die erforderlichen Kriterien hinsichtlich der Baustruktur nicht erfüllt, so ist diese Regel nicht unumstößlich (vgl. a.a.O.: 17f.). Innerhalb der Einrichtungen werden den Erzieherinnen Physiotherapeutinnen, Logopädinnen, Betreuerinnen und Sozialarbeiterinnen aus den sozialärztlichen Zentren zur Verfügung gestellt (vgl. Malaguzzi 1976: 7). Während einer Fachtagung in Berlin im November 1984 führt Loris Malaguzzi hierzu aus: „Enge Zusammenarbeit mit dem staatlichen Gesundheitsdienst, der therapeutische Maßnahmen durchführt, findet statt, während das Kita-Personal die pädagogischen Maßnahmen übernimmt." ( Bezirksamt Schöneberg 1985: 74 ) Kinder mit Beeinträchtigungen werden in Reggio Emilia als „Kinder mit besonderen Rechten" bezeichnet. Selbst bei großer Nachfrage wird ihnen ein Platz in einer kommunalen Krippe oder Kindertageseinrichtung zugesichert (vgl. Smith 1998: 201). In Reggio Emilia wird die Inklusion von Kindern mit besonderen Rechten durch eine Person, die so genannte *psychologische Pedagogista* (Fachberaterin), koordiniert. Zurzeit bekleidet dieses Amt Ivana Soncini. Sie ist für alle Kinder mit besonderen Rechten in den kommunalen Kindertageseinrichtungen verantwortlich und gehört zum pädagogischen Team. Ihre besondere Rolle besteht in der Koordination der Aktivitäten zwischen dem Kindertageseinrichtungsbereich und den verschiedenen Mitgliedern des Gesundheitssystems, dem sozialen Dienst und den kommunalen Gesundheitseinheiten, die medizinische und therapeutische Angebote für die Kinder bereitstellen. Einen intensiven Austausch pflegt sie mit Psychiaterinnen, Neurologinnen, Psychologinnen, Sprachtherapeutinnen, Physiotherapeutinnen und Ärztinnen, mit denen sie sich mehrmals im Jahr trifft, um die gemeinsame Arbeit zu koordinieren (vgl. a.a.O.: 202). In einem Interview mit Cathleen Smith erläutert Ivana Soncini ihren zusätzlichen Aufgabenbereich: „Ich bin die Hauptansprechpartnerin bei Anfragen, Familientreffen, ich helfe Eltern eines ‚Kindes mit Beeinträchtigung' bei der Auswahl einer Krippe oder einer Kindertageseinrichtung, überprüfe, ob eine zusätzliche Ausstattung erforderlich ist, bestärke die Eltern der anderen Kinder beim ersten Elterntreffen des Schuljahres und unterstütze alle Erzieherinnen[8] und das Personal durch interne Fortbildungen" (ebd., Übersetzung d. Verf.). Darüber hinaus unterstützt Ivana Soncini das ganze Personal auch durch Verbesserungsvorschläge für die räumliche Umgebung, die Einrichtung und die Materialien. Sie bildet die Erzieherinnen auch für spezielle Pflegeaktivitäten aus und empfiehlt Materialien und Aktivitäten, die dem Kind helfen, sich im Klassenraum zurechtzufinden. Hatte ein Kind mit besonderen Rechten bis zum Eintritt in die Kindertageseinrichtung noch wenig Gruppenerfahrung, so erarbeitet sie zusammen mit den Erzieherinnen verschiedene Aktivitäten, die das Kind zur sozialen Interaktion mit anderen Kindern ermutigen. Gleichzeitig unterstützt sie die Erzieherinnen auch bei der Zusammenarbeit mit den einzelnen Familien (vgl. a.a.O.: 202f.). Eine weitere Aufgabe liegt in der Unterstützung eines sanften Übergangs von der Kindertageseinrichtung zur Schule durch eine frühzeitige Kooperation des Personals der Kindertageseinrichtung und der zukünftigen Schule. Im nachfolgenden Zitat unterstreicht Ivana Soncini die Wichtigkeit einer interdisziplinären Zusammenarbeit im Hinblick auf die Inklusion von Kindern mit Beeinträchtigungen: „Im Allgemeinen sind wir der Ansicht, dass Treffen zwischen Eltern, Erzieherinnen, Therapeuten und Beamten der Kommune den Zugang der Kinder mit Beeinträchtigungen zu ihrem gesamten städtischen Umfeld unterstützen und dass die Eltern gleichzeitig ermutigt werden, sich mit den Kernpunkten zu beschäftigen, mit denen ihr Kind als junger Mensch in der Zukunft konfrontiert sein wird" (a.a.O.: 203, Übersetzung d. Verf.). In den kommunalen Krippen und Kindertageseinrichtungen in Reggio Emilia wird pro Gruppe ein Kind mit besonderen Rechten aufgenommen, und je nach Intensität der erforderlichen Hilfe wird eine Unterstützungserzieherin zusätzlich zu den beiden Erzieherinnen beschäftigt. Diese Unterstützungserzieherin ist jedoch nicht nur für das Kind mit besonderen Rechten zuständig, sondern richtet ihre Aufmerksamkeit wie die beiden anderen Erzieherinnen auf die ganze Gruppe (vgl. a.a.O.: 202). Durch die Erfahrungen der frühzeitigen „Eingliederung" von Kindern mit Beeinträchtigungen wurden in Reggio Emilia nicht nur eine schnellere Rehabilitation begünstigt, sondern gleichzeitig auch die sozialen Folgen der Beeinträchtigung verringert. Den zusammengefassten Ergebnissen der Ausschusssitzungen des Forums „Bambini disabili" der Kommune Reggio Emilia im Jahr 1992/93 ist zu entnehmen, dass durch die „Eingliederung" von Kindern mit Beeinträchtigungen eine „Kultur der Aufnahme des Anderen" geschaffen wurde (vgl. Comune di Reggio Emilia 1993: 12, Übersetzung d. Verf.). Wie konnte sich gerade in Reggio diese besondere Pädagogik entwickeln? Zur Beantwortung dieser Frage wird zunächst das folgende Zitat aus dem *Reggio Children Newsletter Rechild* 7) herangezogen: „Die leitenden Werte dieser Gemeinschaft wurden durch ihre besonderen geschichtlichen und kulturellen Wurzeln hervorgerufen: ein lang bestehendes Engagement für die Rechte aller Menschen und die von Kindern im Besonderen, eine Liebe zur Innovation und zum Experimentieren, das Gefühl, zu einer Gemeinschaft zu gehören, und das Verantwortungsbewusstsein gegenüber dieser Gemeinschaft" (Reggio Children 1996b: 11, Übersetzung d. Verf.). Durch das Zitat wird deutlich, dass sich die Inhalte der bestehenden Pädagogik auf die besonderen geschichtlichen und kulturellen Wurzeln der Stadt Reggio Emilia zurückführen lassen. Das „lang bestehende Engagement für die Rechte aller Menschen" (ebd.) reicht bis ins Mittelalter zurück, als die Stadt bereits zu den ersten freien Kommunen Italiens zählte. Seit dieser Zeit sind in Reggio Emilia im Verlauf der Geschichte immer wieder soziale Bewegungen auszumachen, die sich politisch gegen feudale Gefüge und Unterdrückung wandten und sich für demokratische Strukturen engagierten. Elsbeth Krieg schreibt in diesem Zusammenhang: „Ende des 19. Jahrhunderts entwickelte sich in dieser Region, im Kampf gegen die elenden Lebensbedingungen und die Willkürherrschaft der Großgrundbesitzer, eine linkspolitische Bewegung. In diesem Zusammenhang entstanden erste genossenschaftliche Zusammenschlüsse, die sich auch im politischen Kampf engagierten" (Krieg 1993: 10f.). Die Region Emilia Romagna gilt seit langem als Italiens „rote Region", in der die Gesellschaftsvorstellung eines „vivere insieme" (gemeinsam leben) weit verbreitet ist (vgl. Göhlich 2005: 133f.).

2) Bei dieser Veröffentlichung handelt es sich nicht um eine Neuauflage des Manuskripts *Die behinderten Kinder. Bericht über Erfahrungen in den kommunalen Krippen und Kindergärten der Region Reggio Emilia* von Loris Malaguzzi aus dem Jahr 1976, sondern um eine Publikation der Kommune Reggio Emilia aus dem Jahr 1993.

3) In der vorliegenden Publikation I *bambini disabili* (1993) wird sowohl der Begriff „Integration" (integrazione) als auch der Begriff „Eingliederung" (inserimento) verwendet.

4) Der Begriff „bambini disabili" wird hier mit „Kinder mit Beeinträchtigungen" übersetzt.

5) Der Begriff „un bambino con handicap (insufficiente mentale)" wird an dieser Stelle mit „ein Kind mit (geistiger) Beeinträchtigung" übersetzt.

6) Der Begriff „bambini disabili" wird hier mit „Kinder mit Beeinträchtigungen" übersetzt.

7) Rechild. Zeitschrift, die von reggio-children herausgegeben wird. Sie kann im Internet unter der folgenden Adresse eingesehen werden: http://zerosei.comune.re.it/inter/rc_rechild.htm

Quelle: Jobst, Sabine: Inklusive Reggio-Pädagogik. Bochum/Freiburg 2007, S. 23 – 28


## Zitierte Literatur:

Commune di Reggio Emilia (Hrsg.): I bambini disabili (Forum Infanzia). Reggio Emilia 1993

Bezirksamt Schöneberg von Berlin ( Hrsg.): Dokumentation der Ausstellung und Fachtagung Reggio. „Kleinkinder-Erziehung in Reggio nell'Emilia. Wie Kinder wahrnehmen, denken und gestalten lernen".
Berlin 1985

Filippini Steinemann, Concita: Es ist normal verschieden zu sein. Die Integration von Schülern und Schülerinnen mit Behinderung in der öffentlichen Schule in Italien. Luzern 1995

Göhlich, Michael: Reggiopädagogik – Innovative Pädagogik heute. Zur Theorie und Praxis der kommunalen Kindertagesstätten von Reggio Emilia. Frankfurt/ Main 2005

Malaguzzi, Loris: Die behinderten Kinder. Bericht über Erfahrungen in den kommunalen Krippen und Kindergärten der Region Reggio Emilia (unveröffentlichtes Manuskript). Reggio Emilia 1976

Reggio Children (Hrsg.): Why Reggio Emilia? In. Rechild. Reggio Children Newsletter, April 1996, S. 7

Roser, Ludwig-Otto: Integration Behinderter in Italien: Anspruch und Realität. In: Schöler, Jutta (Hrsg.): Normalität für Kinder mit Behinderungen: Integration. Texte und Wirkungen von Ludwig-Otto Roser. Neuwied/ Berlin. 1998, S. 26 - 34

Smith, Cathleen: Children with „Special Rights" in the Preprimary Schools and Infant-toddler Centers of Reggio Emilia. In: Edwards, Carolyn, Gandini, Lella; Forma, George ( Hrsg. ): The Hundred Languages of Children. The Reggio Emilia Approach – Advanced Reflections. Westport u.a. 1998, S. 199 - 214

**Arbeitsaufträge / Fragestellungen:**

1. Beschreiben Sie die Aufgaben der ‚Psychologischen Pedagogista' ?

2. Welche Rechte haben Kinder mit besonderen Rechten?

3. Welche gesellschaftlichen Bedingungen waren ausschlaggebend für die Entwicklung bzgl.der Inklusion in Italien?

4. Vergleichen Sie die Situation der Kinder mit besonderen Rechten in Italien und Deutschland. Stellen Sie Ihre Ergebnisse in Form eines Venndiagramms dar.

5. „Unter humanitären Gesichtspunkten mag Inklusion sinnvoll sein. Unter dem Gesichtspunkt der optimalen Förderung scheint eine spezifische Förderung in Spezialeinrichtungen der bessere Weg zu sein." Nehmen Sie Stellung zu dieser These!

6. Inklusion bedeutet weitaus mehr als Integration von Behinderten. Ist die Reggio-Pädagogik inklusiv? Was müsste sich konzeptionell gegebenenfalls ändern?

7. Inklusion wird in den nächsten Jahren in Deutschland ein zentrales Thema für alle pädagogischen Einrichtungen werden. Welche Elemente aus der Reggio-Pädagogik sollten in Deutschland übernommen werden?


**Weiterführende Informationen: Inklusion**

UN-Kinderrechtskonvention
http://www.unicef.de/fileadmin/content_media/Aktionen/Kinderrechte18/UN-Kinderrechtskonvention.pdf

Index für Inklusion
http://plone.schule-bw.de/schularten/sonderschulen/kooperation/clema/3Inklusion.pdf

Online-Zeitschrift für Inklusion
http://www.inklusion-online.net/index.php/inklusion/index

Kreuzer, Max/Ytterhus, Borguun (Hrsg.): Dabeisein ist nicht alles: Inklusion und
Zusammenleben im Kindergarten. München 2008


**Medien:**

Reggio children: not just any place. Reggio Emilia - an educational experience as told by the
protagonists. Reggio Emilia 2008. Bezugsquelle: www.reggiochildren.it


**Schlagwörte:** Behinderung; Geschichte; Inklusion; Gesellschaft-Erziehung; Praxis;
Pedagogista; Kinderrechte.

# Knauf: Projekte in der Reggio-Pädagogik

„Die 100 Sprachen des Kindes" — das ist nicht nur ein Leitspruch, fast ein Wiedererkennungs-Code der Reggio-Pädagogik, vergleichbar dem „Hilf mir es selbst zu tun" der Montessori-Pädagogik; es ist auch der Titel der großen Ausstellung, die weltweit die ReggioPädagogik anschaulich gemacht hat. In den 80er und 90er Jahren war sie in Hamburg, Berlin, Düsseldorf, Bielefeld, Frankfurt/Main, Frankfurt/Oder, Kyritz/Brandenburg und Weiden/ Oberpfalz zu sehen.

Die Ausstellung „Die 100 Sprachen des Kindes" zeigt Projekte aus reggianischen Kindereinrichtungen, in denen sich Kinder mit den Phänomenen der Welt, mit sich selber, ihren Gefühlen, Ideen und Handlungen auseinandergesetzt und für diese Auseinandersetzung Ausdrucksformen gefunden haben. Die Ausstellung dokumentiert kleine und große Projekte sowie Projektketten, in denen sich Themen verschieben oder neu entwickeln. Einige der Projekte scheinen von (fast) allen Kindern einer Gruppe getragen und realisiert worden zu sein; andere Projekte leben von den Ideen und Aktionen ganz weniger Kinder.

Die Ausstellung wurde von der Direktion der kommunalen Kindertageseinrichtungen in Reggio Emilia zu Beginn der 80er Jahre zusammengestellt und später mehrfach überarbeitet. Der Überarbeitungsprozess der Ausstellung ist erkennbar am Wandel der Projektdokumentation und der Auswahl des präsentierten Materials.

An den älteren Projektdokumentationen (aus den 80er Jahren) faszinieren Kreativität und ästhetische Qualität der Kinderarbeiten; bei den jüngeren (aus den 90er Jahren) treten die Verdeutlichung des Prozesscharakters im Projekt, seine Rahmenbedingungen und die Vernetzung verbaler, ästhetischer und gegenständlicher Äußerungen der Kinder in den Vordergrund.

**Vom Projektbegriff zur Projekttheorie**

Der Begriff Projekt stammt aus dem Lateinischen. Er stellt die substantivierte Form des Verbs pro-icere dar, das — wörtlich — vorwerfen, (etwas) vorauswerfen bedeutet. Dieses Vorauswerfen enthält zwei Dimensionen:

- die gedankliche Vorwegnahme der Realität
- die Imaginationen von Zukünftigem.

In dieser Doppelbedeutung ist auch der pädagogische Gehalt des Projektbegriffs enthalten: Noch nicht Gegebenes, aber Wünschbares lässt sich gedanklich vorwegnehmen; unsere geistigen Anstrengungen sind die Vorläufer von Veränderungen des Faktischen; noch weiter gedacht: Die Ideen der Menschen konstruieren die Wirklichkeit.

Es ist nicht verwunderlich, dass der Projektbegriff zuerst in der lateinisch- romanischen Welt verwendet wird. In den im 16. Jahrhundert von den Medici in Florenz und von der Künstlervereinigung San Luca in Rom gegründeten Kunstakademien und etwas später in der Academie de l'Architecture in Paris wurden die anspruchsvolleren Entwurfsarbeiten der fortgeschrittenen Studenten progetti bzw. projets genannt (vgl. Knoll 1995, S. 12). In den

Bauakademien des 19. Jahrhunderts wurden Projekte zu festen Bestandteilen der Prüfungsleistungen (vgl. ebda.). Der Schritt vom selbständig zu realisierenden Projekt zum Projektlernen, das auch die Prozesse vor der Erstellung des zentralen Produktes erfasst, wurde in der zweiten Hälfte des 19. Jahrhunderts in den USA vollzogen, z. B. in der von Calvin M. Woodward 1879 gegründeten und mit verschiedenen Werkstätten ausgestatteten „Manual Training School" (vgl. ebda.).

Im frühen 20. Jahrhundert entwickelte sich in den USA fast so etwas wie eine Projekteuphorie, die vom Unterricht in technischen Fächern auf andere Bereiche des Bildungswesens übersprang: Angeregt von Freibeis Kindergartenpädagogik, entwickelte beispielsweise Charles R. Richards (1904) ein Konzept des Lernens jüngerer Kinder, das an den Prinzipien „natürliche Erziehung", „natürlichen Ganzheiten", Kindgemäßheit und Selbsttätigkeit orientiert war (vgl. ebda.). Im folgenden Jahrzehnt kam es unter dem Einfluss der noch jungen Kinderpsychologie durch William H. Kilpatrick zu einer weiteren Expansion des Projektbegriffs, in dem vor allem emotionale und handlungspraktische Komponenten eine Verbindung eingehen sollten. Lernen in Projekten bezeichnete Kilpatrick als „von ganzem Herzen zielgerichtetes Handeln (whole-hearted purposeful activity)" (zit. nach Frey 1982, S. 35). Es war für ihn die einzig legitime und demokratische Unterrichtsmethode.

In dem lebhaften Fluidum pädagogischen Reflektierens, Diskutierens und Experimentierens, das sich im ersten Drittel des 20. Jahrhunderts in den USA entwickelte, entstanden schließlich auch die Ideen John Deweys, die bis heute die Vorstellungen vom Projektlernen am nachhaltigsten prägten (vgl. Speth 1997). Dewey war Philosophieprofessor an der Universität Chicago und Hauptvertreter des Pragmatismus, der wichtigsten Strömung philosophischen Denkens im frühen 20. Jahrhundert in den USA. Dem pädagogischen Handeln wurde im Pragmatismus eine wichtige Rolle zugewiesen. Zentraler Begriff war die Erfahrung. Sie wurde verstanden als Prozess und Ergebnis der tätigen Auseinandersetzung des Menschen mit seiner Umwelt. In der Erfahrung gewinnt der Mensch Erkenntnisse, zugleich wirkt er durch sie aktiv gestaltend auf die Welt ein. Dabei bauen neue Erfahrungen auf alten auf (vgl. ebda., S. 22).

Die Erfahrungen der Kinder sind immer persönlich und bestimmt von ihren Emotionen, Neigungen und Interessen (vgl. ebda., S. 31 f.). Sie sind aber nicht gedankenlos, sondern durchdrungen von Erkenntnissen, Gedanken und Interpretationen der erlebten Situationen und Wirklichkeitsausschnitte. So hat Dewey dann auch den Begriff der „denkenden Erfahrung"geprägt (vgl. ebda., S. 23). Zugleich ist ein großer Teil der Erfahrungen der Kinder sozial, weil Erfahrungen in gemeinsamen (manchmal konfliktreichen) Situationen gewonnen werden. Soziale Erfahrungen bilden das Material für die Gestaltung neuer Situationen, z. B. für die Vermeidung oder Lösung von Konflikten. Soziale Erfahrungen können damit Grundlage zum sozialen Lernen sein.

Projekte, in denen Kinder gemeinsam handeln und gemeinsam denkende Erfahrungen gewinnen, sind damit immer auch ein Stück Erziehung zur Demokratie.

Dewey ging davon aus, dass Projekte einer Methode bedürfen, damit gesichert werden kann, dass

1.die Fähigkeiten, Neigungen und Interessen der Kinder genutzt werden,

2.Kinder durch denkende Erfahrung Erkenntnisgewinne machen,

3.die neuen Erfahrungen sich auf gesellschaftlich bedeutsame, zugleich erlebbare Situationen beziehen (vgl. ebda., S. 25ff.).

Die Idee des Projektlernens wurde bereits nach dem Ersten Weltkrieg in Russland von Pavel Blonsky und Anton Makarenko aufgegriffen (vgl. Frey 1982, S. 38f.). In Deutschland waren an der Rezeption und Übertragung des Projektgedankens die Reformpädagogen Georg Kerschensteiner, Fritz Karsen, Hugo Gaudig, Peter Petersen und Otto Haase beteiligt (vgl. ebda., S. 29ff.; Suin de Boutemard 1997, S. 48ff.). Letzterer war es, der sogleich nach dem Zweiten Weltkrieg die schulpädagogische Diskussion um das Projektlernen mit dem Begriff „Vorhabenpädagogik" wieder aufgriff (vgl. Hahne 1997, S. 89).

In den letzten zwei Jahrzehnten ist die deutschsprachige Diskussion um das Lernen in Projekten vor allem mit den Namen Karl Frey (1982), Herbert Gudjons (1984; 1989) und Johannes Bastian (1991; 1997) sowie Dagmar Hänsel (1986; 1995; 1997) verbunden. Mit Ausnahme Freys beschäftigen sich die genannten Autoren mit Projekten in der Schule, deren Struktur sich nicht ohne Weiteres auf den Elementarbereich übertragen lässt. Diese Einschränkung gilt allerdings nur teilweise für die Zusammenstellung von Projektmerkmalen, wie sie Gudjons formulierte:

- Situationsbezug und Lebensweltorientierung

- Orientierung an den Interessen der Beteiligten

- Selbstorganisation und Selbstverantwortung

- gesellschaftliche Praxisrelevanz

- zielgerichtete Projektplanung

- Produktorientierung

- Einbeziehung vieler Sinne

- soziales Lernen

- Interdisziplinarität

- Grenzen (vgl. Gudjons 1984, S. 262ff.; ders. 1989, S. 58ff.).

Dieser Merkmalskatalog ist sehr weit gefasst, was in der schulpädagogischen Diskussion folgerichtig Kritik hervorgerufen hat (vgl. Hänsel 1995,S. 18 ). Fast alle der Projektmerkmale Gudjons sind dann auch im elementarpädagogischen Konzept des Situationsorientierten Ansatzes wieder zu finden, wie ihn Anfang der 90er Jahre Armin Krenz beschrieben hat (vgl. Krenz 1991, S. 84 ff.). Auch in Martin Textor's allgemein gehaltener Charakterisierung von Projekten in der Kindergartenarbeit tauchen die Merkmalsdefinitionen Gudjons teilweise wieder auf (vgl. Textor 1995, S. 28 ff.).

Für Karl Frey steht nicht die Beschreibung allgemeiner Charakteristika für das Lernen in Projekten im Vordergrund, ihn interessiert die Herausarbeitung spezifischer Handlungsstrukturen und Prozesselemente von Projekten. Dahinter steht die Überzeugung, dass Verlaufsstrukturen der Aktivitäten von Kindern (und Erwachsenen) mehr über das Besondere des Lernens in Projekten aussagen als allgemeine (phasenunabhängige) Definitionen der Beziehung der Lernenden zu den Lerngegenständen und untereinander.

Frey macht insgesamt sieben „Komponenten" aus, die für projekttypische Situationen stehen. Fünf von ihnen stehen in einer bestimmten Reihenfolge (vgl. Frey 1996, S. 63 ff.):

*1. Die Projektinitiative*

Dies ist eine offene Ausgangssituation, in der Kinder oder Erwachsene eine Idee, eine Anregung, ein Problem oder ein Handlungsinteresse äußern. Dabei kann der entscheidende Impuls auf den Vorschlag eines Pädagogen, auf eine Entdeckung, ein Erlebnis der Kinder oder auf ein Gespräch oder Brainstorming aller Anwesenden zurückgehen.

*2. Auseinandersetzung mit der Projektinitiative*

In dieser Phase muss vor allem geklärt werden, ob die zur Diskussion stehenden Ideen als sinnvoll eingeschätzt werden können. Sodann stehen die Entscheidung über Umsetzung einer bestimmten Projektidee und die Vereinbarung eines Handlungsrahmens (z. B. bezüglich Zeit, Komplexität und Aufwand der Aktivitäten) an.

*3. Entwicklung eines Projektplanes*

Jetzt wird gemeinsam festgelegt,

- was das Ziel des Projektes sein soll,
- welche Einzelaktivitäten sich daraus ergeben,
- wer für diese verantwortlich sein soll,
- wann bzw. bis wann und wo sie durchgeführt werden.

*4. Ausführung des Projektplanes*

Dabei zeigt sich, inwieweit die Vorüberlegungen insbesondere der Projektplan hinreichend differenziert und realistisch waren. Mängel des Projektplanes müssen während der Ausführungsphase nachgebessert werden.

*5. Abschluss des Projektes*

Hierfür ergeben sich nach Frey drei Varianten:

- ein im Projektplan festgelegtes Produkt als bewusst gewählter Schluss des Projekts (z. B. ein großes, gemeinsam erstelltes Bild, die Gestaltung eines Raumes oder eines Teils des Außengeländes oder ein kleines Theaterstück bzw ein darstellendes Spiel)
- die Einmündung in den Alltag (z. B. in ein Konzept für Müllvermeidung und getrennte Sammlung von Abfällen)

- die Rückkoppelung an die Projektinitiative, wobei der Projektverlauf noch einmal reflektiert und sein Ende mit den ersten Ideen verglichen wird.

*6. Fixpunkte*

Diese stellen Situationen dar, die phasenunabhängig im Projektverlauf eingesetzt werden können und bei Bedarf als „Mittel gegen blinde Betriebsamkeit, Orientierungslosigkeit und fehlende Abstimmung zwischen einzelnen Gruppen" (Wolter 1995, S. 20) dienen. Fixpunkte dienen der Dokumentation von Zwischenergebnissen, der wechselseitigen Information, der Präzisierung, Korrektur oder Erweiterung bisheriger Planungen.

*7. Metainteraktion*

Diese hat wie die Fixpunkte eine Korrekturfunktion beim Auftreten von Störungen. Dabei steht jedoch die positive Beeinflussung der Kommunikationskultur und des sozialen Klimas im Vordergrund. Metainteraktion bedeutet Innehalten, um sich bereits Erreichtes bewusst zu machen oder über aktuelle wie latente Missverständnisse oder Enttäuschungen ohne Druck miteinander zu reden.

In den letzten Jahren ist die ideelle Verlaufsstruktur von Projekten, wie sie Frey geplant hat, von Wolfgang Emer und Klaus-Dieter Lenzen überarbeitet worden. Die beiden Autoren gehen von folgender Handlungsabfolge in Projekten aus (vgl. Emer/Lenzen 1997, S. 220ff.):

1.Initiierungsphase (Themenfindung, Reflexion der Rollen, Überlegung von „Initialimpulsen")

2. Einstiegsphase (Konstituierung von Gruppen, Konkretisierung des Themas)

3.Planungsphase (Festlegen eines Produktes am Projektende, von Adressaten, Methoden, Aktionsorten, Rollen sowie eines Zeit-, Material- und Handlungsplanes)

4.Durchführungsphase (Materialbeschaffung, -erkundung und -bearbeitung,Produkterstellung, Reflexion)

5.Präsentationsphase (Präsentieren und kommunikatives Vermitteln des Produktes)

6.Auswertungsphase (Produkt- und Prozessbewertung, Beurteilung der Projektwirkung)

7.Weiterführungsphase (Dokumentieren und Fortsetzen des Projektes).

Deutlich wird die Ausdifferenzierung und Öffnung des Projektabschlusses: An die zentrale Aktionsphase, die meistens in die Erstellung eines Produktes mündet (eines darstellenden Spiels, eines Bildes, eines skulpturalen Objektes, einer Umgestaltung des Raums usw.), schließen sich noch die Präsentations-, Auswertungs- und Weiterführungsphase an, bei der dokumentierende, reflexive und kommunikative Handlungselemente im Vordergrund stehen.

**Projektstrukturen in der Reggio-Pädagogik**

Das Prozess-Modell, das Emer/Lenzen für das Lernen in Projekten entworfen haben, kommt dem, was Kinder in reggianischen Projekten an Aktionen entfalten und an Erfahrungen machen, recht nahe: Planen, gegenständliches, materialbezogenes Handeln, Dokumentieren, Kommunizieren und Reflektieren sind bei Emer/ Lenzen wie in den reggianischen Projekten die entscheidenden Aktionsdimensionen. Sie sind in der ReggioPädagogik allerdings weniger an einzelne Phasen im Prozessverlauf von Projekten gebunden, sondern stehen stärker in einer — auch zeitlichen — Wechselbeziehung: Zwei Kinder entdecken im Gras des Außengeländes ihrer Einrichtung einen besonders langen Regenwurm und staunen über seine schillernde Schleimspur. Drei Handlungsmomente werden in dichter, sich überlappender Folge realisiert:

- die selektive Umweltwahrnehmung, die in die Entdeckung des Interesse auslösenden Objektes mündet,
- die zunächst staunende, zunehmend genauere und analytische Beobachtung des Objekts
- die Versprachlichung und Kommunikation der beobachteten Details, die mit Erinnerungen, inneren Bildern, spontanen Phantasien verknüpft werden.

Ein viertes Handlungsmoment, das weitere Aktionen auslösen kann, schließt sich an:

- das Übertragen, Übersetzen selektiv erfasster und mit subjektiven Vorstellungen verbundener Beobachtungen, in eine gegenständliche Repräsentationsform: Zeichnung, gemaltes Bild, aus Pappe, Draht oder anderen Materialien geformtes dreidimensionales Gebilde.

Das Handlungsspektrum, das aus der scheinbar banalen Entdeckung des Regenwurms folgt, umschließt eine beträchtliche Komplexität von Persönlichkeitsdimensionen und Mensch-Umwelt-Beziehungen:

- die sinnliche Wahrnehmung
- die explorative, erkundend-experimentelle Handlung
- die kognitive Reflexion
- die Aktivierung von Gefühlen
- die Aktualisierung von Erinnerungen
- die Vernetzung von Wahrnehmungen und inneren Bildern
- die Kommunikation mit Anderen
- die Konzipierung von sinnlich- gegenständlichen Darstellungs- und Ausdrucksformen
- das gegenständliche Handeln, das Objekte verändert oder neu in die Welt setzt.

Kinder empfinden viele dieser Aktionsformen als „Spielen". In der Tat bildet das Spiel in der Praxis der reggianischen Einrichtungen das Rückrat der Kinderaktivitäten und ist eng mit dem Handeln der Kinder in Projekten verknüpft. Denn einerseits gehen viele Projekte aus Spielhandlungen hervor, andererseits durchdringen sich Spiel- und Projekttätigkeit. „Die Trennung zwischen Freispiel und zielorientierter Tätigkeit in Projekten entspringt dem Erwachsenendenken", so die Atelierleiterin Vea Vecchi in einem Referat am 6. November 1997 in Reggio.

Gianni Rodari, der Anfang der 70er Jahre in Reggio wichtige Impulse in die pädagogische Praxis der reggianischen Kindereinrichtungen eingebracht hat (vgl. Rodari 1992, S. 7f.), ist es zu verdanken, die pädagogische Dimension des Spiels, so wie sie in Reggio realisiert wird, besonders deutlich formuliert zu haben. Sein Spielverständnis kommt dabei Positionen, wie sie fast zeitgleich von Donald Winnicott formuliert wurden (vgl. Winnicott 1973), sehr nahe. Winnicott geht davon aus, dass Kinder im Spiel in einem Grenzbereich zwischen Subjektivität und Objektivität handeln. In Anschluss an Winnicott bezeichnet Gerd Schäfer diesen Grenzbereich als „neue subjektiv erfüllte Wirklichkeit" (Schäfer 1992, S. 136f.), in der die Gegensätze von Wirklichkeit und Phantasie partiell aufgehoben sind. Das Spiel ist insofern zugleich „phantasierte Wirklichkeit" und „verwirklichte Phantasie (...), eine Phantasie im Durchgang durch ein Stück Lebenswirklichkeit" (ebda., S. 137). Und bei Rodari heißt es vergleichbar: „Das Spiel ist (...) ein Prozess, durch den das Kind die Gegebenheiten der Erfahrung miteinander verbindet, um eine neue Realität zu konstruieren" (Rodari 1992, S. 174).

Die mehrteilige Beschäftigung mit dem Regenwurm steht dem ganz nahe, was Gerd E. Schäfer bei der Beschreibung frühkindlicher Bildungsprozesse thematisiert (vgl. Schäfer 1999). Schäfer folgt Hartmut von Hentig, wenn er davon ausgeht: „Bilden ist sich bilden (...)" (Hentig 1996, S. 39) und Bildung ist „(...) Verarbeitung der Erfahrung" (ebda., S. 59; Schäfer 1999,S. 213f.). Zu frühkindlichen Bildungsprozessen gehören nach Schäfer Wahlentscheidungen, Kommunikationshandlungen, Leiberfahrungen, die Ausprägung von Gefühlen und von Phantasie sowie ästhetische Erfahrungen (vgl. ebda., S. 213 ff.).

All dies sind die konstituierenden Elemente der reggianischen Projekte. Dabei sind Projekte keine Sonderveranstaltungen in der Kindertageseinrichtung. Sie gehören zu den Alltäglichkeiten der Kita-Praxis. So entwickeln sie sich aus Spielhandlungen, Gesprächen oder Beobachtungen der Kinder. In der Morgenversammlung kann über mögliche Projektthemen diskutiert und entschieden werden, auch Erzieherinnen können verbal oder über mitgebrachte Gegenstände Impulse für Projekte vermitteln.

Projekte basieren auf dem authentischen Interesse und oft auf konkreten Erlebnissen der Kinder (z. B. der plötzliche Regen, das Jungekriegen einer Katze, der Wunsch nach einem neuen Tisch in der Einrichtung). Ein Projekt kann von ganz unterschiedlicher Zeitdauer sein (von zwei Stunden bis zu einem Jahr!). Auch die Zahl der Projektteilnehmer hängt allein von der Interessenbindung der Beteiligten ab. Letztlich kann ein Projekt auch nur von einem Kind realisiert werden. Meistens ist es allerdings eine Kleingruppe von ca. drei bis fünf Kindern, in der sich ein gemeinsames Interesse am ehesten finden und stabil halten lässt. In länger andauernden Projekten kann die Zahl der beteiligten Kinder schwanken, es können Kinder „aussteigen" und andere dafür „einsteigen".

**Die Pädagogenrolle in Projekten**

Durch gegenständliche oder verbale Impulse (Fragen, Schilderung eigener Erlebnisse, mitgebrachte Bilder) können Erzieherinnen dem Interessen- und Handlungsspektrum der Kinder neue Akzente vermitteln. Ausgangsbasis für solche Impulse sind die Beobachtungen und die darauf basierenden täglichen Kurzprotokolle über die Aktivitäten der in Projekte eingebundenen Kinder. Die Protokolle einschließlich knapper schriftlicher Interpretationen werden regelmäßig im Team diskutiert. Ziel des Austauschs der Kolleginnen ist die Verständigung darüber, welche Materialien, Räume, Orte und Impulse die Kinder für die

Stabilisierung und Weiterentwicklung ihres Projektes brauchen könnten. Dabei bleibt das Prinzip der freien Wahl der Kinder unberührt. Es kann gerade als „Geheimnis" des Erfolgs reggianischer Projekte angesehen werden, dass ihre zentrale Motivation das authentische Interesse der Kinder ist und sich die Beteiligung Erwachsener meist auf verstärkende und bereichernde Impulse sowie Ressourcenbereitstellung reduziert.

Differenziert beschreibt Gerd Schäfer Haltung und Handlungsspektrum des Erwachsenen, der sich als Begleiter frühkindlicher Bildungsprozesse versteht. Schäfer verwendet dabei die Begriffe Halten, Verständigen und Herausfordern:

- Halten meint dabei eine stille, wohlwollende Begleitung des Kindes bei seinen Unternehmungen, ohne direkt auf diese einzuwirken(...)

- Mit Verständigen meine ich eine Art des Aushandelns zwischen Erwachsenem und Kind darüber, worum es im Augenblick gehen soll. Bei kleinen Kindern geht dieses Aushandeln vorwiegend über die Sprache des Körpers, über Einfühlung und über Ausprobieren (...).

- Herausfordern meint, einen Abstand einzuführen zwischen dem, was man über Verständigung verstanden hat, und dem, was vielleicht darüber hinaus möglich oder wünschenswert wäre (...). (Schäfer ebda., S. 225f.).

Die amerikanische Erziehungswissenschaftlerin Carolyn Edwards, die über Jahre hinweg durch Beobachtungen, Interviews und Gruppendiskussionen versucht hat, die Spezifik der Erzieherinnenrolle in den reggianischen Kindereinrichtungen zu erfassen, betont insbesondere die Bedeutung der Team-Kooperation als Grundlage für Sicherheit und zugleich Vielfalt des Erzieherinnenverhaltens: Kaum, dass sich aus den Gesprächen, Beobachtungen oder Spielhandlungen der Kinder ein Projekt entwickelt, beginnen die Erzieherinnen gemeinsam zu überlegen und zu recherchieren, mit welchen Aktivitäten, Attraktionen und Hilfsmitteln das Projekt bereichert oder erweitert werden kann. Zugleich sprechen die Erzieherinnen die Eltern an und versuchen, sie zu ermutigen, sich in die Aktivitäten ihrer Kinder einzubringen, indem sie sich beispielsweise um Gegenstände oder Bücher kümmern, die für das Projektthema förderlich sind (vgl. Knauf 1998, S. 18).

Vor allem in Krisensituationen der Kinder ist die aktive Präsenz der Erzieherin wichtig: Sie gibt den Kindern Halt, Mut und vielleicht auch konkrete Hilfe beim Finden von Strategien, die aus Krisen oder Konflikten herausführen. Maura Rovacchi, Atelierleiterin in einer reggianischen Kindertagesstätte, betonte gerade diesen Aspekt auf einem Workshop im November 1995 im brandenburgischen Kyritz: Die Qualität pädagogischen Handelns zeige sich im Umgang mit Krisen der Kinder: Einerseits müssen wir verhindern, dass Kinder ihr Selbstvertrauen verlieren, im Glauben an sich und ihren Fähigkeiten verzweifeln; andererseits dürfen wir ihnen nicht durch vorschnelle Hilfe ihre eigenen Erfolgserlebnisse nehmen. Daher versuchen die Erzieherinnen in Reggio auch in Krisensituationen der Kinder ein dialogisches Verhältnis zu ihnen aufrecht zu erhalten, indem sie den Kindern dosierte Impulse (Hilfen) anbieten, sie aber auch zu Eigenaktivitäten anregen.

Vea Vecchi spricht von der Notwendigkeit der Ausbalancierung von Nähe und Distanz im Erzieherinnenverhalten. Für dieses Ausbalancieren gibt es kein Rezept, sondern nur die Grundlage des genauen Beobachtens und Hinhörens sowie des aufbauenden Dokumentierens und (gemeinsamen) Interpretierens von Handlungsprozessen, Bedürfnissen und individuellen Entwicklungspotentialen der Kinder. Das Team der Erzieherinnen hat die Freiheit, aber auch die Verantwortung, aus den Interpretationen der Kinderbedürfnisse pädagogische Entscheidungen abzuleiten. Sie können beinhalten, den Kindern ein Mehr an Impulsen und Ressourcen zukommen zu lassen oder aber die Offenheit der Handlungsprozesse und Interaktionssituationen zu betonen. Wichtig ist die Passung des Erzieherinnenverhaltens auf die Entwicklungsbedürfnisse der einzelnen Kinder, um ihre Selbstständigkeit, ihre Ich-Stärke, ihre sozialen Fähigkeiten und ihre Vielfalt von Kompetenzen zu fördern (vgl. ebda.,S. 19).

Nur so lernen Kinder ihre spezifischen Interessen zu entdecken, zu artikulieren, in der Gruppe auszugleichen und durch Auseinandersetzung weiter zu entwickeln. Sie lernen sich über Ideen auszutauschen, gemeinsame Ziele zu formulieren, Handlungskonzepte zur Zielerreichung zu entwickeln und den gemachten Handlungserfahrungen anzupassen. Kindern lernen, Krisen durchzustehen und zu lösen, Einzelarbeit mit Gruppenaktivität zu verbinden, Zielstrebigkeit mit dem konzentrierten Verweilen im Detail auszubalancieren. Schließlich lernen sie, sich über die Lebendigkeit, die Überraschungen im Handlungsprozeß und über seine Ergebnisse zu freuen und stolz auf sie zu sein.

**Projektdokumentation**

Ein zentrales Element der reggianischen Projektpraxis ist die sinnlich- gegenständliche Dokumentation der Handlungsprozesse in Projekten durch großflächige Wanddokumentationen („sprechende Wände") und/oder vervielfältigbare

Heftdokumentationen. Bestandteile der Dokumentationen sind gegenständliche Kinderarbeiten, Kinderäußerungen, Fotos, die den Aktionsprozess darstellen, Überschriften und kurze Kommentierungen. Die Erzieherinnen sind für Materialauswahl und Gestaltung der Dokumentationen verantwortlich. Vielfach werden die Kinder aber an der Dokumentationserstellung beteiligt. Gestärkt wird dadurch ihre Eigenverantwortlichkeit, Selbstständigkeit und Identifikation mit Prozess und Ergebnis der Dokumentation. Die Dokumentation stellt die Entwicklung der Vorstellungen, Entdeckungen und Erkenntnisse der Kinder dar. Insbesondere wenn sie parallel zum Projektverlauf erstellt wird, verleiht sie dem Prozess Struktur, sie vermittelt den Kindern Wertschätzung, Rückmeldung, Anlässe zum Sich-Erinnern und Material zur selektiven Imitation. Auch für die Erzieherinnen und Eltern stellen die Projektdokumentationen eine wichtige Informationsquelle über das Denken, Fühlen, Können der Kinder und deren Entwicklung dar.

In den Projektdokumentationen hinterlassen Kinder Spuren ihres Handelns, die Autorenstolz im Sinne von Eriksons „Werksinn" erzeugen können. Daher ist es auch nicht erforderlich, dass Projekte durch das Fertigstellen und Präsentieren von Werken ihren Abschluss finden. Ein Projekt in den reggianischen Kindereinrichtungen kann auch mit Fragen oder mit einer Rückschau auf den vorangegangenen Prozess enden.


## Literatur


Bastian, Johannes/Gudjons, Herbert (Hrsg.): Das Projektbuch. 3. Aufl. Hamburg 1991.

Frey, Karl: Die Projektmethode. Weinheim 1982 (Neuausgabe 1996).

Gudjons, Herbert: Was ist Projektunterricht. In: Westermanns Pädagogische Beiträge 1984, S. 240-266.

Gudjons, Herbert: Handlungsorientiert Lehren und Lernen. 2., korrigierte Aufl. Bad Heilbrunn 1989.

Hänsel, Dagmar (Hrsg.): Das Projektbuch Grundschule. Weinheim 1986 (überarbeitete Neuausgabe 1995).

Hänsel, Dagmar: Handbuch Projektunterricht. Weinheim 1997.

Hahne, Klaus: Geschichte des Projektunterrichts in Deutschland nach 1945. In: Bastian, Johannes u. a. (Hrsg.): Theorie des Projektunterrichts. Hamburg 1997.

Hentig, Hartmut von: Bildung. München 1996.

Knauf, Tassilo: Wir erziehen die Kinder nicht, wir assistieren ihnen. Die Rolle der Erzieherin in der Reggio-Pädagogik. In: Welt des Kindes 4/1998a, S. 13-19.

Knauf, Tassilo: Ein Vergnügungspark für Vögelchen. Annäherungen an Theorie und Praxis des Projektlernens in Reggio Emilia. In: Welt des Kindes 6/1998, S. 6-11.

Knauf, Tassilo: Reggio-Pädagogik. In: Fthenakis, Wassilios E. /Textor, Martin (Hrsg.): Pädagogische Ansätze im Kindergarten. Weinheim 2000, S. 181 — 201.

Knoll, Michael: Wie entstand die Projektmethode. In: Grundschule 7-8/1995,12-13.

Krenz, Armin: Der „Situationsorientierte Ansatz" im Kindergarten. Freiburg 1991.

Rodari, Gianni: Grammatik der Phantasie. Leipzig 1992.

Schäfer, Gerd E.: Phantasieren, spielen, gestalten. In: Altenburger, Helmut/ Maurer, Friedemann (Hrsg.): Kindliche Welterfahrung in Spiel und Bewegung. Bad Heilbrunn 1992, S. 131-149.

Schäfer, Gerd E.: Frühkindliche Bildungsprozesse. In: Neue Sammlung 2/1999, S. 213-226.

Speth, Martin: John Dewey und der Projektgedanke. In: Bastian, Johannes u. a. (Hrsg.): Theorie des Projektunterrichts. Hamburg 1997.

Suin de Boutemard, Bernhard: Projektnahe Konzeptionen. In: Bastian, Johannes u. a. (Hrsg.): Theorie des Projektunterrichts. Hamburg 1997.

Textor, Martin R.: Projektarbeit im Kindergarten. Planung, Durchführung, Nachbereitung. Freiburg 1995.

Winnicott, Donald W.: Vom Spiel zur Realität. Stuttgart 1973.

Wolter, Martin: Die Projektmethode.In: Grundschule 7-8/1995, S. 18-20.


Quelle: PÄD Forum Juni 2001, S. 187 – 191

## Arbeitsaufträge / Fragestellungen:

1. Welche zentralen Aspekte kennzeichnen ein Projekt?

2. Welche dieser Aspekte finden bei der Projektarbeit in Reggio Berücksichtigung?

3. Welche Funktionen erfüllt die Projektdokumentation?

4. Überprüfen Sie die Aussagen über die Projektarbeit in Reggio am Beispiel einer ausführlichen Projektdokumentation. ( z.B. Springbrunnen, Ganz Reggio,...)

## Weiterführende Informationen: Projekt / Dewey

English, Andrea: Wo *doing* aufhört und *learning* anfängt.
In: Mitgutsch, Konstantin u.a.(Hg.): Dem Lernen auf der Spur.Stuttgart 2008, S. 145 - 158

## Schlagwörter:

Dokumentation; Erzieherrolle; Projektarbeit; Projekte; Spiel.

# Sommer: Ein weinender Springbrunnen

Aus Ideen lernen: Wie Kinder entdecken, erforschen und begreifen

*Kann die Reggio Pädagogik Hinweise dafür geben, wie Prozesse des Verstehens in Gang gesetzt und unterstützt werden können? Der Weg vom Entdecken und Erforschen zum Verstehen, von der eigenwilligen Idee zum sprudelnden Brunnen »in echt« wird hier nachgezeichnet. Und über dem ganzen Unternehmen leuchtet das Vergnügen.*
Im Kindergarten La Villetta in Reggio Emilia sind Kinder, Eltern, Einwohner, aber auch Vögel, Katzen und Hunde eingeladen, um einen Vergnügungspark für Vögel einzuweihen. Offenbar amüsieren sich Kinder nicht nur gerne selber, sondern es interessiert sie auch, womit sich Vögel vergnügen, zum Beispiel mit Essen und Trinken. Und besonders gerne planschen sie. Was für ein Spaß, sich Wasserski fahrende Vögel vorzustellen auf einem kleinen Teich! »Und nun entdecken alle einen Vergnügungspark mit Springbrunnen, Mühlen, Aufzügen, Sprungbrettern für die tauchenden Vögel, Karussells mit Booten, Sträuchern und Teichen, Rutschen und Schaukeln und vielen von Kindern gewollten, geplanten und gefertigten Treffpunkten für ihre Freunde.« Vergnügen scheint Nahrung zu sein für eigenwillige Ideen.

## Die Ideen sprudeln:
## Ein Vergnügungspark für Vögelchen

Georgia: »Und wenn wir Springbrunnen machen würden? Die Vögel könnten darin baden ...«
Filippo: »Weißt du, ich habe eine andere Idee. Lass uns ein Rad machen, das sich ständig im Wasser dreht, wie das Rad einer Mühle; so können die Vögel die Schaufeln wie eine Treppe zum Spielen benutzen.«
Wir werden sehen, dass diese Pläne bei den anderen Kindern großen Anklang finden und dass sich die Erzieher von solch eigenwilligen Ideen nicht erschreckt fühlen. Sie schneiden den Faden nicht ab durch Argumente aus längerer Erfahrung und größerer Vernunft. Auf das, was die Kinder vorhaben, sind sie neugierig und fühlen sich herausgefordert. Kann es gemeinsam gelingen, solche Ideen zu verwirklichen?
Die Pädagogik in Reggio Emilia geht von der Grundidee aus, »dass das Wissen sich wie ein System von Beziehungen strukturiert, für die die einfache Assoziation zwischen zwei Stimuli oder zwischen Stimulus und Antwort nicht ausreicht, um einen Lernprozess in Gang zu setzen. In der Tat gelingt es den Kindern nur durch Prozesse des Wiederholens, des Reflektierens und des Neu-Erkennens, das, was sie in einzelnen Erfahrungen gelernt haben, in ein umfassendes Beziehungssystem einzuordnen. «
Ob ein Thema projekttauglich ist, hängt davon ab, ob es sich als neuer Baustein in eine schon vorhandene Kette von kindlichen Erfahrungen einfügen lässt. Woran erinnern sich die Kinder? Viele frühere Unternehmungen werden durch Gespräche wieder lebendig (der Bau von Vogelhäuschen, die Vogelbeobachtungen im »Observatorium« usw.) und können als Fundament für den neuen Prozess genutzt werden. Die Idee wird Projekt. Jetzt bereiten sich auch die Erwachsenen auf den Weg vor, der vor ihnen liegt. Dazu gehört, das Thema inhaltlich zu umschreiben und damit einzugrenzen.
Und auch, sich die möglichen Wege mit ihren Varianten und Hürden vorzustellen, die die Kinder in der folgenden Zeit gehen könnten.

## Kinder erforschen Brunnen und Wassermühlen

Sie gehen los. Im März - es ist kalt und die Kinder sind warm angezogen - werden auf Exkursionen in Stadt und Umgebung die Brunnen und Wassermühlen von Reggio begutachtet, fotografiert, gezeichnet. Bilder entstehen vom Springbrunnen mit den vier Engeln, von der Geschichte vom badenden Hund oder vom »Springbrunnen der Liebe«. Simones Zeichnung zeigt ein Rad, das in alle Richtungen spritzt. Man sieht Vögel, die sich mit Kopfsprung ins Wasser stürzen oder am Rand auf Bänken sitzen. Alice zeichnet einen winterlichen Springbrunnen voller Eiszapfen.
Simone: »Die Springbrunnen ... ich mache meinen, du machst deinen ...«
Andrea: »Aber es ist schwierig, sie zu machen. Nicht in der Zeichnung, aber sie in echt zu machen.«
»In echt« soll nun entstehen, was zuerst nur Fantasie war. Aus Ton und allerlei Anderem bauen die Kinder Springbrunnen und Wasserräder. Nicht irgendwelche. In Anlehnung an ihre Zeichnungen bauen sie Modelle. Georgias Springbrunnen hat einen Sockel, der ihn hoch hält, »dann eine Art Tasse, die das Wasser hoch hält, das aus dieser Art Rohr in der Mitte sprudelt. Das Wasser kommt rechts und links raus. Aus dem Springbrunnen kommt das Wasser ein bisschen spritzend heraus. Er ist ein Springbrunnen wie ein Regenbogen, mit einem bisschen Kurve gebaut. Er ist ein weinender Springbrunnen, weil das Wasser an beiden Seiten herunterfällt, wie bei einem weinenden Baum (Trauerweide). Oben drauf sind Herzchen, wie im Bild.«
Aber noch sprudelt Georgias Brunnen nicht, noch dreht sich kein Wasserrad. Denn noch ist ungeklärt: Wie funktionieren Brunnen und Wasserräder? Wieder werden die Zeichnungen und Fotos herangezogen und überprüft. Da gibt es die sichtbaren Teile - Röhren, Öffnungen - aus denen das Wasser strömt. Doch woher kommt das Wasser in den Brunnen? Wohin geht es? Wie kann es aufsteigen?
Simone: »Meiner Meinung nach sind alle Springbrunnen drinnen voll mit Röhren, die sie funktionieren lassen ... vielleicht geht das Wasser hoch, so hoch, bis dahin, wo die Bäume enden.« Andrea: »... ich weiß aber nicht, woher sie das Wasser nehmen.« Simone: »Vielleicht nehmen sie das Wasser aus Behältern, die unter dem Springbrunnen stehen ...« Und welche Rolle spielen Quellen, der große Äquadukt, Pumpen, Wasserhähne, die man nicht sehen kann? Treibt das Mühlrad den Bach an? Oder ist es umgekehrt? An Windrädchen überprüfen die Kinder ihre Hypothesen. Welche Rolle spielt die Achse? Sie bauen allerlei Räder und denken über Karussell und Riesenrad nach.
Filippo entwickelt sein Wasserrad in vier verschiedenen Stadien. Zuerst war da die Zeichnung des Rades und in einer seiner Schaufeln hatte sich ein Fisch gefangen. Diese Zeichnung wurde in ein Papiermodell umgesetzt, wobei die Wasserschaufeln - wichtig um den Fisch zu fangen - aus Papierschlaufen bestanden, wie er sie bei den kleinen Windmühlen gesehen hatte. Die Schlaufen setzte er strahlenförmig am Rand des Rades an, analog zur Zeichnung. Beim folgenden Tonmodell blieben die Kellen immer noch strahlenförmig am Rad angebracht, aber nun waren sie wie Löffel ausgehöhlt. Denn in Schlaufen kann man keinen Fisch fangen. Schließlich baute er ein großartiges Wasserrad aus einer Holzscheibe. Die zehn Schaufeln aus Alufolie brachte er auch hier im gleichen Winkel an wie bei den vorigen Modellen, was ein Funktionieren unmöglich machen würde. Für die Erwachsenen war es kaum zu ertragen, nicht einzugreifen, um Filippo vor einer Pleite zu bewahren.

## Die Achtung wächst vor dem, was Kinder können

Dem Ziel treu zu bleiben fordert Vertiefung und Konzentration. Die Erzieher führen und unterstützen die Kinder, über ihre Erfahrungen nachzudenken, Rätsel zu entschlüsseln, Irrtümer einzusehen. Wieder werden die Brunnenfotos ausgewertet. Die Erzieherin Amelia befragt Andrea, wie sein Brunnen funktioniert. Er habe einen kleinen Motor, meint Andrea. Wo? Wie kann das Wasser nach oben gehen mit so einem kleinen Motor? Amelia sagt, sie habe keine Ahnung, wie das gehen könne. Sie befragt auch Simone. Er zeichnet ihr seine Hypothese auf: Sein Brunnen hat zwei Ventilatoren. Davon läuft einer rückwärts und saugt dabei das Wasser nach oben, der zweite geht »im Uhrzeigersinn«, um das Wasser auszuspucken. Seine Formulierung »im Uhrzeigersinn« nutzt Amelia zu neuen Fragen und Simone muss noch einmal nachdenken.

Hilft die Kooperation mit anderen Kindern beim Lernprozess?

Im Laufe des Projektes sind viele Situationen so angelegt, dass Kooperieren erforderlich ist. Die Erzieher fordern die Kinder auf, miteinander über ihre Werke zu sprechen und sich gegenseitig Fragen zu stellen. Andrea und Simone sollen gemeinsam auf einer Folie ein Wassersystem für den Springbrunnen im Park austüfteln. Während sie zeichnen, diskutieren und überprüfen sie ihre früheren Ideen.

Jetzt sieht das Ergebnis so aus: »Meiner Meinung nach sind da große Behälter voller Wasser. Wir haben zwei davon gemacht, einen auf der einen Seite und einen auf der anderen Seite. Oben ist eine Waage, die dir sagt, ob in dem Behälter Wasser ist. Wenn zum Beispiel die Waage im Gleichgewicht ist, dann heißt das, dass in dem Behälter genug Wasser ist und der Springbrunnen funktioniert.« Es scheint so zu sein, dass Kooperation eigenes Verstehen und Lernen intensiviert.

Das Projekt wird zur Flut, sodass die Erwachsenen Mühe bekommen, den Überblick zu behalten. Sie erarbeiten Zusammenfassungen der Fragen, Beobachtungen und Forschungen und sind in dauerndem Austausch über das weitere Vorgehen. Sie lernen viel Physikalisch-Praktisches und erweitern ihr Verständnis für die Lernoperationen der Kinder. Auch sie werden herausgefordert zu neuen Wegen. Der Dialog zwischen Kindern und Pädagogen belebt und festigt die Beziehungen, die Achtung wächst vor dem, was Kinder können, leisten und sind.

Der Leiter des Ateliers baut ein Wasserbassin. Hier legen die Kinder Kanäle und Röhrensysteme, Staustellen, Engpässe und Wasserfälle an. Und bauen Wasserräder. Es beginnt die Zeit der Erprobung. Warum spritzt das Wasser hier und tröpfelt an einer anderen Stelle? Warum fließt es langsam oder schnell? Warum gibt es bei einem Brunnen gleichmäßige Rinnsale? Und warum kann ein Wasserstrahl in die Luft steigen, ein Rad bewegen oder in Bögen abwärts fließen?

Das wunderbare Wasserrad von Filippo wird ausprobiert, leider erfolglos. Weil es unbeweglich bleibt, wird es Ausgangspunkt neuer Versuche und Gespräche der Kinder. Die Vergleiche mit deren Wasserrädern bringen den Fehler ans Licht. Durch eine neue Positionierung der Schaufeln kam schließlich auch Filippos Wasserrad in Schwung. Die Springbrunnen sprudelten. Die Aufzüge fuhren auf und ab. Ob jetzt die Vögel in Reggio Wasserski fahren, ist nicht bekannt.

Zitate aus: Reggio Children (Hrsg.): Springbrunnen — Die ungehörten Stimmen der Kinder. Deutsche Ausgabe, Luchterhand Verlag, Berlin 1998

The amusement park for birds, Reggio Children, Video in englischer Version, 90 min., PAL — VHS-Format

Quelle: Welt des Kindes H.4 / 2000, S. 13 – 15

**Arbeitsaufträge / Fragestellungen:**

1. Welche Prozesse sind wesentlich, um Wissen aufzubauen?

2. Beschreiben Sie die zentralen Elemente des Lernprozesses.

3. Welche Aufgabe übernehmen die Erwachsenen?

**Weiterführende Informationen: Lernen in Gruppen**

Reggio children: making learning visible. Reggio 2001

**Schlagwörter:**

Bild vom Kind; Erzieherrolle; Kooperation; Lernen; Projekt.

# Vecchi: Die Geburt zweier Pferdchen - Die subjektiven Variablen

"... Bin ich auch nicht so kühn zu glauben, das Wesen der Kreativität begreifen zu können, so bin ich doch neugierig, ihm weitestgehend nachzuspüren..." Paul Klee

Dieses Zitat sei unserer Geschichte „Die Geburt zweier Pferdchen" vorangestellt. Wir wollen in diesem Kapitel die kindlichen Formen, Geschicklichkeit und Kompetenzen aufzubauen, vertieft und erweitert betrachten. Vorab muß noch einmal die Behauptung entkräftet werden, das Lernen sei ein unsichtbarer Prozeß, der weder aktiviert noch beobachtet, sondern von den Erziehern nur stimuliert und anschließend überprüft werden kann. Wir wollen hier vor allem versuchen, Entwicklung zu sehen und zu begreifen. Wir wollen sehen, wie die konstruktiven Prozesse von Tun, Denken und Erkenntnis entstehen. Darüber hinaus interessiert uns, welche Einflüsse und Veränderungen diese Prozesse vertragen können. Zwei Mädchen fassen den Entschluß, aus Ton Pferde zu bauen. Das Aufnahmegerät ist eingeschaltet, die Erzieherin skizziert die Schaffensphasen der beiden Mädchen. In einem Folgeschritt werden die Äußerungen der Mädchen und die Anmerkungen der Erzieherin zu den einzelnen Modellierungsphasen miteinander gekoppelt. Das Ergebnis ist die fotografisch-synthetische Rekonstruktion der beobachteten Schaffensprozesse. Die Rekonstruktion entscheidender Entstehungsphasen dieses Prozesses veranschaulicht nachdrücklich die individuellen Strategien der jeweiligen Abläufe des formenden Gedankens. Innerhalb des subjektiven Verlaufs, unter dem wir die verschiedenen qualitativen Schritte und Vorgehensweisen verstehen, wechseln die Gedankengänge der Mädchen in unregelmäßigen Abständen zwischen Gradlinigkeiten und Brüchen. Sie bleiben jedoch immer auf ihr Ziel gerichtet. Jede Errungenschaft verlangt die Neuordnung vorangegangener Gedanken und Fähigkeiten. Darüber hinaus zeigt sich, wie sich die Verbalsprache innerhalb und parallel zu den Verläufen formt, wie sie oftmals von selbstregulierenden Ebenen auf beschreibende, argumentative und ironische Ebenen übergeht. Die Dokumentation der Erkenntnisprozesse erfüllt einen dreifachen Zweck:

1.Sie offenbart sich als wertvolles Instrument autonomer fachlicher Vertiefung seitens der Erzieher, ermöglicht sie doch Reflexionen, Vergleiche, Interpretationen und Diskussionen in einem Bereich, in dem es für die Pädagogik noch viel zu erforschen gibt, im Bereich des kindlichen Wissens.

2.Sie erlaubt in stärkerem Maße einen Gleichlauf mit den Gedankenstrategien der Kinder, erlaubt es, ihnen beizustehen und sie wirksamer zu unterstützen. Die erzieherischen Pflichten werden dabei nicht verletzt, da auf diese Weise dem individuellen wie dem Gruppendenken ein höheres Maß an Freiheit und Kreativität gewährt wird.

3.Sie erlaubt den Kindern, all das noch einmal zu durchlaufen, was sie tun und was sie sind. Die Dokumentation erlaubt, zu sehen und zu begreifen, denn sie hilft ihnen, ihre Methoden, ihre Entscheidungen, die Momente des Stillstands, ihren Eifer, zum Ziel oder zur Realisierung ihres Vorhabens zu gelangen, noch einmal zu erleben.

Quelle: Reggio children (Hrsg.): Hundert Sprachen hat das Kind. Neuwied 2002, S.156

**Arbeitsaufträge / Fragestellungen:**

1.Welche Ziele verfolgen die Reggianer mit der Beobachtung und Dokumentation von Lernprozessen?

2. Erläutern Sie mit eigenen Worten die Funktionen, die eine Dokumentation erfüllt.

3. Können Sie die im Text beschriebenen Merkmale von Lernprozessen anhand Ihrer eigenen Lernprozesse bestätigen?

4.„Vorab muß noch einmal die Behauptung entkräftet werden, das Lernen sei ein unsichtbarer Prozeß, der weder aktiviert noch beobachtet, sondern von den Erziehern nur stimuliert und anschließend überprüft werden kann."

Nehmen Sie Stellung zu dieser Aussage.


**Weiterführende Informationen: Videografie**

Huhn, Norbert u.a.: Videografieren als Beobachtungsmethode in der Sozialforschung – am Beispiel eines Feldforschungsprojekts zum Konfliktverhalten von Kindern.
In: Heinzel, Friederike (Hrsg.): Methoden der Kindheitsforschung.
Weinheim und München 2000

**Schlagwörter:**

Dokumentation; Lernprozess.

# Rinaldi: Ein Maß für die Freundschaft

Es war im Herbst 1991, als ich mit Professor Malaguzzi nach Paris fuhr, um an einem internationalen Kongress der IEDPE teilzunehmen, einer Europäischen Vereinigung, die unter anderem die Entwicklung und Aufwertung der kindlichen Fähigkeiten zum Ziel hat.
Thema waren die Möglichkeiten und Fähigkeiten, die Kinder in den Lern- und Erkenntnisprozessen an den Tag legen. Einige der Teilnehmer waren aufgefordert worden, ihre neuesten Forschungsergebnisse schriftlich, mit Videofilmen und Diapositiven vorzustellen. Bei dieser Gelegenheit stellte Professor Malaguzzi zum ersten Mal das vorliegende Dokument »Schuh und Meter« vor. Anwesend waren unter anderem Mira Stambak, Hermine Sinclair, Tullia Musatti vom CNR Rom und Laura Bonicha von der Universität Genua. Ich erinnere mich noch an die Aufregung und in gewissem Maße auch Anspannung Professor Malaguzzis, als er sich anschickte, seine Dia-Dokumentaion vorzuführen. Es war nicht allein das hohe Niveau der Zuhörerschaft — es handelte sich um ein Publikum international angesehener Experten mit großer fachlicher Kompetenz — es war in der Sache selbst begründet, in der pädagogischen Forschung. Es ging nicht nur um die Lernstrategien der Kinder, sondern auch um das, was traditionell als die Rolle des Erwachsenen definiert wird, als die Quantität und die Qualität des erzieherischen Eingriffs.
Die Frage war, wie und wann sollte man eingreifen und die Prozesse und Wege der Kinder unterstützen, mittels derer sie Grundkonzepte hinsichtlich ihrer Beziehung zur Welt erwerben. Man kann einem Kind ein Konzept, eine Idee so vorstellen, dass sich tatsächlich die Bedeutung seiner Erfahrung ändert. Um ein Beispiel zu nennen: Eine Gruppe von Kindern lernt, Konversation über Materie und Konstanz zu führen — wie es auch im vorliegenden Projekt sichtbar wird -, sie sieht nicht nur die Welt anders, sie baut auch eine völlig andere Welt. Auf diese Weise schafft man für das Kind eine neue Welt, besser gesagt, eine neue Art, die Welt zu interpretieren und zu leben.
Es war genau diese Form von Bewusstheit, die Professor Malaguzzi dazu bewogen hatte, die Erfahrungen von »Schuh und Meter« vorzustellen. Gleichzeitig war es die pädagogische Problematik selbst, die sich in diesem Projekt ausdrückt und seine begründete Sorge erzeugte. In der Tat wurde am Ende des Vortrags, der von allen Anwesenden mit großer Aufmerksamkeit verfolgt worden war, eine Frage gestellt, die eine rege Diskussion auslöste. Die Frage lässt sich folgendermaßen zusammenfassen: »Wäre es nicht korrekter gewesen, den Kindern unter die Arme zu greifen und ihnen vorzuschlagen, mit dem Metermaß zu arbeiten? Als die Kinder von sich aus den Gebrauch des Metermaßes erwogen — wäre es da nicht korrekter und folglich den Kindern gegenüber respektvoller gewesen, ihre Entscheidung zu bestätigen und zu unterstützen? Wieso lässt man sie stattdessen weitermachen und offensichtlich wieder zurückfallen, um dann wieder zu der Entscheidung zurückzukehren, das Metermaß zu nutzen, indem sie es in seine Einzelteile zerlegen?«
Dieser letzte Schritt wurde als zu komplex für Kinder dieses Alters angesehen, also als ein Schritt für später... (Ein Später, über das meiner Meinung nach eher aufgrund von Programmen als von Ereignissen oder Meinungen der Kinder selber entschieden worden wäre!) Einigen Diskussionsteilnehmern schien es vor allem unangenehm, Kinder so lange mit einer Frage allein zu lassen ohne erklärenden Lösungsvorschlag seitens der Erwachsenen: »Es gibt ein Metermaß, die Kinder kennen es, sie benennen es, sie können damit umgehen, selbst wenn sie die ihm eigenen Besonderheiten (Zentimeter, Dezimeter usw.) nicht kennen. Sie sind doch noch so klein.« »Sie in einer Epoche, in der sie nicht nur das Meter kennen, sondern auch viele andere Instrumente und Techniken.«
Kurz, für einige war das, was in diesem Projekt erreicht worden war, eine Zeit- und Energievergeudung. Das Ergebnis hätte ihrer Meinung nach mit weniger Mühe und möglicherweise größerer Wirkung und Befriedigung für die Kinder erzielt werden können. Viele fragten sich darüber hinaus, ob es richtig sei, so junge Kinder in derart komplexe Projekte zu verwickeln.

Eine Frage, die über den speziellen Fall hinausweist und uns mit einer Erziehungsproblematik von epochaler Natur konfrontiert, die also für die geschichtliche Epoche, die wir gerade durchleben, typisch ist. Tatsächlich kommen wir Tag für Tag — mit oft sehr kleinen Kindern — zu Einschätzungen über die uns umgebende Wirklichkeit, wir setzen Ereignisse in Beziehung, bauen Kategorien und Konzepte, entscheiden über zufällige Beziehungen auf der Basis vermeintlicher Offensichtlichkeiten, benutzen und erstellen Informationen, verwenden Instrumente und Bilder. All dies wird von Annahmen geleitet, die nur selten explizit und allgemein getragen sind. Wir benutzen sie einfach, um sie dann irgendwann wieder zu verwerfen, sobald eine Situation, ein Rahmen uns zwingt oder auf die Idee bringt, andere zu übernehmen, um negative Folgen und unangemessene Handlungen zu vermeiden.

Oft führen wir unsere Aufgaben durch, lösen ein Problem, ohne ein tiefes Verständnis für das Wie und Warum, ohne einen umfassenderen Sinn als das Handeln selbst. Wir manipulieren immer komplexere und abstraktere Daten, Informationen, Bilder, Instrumente jeder Art, ohne uns die Zeit zu gewähren, nachzudenken, die neuen Elemente in unsere bereits vorhandenen Wissensstrukturen zu integrieren und unser Denken zu verändern.

Hier also liegt der Kern des Problems, über das auch in Paris diskutiert wurde: Wie können wir Wissen herstellen, das für den Lernenden von Bedeutung ist? Wie können wir mit Kindern und Jugendlichen Folgendes teilen: das Bewusstsein unseres Wissens und unserer geistigen Konstruktionen und das Bewusstsein der Beziehungen, die zwischen diesen Konstruktionen und der Art, die Wirklichkeit zu beobachten und zu interpretieren, bestehen?

Nach Professor Malaguzzis Einschätzung und der vieler anderer Gesprächspartner sind die wirklich strukturschaffenden Vorgänge die, die in diesem Projekt beschrieben wurden: langwierige, gemeinsame Prozesse, die imstande sind, die Pausen, das Schweigen, die Rückzüge, die Unterschiede und die Divergenzen aufzunehmen. Prozesse, die das Individuum in seiner kognitiven, emotionalen und sozialen Gesamtheit einbeziehen.

Das eigentliche Problem war und ist also nicht, wann und wie wollen wir den Kindern das Metermaß erklären oder anbieten (In welchem Alter? Auf welche Weise?), sondern vielmehr die Frage, wie wir Bedingungen herstellen können, die die Entwicklung eines gegensätzlichen und kreativen Denkens ermöglichen. Wie können wir die Fähigkeit und das Vergnügen unterstützen, sich mit den Ideen anderer auseinander zu setzen, anstatt sich auf eine einzige, vermeintlich wahre und richtige Idee zu beziehen, die Idee vom legitimierten Wissen, festgelegten Kodex und Raum?

Das ist um so wahrer und wichtiger, je kleiner das Kind ist. Es ist eine Frage der Pädagogik und Didaktik, aber auch der Ethik und der Werte.

Die Einrichtung, die Gruppe wird zu einem Ort, an dem jeder mit der Notwendigkeit konfrontiert wird — vor allem sich selbst gegenüber — das Wissen, über das er verfügt, zu erklären, um es mit dem der anderen zu vergleichen, es auszuleihen und auszutauschen. Die Erzieher müssen sich innerhalb dieses Kontextes ihren Platz suchen, sie nehmen vor allem teil, weil sie die verschiedenen Arten der Kinder, die Welt zu betrachten, zu interpretieren und darzustellen, kennen lernen wollen. In diesen Arten und Welten, die jedes Kind verkörpert, werden Ursprung und Fundament des Lernprozesses zu finden sein, der gemeinsam von Erwachsenen und Kindern aufgebaut wird. Ein Weg also, der Wissen aufbaut, und gleichzeitig ein Weg, der Bewusstsein für die verschiedenen Arten dieser Konstruktion schafft: Austausch, Dialog, Divergenz, Verhandeln, aber auch das Vergnügen am gemeinsamen Denken und Handeln, was letztlich das Vergnügen an Freundschaft ist.

Demnach ist jenes Bewusstsein die eigentliche Neuheit im didaktischen Dialog. Jeder der Beteiligten muss sich bewusst und folglich verantwortungsvoll gegenüber dem gerade ablaufenden Prozess erweisen, er muss ihn planen und leben können und vor allem muss er sich in diesem Spiegelspiel zu vergnügen wissen und mit Lust die vielen Arten der Logik entdecken wollen, jene der Freunde, die eigene, die des Lehrers und die des Metermaßes.

Heute bin ich mehr denn je davon überzeugt, dass die Argumente von Professor Malaguzzi für die Unternehmungen einer Kindergruppe mit einem Schuh und einem Metermaß hochaktuell sind. »Schuh und Meter« ist eine wunderbare Möglichkeit, darüber nachzudenken.

Quelle: Reggio children: Schuh und Meter. Wie Kinder im Kindergarten lernen. Weinheim 2002,  S. 98 - 100


**Arbeitsaufträge / Fragestellungen:**

1. Fassen Sie den Inhalt des Textes in 3-5 Thesen zusammen.

2. Was ist aus Sicht der Reggianer das Kernproblem?

3. Welche Positionen stehen sich im Text gegenüber? Stellen Sie in Form einer Tabelle die Meinungen und Begründungen der beiden Positionen dar.

4. „Demnach ist jenes Bewusstsein die eigentliche Neuheit im didaktischen Dialog. Jeder der Beteiligten muss sich bewusst und folglich verantwortungsvoll gegenüber dem gerade ablaufenden Prozess erweisen, er muss ihn planen und leben können und vor allem muss er sich in diesem Spiegelspiel zu vergnügen wissen und mit Lust die vielen Arten der Logik entdecken wollen, jene der Freunde, die eigene, die des Lehrers und die des Metermaßes."

a) Kommen Dialoge dieser Art häufig im Unterricht vor?
b) Welche Bedingungen erleichtern bzw. erschweren solche Dialoge?
c) Teilen Sie die positive Bewertung solcher Dialoge durch die Verteter der Reggio-Pädagogik?


5. „Die Frage war, wie und wann sollte man eingreifen und die Prozesse und Wege der Kinder unterstützen, mittels derer sie Grundkonzepte hinsichtlich ihrer Beziehung zur Welt erwerben."

Entwickeln Sie eine konzeptionelle Antwort auf die Frage.


**Weiterführende Informationen: Konstruktivismus / Dialog**

Hartkemeyer, J. u. M.: Die Kunst des Dialogs. Stuttgart 2005

Lindemann, Holger: Konstruktivismus und Pädagogik. München 2006, S. 151 – 184


**Schlagwörter:**

Dialog; Erkenntnis; Erzieher-Kind-Beziehung; Erzieherrolle; Konstruktivismus; Lernen; Wissen.

# Ullrich / Brockschnieder: Ästhetische Bildung

Das Atelier, Kunsterzieher als feste Bestandteile der Teams, ansprechende Gestaltung der Räume, gelungene Bilder und Plastiken von Kindern, die jeden Erwachsenen in Erstaunen versetzen, die besondere Bedeutung der Wahrnehmungsförderung, die reichhaltige Materialauswahl - all dies sind für viele Erzieherinnen hervorstechende Merkmale der Reggio-Pädagogik. Auf den ersten Blick hat es daher für viele den Anschein, als ob die Kindertagestätten in Reggio Kunstschulen seien, die aus den Kindern Künstlerinnen und Künstler machen möchten. Dass dies nicht das Ziel der Reggianer ist, ist nach den bisherigen Ausführungen schon deutlich geworden. Entscheidend für diese Akzentsetzung waren vielmehr u. a. folgende Erkenntnisse über die Ausdrucksmöglichkeiten des Menschen.

- Die Sprache wird den Kindern fast nur noch über Imitationsmechanismen vermittelt. Eine Anbindung an die Erfahrung fehlt fast vollkommen.
- Die Kindererziehung erfolgt fast ausschließlich verbal.
- Der Mensch besitzt eine Vielfalt von Ausdrucksmöglichkeiten.
- Jede Ausdrucksform hat den Anspruch, sich in vollendeter Weise zu verwirklichen.
- Die einzelnen Ausdrucksformen stehen in Wechselwirkung zueinander. Sie bereichern sich gegenseitig.

Ein weiterer Grund ergab sich aus der pädagogischen Zielsetzung, Kinder bei der Auseinandersetzung mit der Welt zu unterstützen. Oft werden die Phänomene dieser Welt zwar klassifiziert und erklärt. Was aber begreift ein Kind, wenn wir ihm erzählen, dass die Birne zu der Kategorie des Obstes gehört und erklären, warum die Birne vom Baum fällt? Erklärungen dieser Art führen oft zu einem toten oder trägen Wissen, das Kind hat keinen persönlichen Bezug dazu, es bleibt in der Regel für sein Handeln folgenlos und lässt das Verlangen, selbst eine Sache zu erforschen, zunehmend verkümmern. Letztlich vermittelt es gar einen falschen Eindruck von der Sache, da alle Besonderheiten, Widrigkeiten und Ungereimtheiten, die ihr innewohnen, aus dem Blick geraten. Kurz: Menschen, die auf diese Art und Weise etwas über die Welt erfahren, kennen nicht wirklich, was sie wissen. Sie können scheinbar klug - bei Kindern nennt man es oft altklug - über die Welt reden, aber sie haben nur wenig von der Welt begriffen. Freire bezeichnet dies als "Bankierskonzept des Wissens". Wie auf einer Bank wird das Wissen gesammelt, es bleibt aber dem Menschen fremd und verändert ihn nicht. Mensch und Wissen bleiben etwas Getrenntes.

Ein solches Wissen hat - wie Rita Süssmuth treffend bemerkt - auch nichts mit Bildung zu tun.
"Bildung kann man nicht lehren, sondern nur stiften. Ich kann Wissen vermitteln, Bildung aber nicht. Bildung bedeutet verantwortungsvoller Umgang mit Wissen. (...) Wir reden über die Wissensgesellschaft, nicht über die Bildungsgesellschaft. Das sind zwei verschiedene Dinge." (Süssmuth zit. nach Rumpf 2000, S. 16)
Gebildet ist in diesem Sinne also jemand, der Wissen beurteilen und bewerten kann und der aus dem Wissen Konsequenzen für sich und den Umgang mit der Welt zieht. Um Kinder in diesem Sinne zu bilden, ist es notwendig, einen anderen Zugang zur Welt und damit zum Wissen zu schaffen. Sich der Welt ästhetisch zuzuwenden, stellt eine solche Möglichkeit dar.
Ob ein Kind nur Wissen erwirbt und damit "nur" lernt oder ob Lernprozesse auch bildend im oben beschriebenen Sinne wirken, hängt nach Auffassung der Reggio-Pädagogik entscheidend von der Art der Äneignung der Welt ab. Die entscheidende Frage in diesem Zusammenhang lautet: Versuche ich mir die Welt gemäß meines bisherigen Wissens möglichst ohne Irritationen anzueignen oder lasse ich die Umwelt auf mich wirken. Friedrich

Schiller formulierte in seinen Überlegungen zur ästhetischen Erziehung bereits vor ca. 200 Jahren diese Problematik sehr treffend.
"Die Natur mag unsre Organe noch so nachdrücklich und noch so vielfach berühren -- alle ihre Mannigfaltigkeit ist verloren für uns, weil wir nichts in ihr suchen, als was wir in sie hineingelegt haben, weil wir ihr nicht erlauben, sich gegen uns herein zu bewegen, sondern vielmehr mit ungeduldig vorgreifender Vernunft gegen sie hinaus streben. Kommt alsdann in Jahrhunderten einer, der sich ihr mit ruhigen, keuschen und offenen Sinnen naht und deswegen auf eine Menge von Erscheinungen stößt, die wir bei unserer Prävention übersehen haben, so erstaunen wir höflich darüber, dass so viele Augen bei so hellem Tag nichts bemerkt haben sollen. Dieses voreilige Streben nach Harmonie, ehe man die einzelnen Laute beisammen hat, die sie ausmachen sollen, diese gewalttätige Usurpation der Denkkraft in einem Gebiete, wo sie nicht unbedingt zu gebieten hat, ist der Grund der Unfruchtbarkeit so vieler denkenden Köpfe für das Beste der Wissenschaft, (...)."(Schiller 1965, S. 53)
Rumpf setzt sich mit demselben Problem mit einem etwas anderen Akzent auseinander:
"Wir sprechen von einem spielerischen Hin und Her im Unterschied zu einem direkten Zugriff. Hier lohnt wohl genaueres Hinschauen. Es könnte sein, dass unsere Kultur auch deshalb so lebensschwach wird und also zum Besitztum, zur Waffe oder zur Trophäe, wenn nicht zum Konsumgut oder zum Lehr- und Prüfungsstoff degeneriert, weil wir annäherungsschwach oder annäherungsunfähig geworden sind; weil wir alles umstandslos, direkt ohne verrückte oder doppelbödige Irritationen uns einverleiben zu müssen wähnen, je mehr, je glatter, desto besser."(Rumpf zit. nach Staude 1993, S. 10)


Gemeinsam ist beiden die Ablehnung eines allein vom Denken bestimmten Zugangs zur Welt, der der Gefahr unterliegt, dass die Welt so angeeignet wird, wie es zu unserem Denken passt. Dieser Gefahr kann man nur entgehen, wenn man die Umwelt auf sich wirken lässt, wenn man mit offenen, neugierigen Sinnen der Welt begegnet. Was für Rumpf ein spielerisches Hin und Her zwischen Person und Gegenstand ist, bezeichnen die Reggianer als Flirt mit dem Gegenstand. Diese Art der Aneignung bezieht auch bewusst die Gefühle mit ein.
Ein solcher Zugang wird oft als ein ästhetischer bezeichnet. Ästhetik wird in diesem Zusammenhang verstanden als eine Theorie der sinnlichen Erkenntnis und nicht als Theorie des Schönen. Dazu gehört die Offenheit der Sinne, die Freiheit von Zwecken, die Bereitschaft, sich auch gefühlsmäßig ansprechen zu lassen, Irritationen auszuhalten oder gar zu suchen, den Gegenstand nicht nur anzuschauen, sondern ihn intensiv zu betrachten, sich dem Gegenstand hinzugeben und ihn letztlich zum Sprechen zu bringen, um möglichst vielfältige und reichhaltige Eindrücke zu sammeln.
Schäfer fügt noch zwei gerade für das Vorschulalter wichtige Elemente hinzu und bezeichnet das Wechselspiel von sinnlichen Erfahrungen und Phantasie und Vorstellung als ästhetische Erfahrung (vgl. Schäfer 1995). Da sich Kinder bei diesem Wechselspiel mit der Welt auseinander setzen, sieht er in den ästhetischen Prozessen eine wesentliche Grundlage für vorschulische Bildungsprozesse.
In der Reggio-Pädagogik spielen aber nicht nur die Wahrnehmung, Phantasie und Vorstellung eine wichtige Rolle, sondern auch Gestaltung und Darstellung sind wichtige Elemente in der Auseinandersetzung mit der Welt, weil sie zu weiteren Denkprozessen anregen.
Zusammenfassend lässt sich festhalten, dass ästhetische Bildung im Sinne der Reggio-Pädagogik weniger als Bildung zur Ästhetik im Sinne des Schönen und Erhabenen, sondern als Bildung durch ästhetische Prozesse verstanden wird. Die Schönheit der Bilder und Plastiken ist Nebenprodukt und nicht Ziel der pädagogischen Arbeit. Wesentlich ist der Prozess der Erstellung des Produktes. Dieser ästhetische Prozess der Aneignung der Welt, der in der Reggio-Pädagogik die Wahrnehmung, die Phantasie und Vorstellungstätigkeit, das Denken und die Gestaltung umfasst, ist der Kern des reggianischen Bildungsbegriffes.

Kinder bei dieser Form der Weltaneignung zu begleiten ist eine sehr anspruchsvolle und schwierige Aufgabe. Dies kompetent zu tun, erfordert mehr als die Kenntnis spezieller Spiele zur Wahrnehmungsförderung oder bestimmter kreativer Techniken. Es erfordert, sich selbst als Erzieherin der Welt ganz neu zuzuwenden, die eigenen Denkweisen und Haltungen zu überprüfen und gegebenenfalls zu verändern.
(Literaturangaben siehe Literaturverzeichnis)

Quelle: Ullrich,Wolfgang / Brockschnieder,Franz-Josef: Reggio-Pädagogik auf einen Blick. Freiburg 2009, S. 33-38


**Arbeitsaufträge / Fragestellungen:**

1.Es werden zwei Zugänge zur Welt beschrieben. Stellen Sie die Gemeinsamkeiten und Unterschiede heraus.

2.Grenzen Sie die Begriffe ‚Bildung' und ‚Wissen' voneinander ab.

3.Die ästhetische Bildung hat in der Reggio-Pädagogik eine große Bedeutung.
   a) Was wird in der Reggio-Pädagogik unter ästhetischer Bildung verstanden?
   b) Warum kommt der ästhetischen Bildung eine große Bedeutung zu?


**Weiterführende Informationen: Ästhetische Bildung**

Duncker, Ludwig: Kindliches Lernen und ästhetische Erfahrung. In: Duncker, Ludwig u.a. (Hrsg.): Bildung in der Kindheit. Seelze 2010, S. 12 – 17

Staudte, Adelheid (Hrsg.): Ästhetisches Lernen auf neuen Wegen. Weinheim 1993


**Schlagwörter:**

Ästhetik; Bildung; Phantasie; Wissen.

## Stenger: Zwei Formen des in-Beziehungs-Tretens mit der Welt: „Flirten"/ „Sich Verlieben" und „Verhandeln"

1. Flirten - Sich verlieben

(...)

Im Folgenden soll anhand eines Beispiels von Malaguzzi gezeigt werden, wie jener Prozeß aussieht, durch den eine Beziehung entsteht, die dem Kind wirklich etwas bedeutet. Der Prozeß der Annäherung des Kindes an ein Objekt hat viele Phasen und Facetten. Eine davon, durch die das Eindringen einer Sache in die Wahrnehmung des Kindes, in seine Wünsche und seine Gefühle näher bestimmt werden kann, ist der „Flirt", in diesem Fall mit dem Igel. Dieser Topos des 'Flirts' hat sich in der Rezeption zu einem richtigen Schlagwort, die Reggiopädagogik charakterisierend, entwickelt (vgl. Dreier/ Göhlich 1987).

„Es reicht nicht, daß sich das Kind dem Objekt räumlich nähert. Es ist eine Art des 'Sich-Verliebens' nötig, das wechselseitig zunimmt, eine Art 'Flirt' zwischen dem Kind und dem Objekt, dem Tier, der Person. Das Bild muß die Oberfläche durchdringen und sich der Sensibilität, der Affektivität, der Emotionalität, der Intelligenz bemächtigen. Wenn ein Kind sich einem Igel nähert, kann dies das Kind völlig indifferent und kaltlassen. Immer aber ist das Problem, sehr intensive und herzliche Beziehungen herzustellen. Wenn also ein gegenseitiger Prozeß der Verinnerlichung stattfindet, dann stellen wir einen qualitativen Sprung fest, zum Beispiel, was die sprachlichen Fähigkeiten des Kindes betrifft. Wenn also eine emotionale und sensitive Annäherung, die das Kind befriedigt, erreicht ist und andererseits die gegebenen Informationen den Erfahrungshorizont des Kindes erweitert haben, entstehen hieraus völlig unerwartete bildnerische Darstellungen. Umgekehrt, wenn Kinder in sehr vorläufiger und oberflächlicher Weise reden, wenn sie nicht zeichnen können — und viele Kinder können nicht zeichnen — dann kommt das daher, daß die Begegnungen, die die Kinder erleben, sie in Wirklichkeit kaltlassen. Es sind also immer sehr intensive und herzliche Begegnungen notwendig." (Malaguzzi in Lay 1989, S. 13f.)

Malaguzzi erweitert hier ausdrücklich das Flirten und Sich-Verlieben, das normalerweise eine Beziehung zwischen Menschen betrifft, auf Tiere und Objekte. Das Verlieben geschieht nicht auf einen Schlag und bestimmt dann das Denken und Fühlen des Menschen mit — nein, es steigert sich wechselseitig durch den Grad der Auseinandersetzung und durch die Intensität der Beschäftigung. Diese geht bei der Begegnung mit dem Igel einher mit einer starken emotionalen Beteiligung, einem innerlichen Berührt-Werden, das sich auch körperlich zeigt. Eine gefühlsmäßige Beziehung entsteht. Diese „intensiven und herzlichen Begegnungen" werden von Malaguzzi (ebd. S. 14) als Grundlage aller weiteren produktiven Beschäftigung, Verarbeitung und Gestaltung der Beziehung gesehen. Wo solche Begegnungen nicht stattfinden, bleiben auch die Zeichnungen der Kinder oberflächlich und kalt, weil die Sache ihnen gleichgültig und fremd ist.

Die Annäherung sorgt dafür, daß die nun entstehenden Bilder nicht mehr mit denen vor der realen Erfahrung vergleichbar sind. Die starke emotionale Beziehung zu der Sache geht einher mit einer Sensibilisierung der Wahrnehmung. Malaguzzi beschreibt in diesem Zusammenhang einen qualitativen Sprung in der Ausdrucksfähigkeit der 100 Sprachen. Nicht nur die Bilder und Plastiken sind nun von einer erstaunlichen Qualität, die man Vorschulkindern nicht zutraut. Auch ihre Fähigkeit des sprachlichen Ausdrucks, der differenzierten Beschreibung ist Folge dieser Beziehung und somit dieser Sensibilisierung. Beide können unterstützt werden durch eine Erzieherin, die nicht der Banalisierung und Objektivierung der Beziehung zwischen dem Kind und seinem 'Flirt- Partner' anheimfällt, sondern das Geheimnis des Lebens auch beim Anblick des Igels zu empfinden und ihm Raum zu geben vermag.

Die Projekte sprechen die Kinder in verschiedener Weise an. Eine Blume oder ein Tier ruft etwas anderes wach als ein Thema, das einen komplexen Zusammenhang umfaßt wie etwa der „Vergnügungspark der Vögelchen", wo die unterschiedlichsten Fähigkeiten von der Mathematik bis zur Phantasie gebraucht werden.

Eine andere, grundsätzliche Zugangs- und Begegnungsweise, die für die Reggianer von großer Bedeutung ist, wird als „Negoziazione" bezeichnet.

## 2. Verhandeln ( „Negoziazione" )

„Negoziazione" ist ein Wort im Italienischen, das sich auf verbale Auseinandersetzungen bezieht, auf die Lösung eines Konflikts mit diplomatischen Mitteln.

Negoziazione ist ein Begriff, der erst in den letzten Jahren eine besondere Bedeutung bekommen hat. Sowohl Elena Giacopini als auch Carla Rinaldi, die pädagogische Leiterinnen, betonten 1997 in Reggio seine große Bedeutung, die ich hier erläutern möchte. „Negoziazione" spricht eine andere Weise des Begegnens und Auseinandersetzens an als das „Sich-Verlieben", welche jedoch im Projektverlauf ebenso wichtig ist. Carla Rinaldi erläuterte es als Konfrontation im Dialog, in dem etwas verhandelt, vermittelt, in Gang gebracht wird. Grundlage dieser „Verhandlungen" ist die Tatsache, daß jeder Mensch einzigartig ist und deshalb auch seine je eigene Art hat, die Welt zu sehen und zu verstehen. Diese ist nicht wiederholbar. Die Einzigartigkeit, so sagt sie, müsse mit der Relativität verbunden werden, denn vor mir und neben mir existieren andere Menschen, die wiederum ganz eigene Ideen und Gesichtspunkte haben. Somit folgt daraus ganz notwendig, daß „meine Wahrheit" nur „eine mögliche Wahrheit" darstellt. Diese verschiedenen „Wahrheiten" stellen im Grunde Hypothesen über die Wirklichkeit dar. Deshalb ist es wichtig, wie Carla Rinaldi bemerkt, „Treffpunkte mit anderen zu suchen, damit der andere mir seinen Gesichtspunkt anbietcn kann" (Vortragsmitschrift 1997). Der Sinn des Dialogs besteht zum einen darin, sich der Unterschiedlichkeit und Vorläufigkeit dieser „provisorischen Wahrheiten" (Gesichtspunkte) bewußt zu werden und in der Auseinandersetzung, eben jener „Negoziazione", den eigenen Standpunkt zu verlassen und „gemein¬sam einen neuen Gesichtspunkt zu schaffen" (ebd.). Dieser Prozeß stellt in ihren Augen die Basis ihrer Pädagogik dar.

Jenes Aushandeln und Verändern von Gesichtspunkten ist etwas, das nicht nur für Kinder wichtig ist, die noch nicht die richtige Sichtweise der Dinge kennen. Nein, es betrifft ebenso die Erziehenden, alle Beteiligten, die gemeinsam der Frage nachgehen, wie Kinder ihre Sichtweise der Welt aufbauen und dabei ihre Identität gestalten. Was können Erwachsene tun, um sie bei diesem Prozeß zu unterstützen? Es gilt immer wieder weiterführende Interpretationen und Handlungen zu finden. Der Zusammenhang selbst, in dem dies stattfindet, ist ungeheuer komplex: Veränderungen, technische Entwicklungen etc. haben Einflüsse auf das „Kindsein heute". Diese Komplexität soll nicht, wie in manchen (kognitivistischen) Lerntheorien, reduziert werden auf Schemata, sondern die Handlungen, Bilder und Interpretationen sollen dieser Komplexität gerecht werden, indem etwa auch das Konzept sich in einem Prozeß der ständigen Reinterpretation befindet. Wir können kein Curriculum finden, das den Kindern gerecht wird, weil es immer nur die jeweiligen, sich in spezifischen sozialen und kognitiven Dynamiken befindlichen Kinder gibt. Deshalb spricht Rinaldi von einem „Emergent Curriculum" (Rinaldi 1995), einem „auftauchenden" Lehrplan, der nie im vorhinein feststehen kann, wenn er den schöpferischen Möglichkeiten der Kinder gerecht werden will.

Auch das Wort „Negoziazione", das inzwischen oft für die Beschreibung der Interaktionen der Kinder verwendet wird, gibt einen Hinweis auf eine mögliche Verlagerung eines konzeptionellen Schwerpunktes in Reggio.

Neben dem „Interaktionismus" bekommt der „Konstruktivismus" als Bezugspunkt ein starkes Gewicht. Der Konstruktivismus nun geht davon aus, daß die Wirklichkeit für uns unzugäng-lich ist, daß wir uns nur mittels unserer neuronalen Netzwerke auf der Basis biographischer Erfahrung Theorien, also Konstrukte über die Wirklichkeit erstellen können. Über diese Kon-strukte wird (hier per Negoziazione) darüber verhandelt, welche sich als „viabel" und passend erweisen. Kriterium ist nicht, ob das, was wir über Vögel oder Bäume denken, diesen auch angemessen ist — das können wir ja nicht wissen —, sondern wie lange wir mit unseren Interpretationen ohne Störung durchs Leben kommen.

Anders als beim „Sich verlieben" sind die Dinge an der Entstehung dessen, was wir über sie denken, nicht direkt beteiligt, weil über Theorien, also die kognitive Verarbeitung von Erfahrungen, verhandelt wird.

Der Konstruktivismus als Bezugspunkt führt einerseits zu einer Befreiung unseres Denkens, insofern es nicht als Widerspiegelung von Welt verstanden werden kann, sondern als Eigentätigkeit des Welt verarbeitenden Subjekts verstanden werden kann. Aber das „Aushandeln" über die verschiedenen Konstrukte (Ko-Konstruktion) impliziert letzten Endes ein distanzierteres Verhältnis des Kindes zu den Dingen als das „Sich-Verlieben", welches eine wirkliche Begegnung immerhin für möglich hält, aus der die Beteiligten anders hervorgehen. Mohnblumen und Löwen nötigen das Kind zu jeweiligen, je anderen vielsinnlichen Begegnungsformen, die nicht nur als möglicherweise virtuell erscheinende Theorien aufgefaßt werden können.

(...)

**Literaturnachweise:**
Ausstellungstexte zur Ausstellung: „Hundert Sprachen hat das Kind". Berlin 1991.
Ausstellungstexte zur Ausstellung: „Hundert Sprachen hat das Kind". Überarb. und erweiterte, unveröffentlichte Fassung 1995.
Caligari, P.: Vortragsmitschrift Weiden 1996.
Dreier, A. /Göhlich M.: Der Flirt zwischen Bär und Igel, in: Päd. Extra 1987.
Schäfer, G. E. /Stenger, U.: Grundlagen der Reggiopädagogik. In: Colberg-Schrader, H. /Engelhard, D., u. a. (Hg.): Kinder in Tageseinrichtungen. Ein Handbuch für
Erzieherinnen. 3. Lieferung (Sept.). Seelze 1998.
Stenger, U.: Schöpferische Prozesse. Phänomenologisch-anthropologische Analysen und Impulse der Reggiopädagogik, Dissertation Würzburg 2000.
Stenger, U.: Reggiopädagogik in der Praxis — projekthaftes Arbeiten. In: Colberg¬Schrader, H/Engelhard, D., u. a. (Hg.): Kinder in Tageseinrichtungen. Ein Handbuch für Erzieherinnen. 3. Lieferung (Sept.). Seelze 1998.
Rinaldi, C.: Emergent Curriculum and Social Constructivism. In: Edwards, C. / Gandini, L. /Forman, G. (Hg.): The Hundred Languages of Children. The Reggio Emilia Approach to the Early Childhood Education. Sixth Printing, Norwood, New Jersey 1995.
Rombach, H.: Der Ursprung. Philosophie der Konkreativität von Mensch und Natur. Freiburg i. Br. 1994.
Dreier, A.: Was tut der Wind wenn er nicht weht? Begegnung mit der Kleinkindpäd¬agogik in Reggio Emilia. Berlin/Weinheim/München 1993.
Malaguzzi,L. in: Fachhochschule Frankfurt/M. (Hg.): Wenn das Auge über die Mauer springt. Dokumentation, Hintergründe, Materialien, Workshops. Frankfurt/M. 1987.
Malaguzzi, L. in: Lay, C.: Flirt mit dem Igel. In: Päd extra 7-8/1987.
Malaguzzi, L.: Pädagogik als Projekt. In: Göhlich, M. (Hg.): Offener Unterricht, Community Education, Alternativschulpädagogik, Reggiopädagogik. Die neuen Reformpädagogiken. Geschichte, Konzeption, Praxis. Weinheim 1997.

Quelle: Quelle: PÄD Forum Juni 2001, S. 181-186

**Arbeitsaufträge / Fragestellungen:**

1. Betrachten Sie die folgenden Bilder und beschreiben Sie anschließend Ihre Eindrücke.
Bild 1:

Quelle: http://www.pixelio.de/details.php?image_id=186276&mode=search (8.7.2010)

Bild 2:

Quelle: http://www.pixelio.de/details.php?image_id=450319&mode=search ( 8.7.2010)

Bild 3:

Quelle: http://www.pixelio.de/details.php?image_id=219002&mode=search (8.7.2010)

Bild 4:

Quelle: http://www.pixelio.de/details.php?image_id=323085&mode=search

2.Bringen Sie Ihre Eindrücke der Bilder in Beziehung zu den Aussagen des Textes.

3.Welche Auswirkungen hat nach L. Malaguzzi die unterschiedliche Art der Annäherung an einen Gegenstand auf die ‚Lernergebnisse'?

4. Wie beurteilen Sie Ihre schulischen Lernerfahrungen vor dem Hintergrund der Aussagen des Textes?


**Weiterführende Informationen: Einer Sache begegnen / Annäherungsarbeit**

Rumpf, H.: Über das Staunen und anfängliche Aufmerksamkeiten.
In: Rumpf, H. / Kranich, E.M.: Welche Art von Wissen braucht der Lehrer? Stuttgart 2000, S. 13 – 19

Meyer-Drawe, K.: Der Einspruch der Dinge. In. Diskurse des Lernens. München 2008, S. 159 - 183


**Schlagwörter:**

Annäherung; Ausdruck; Dinge; Emotion; Konstruktivismus; Lernen; Flirt; Sprache; Verhandlung; Wahrnehmung.

### Ziele

Geht man von der Alltagsvorstellung bzw. den eigenen schulischen Erfahrungen aus, so wird mit dem Begriff Lernen häufig der Erwerb 'fertigen' Wissens verbunden. Von diesem Lernverständnis distanziert sich die Reggio-Pädagogik und entwickelt gleichzeitig eine Alternative:

"Die hier zu stellende Frage ist einfach: soll die pädagogische Einrichtung ein Ort sein, wo das Kind forscht, erforscht, hinterfragt, überprüft usw. oder soll der Ort ein statischer sein, wo Wissen übergestülpt, wo die Pädagogik das Vehikel ist, um in Kinderköpfe vorgefertigtes, fertiges Wissen zu übertragen?" (Malaguzzi 1992, S. 128)

Für Malaguzzi ist dies nur eine rhetorische Frage. Für ihn steht fest, dass der Kindergarten nicht bereits didaktisch aufbereitetes, definitives Wissen vermitteln soll, sondern dass die Kinder lernen sollen, wie Wissen entsteht. Sie sollen das Lernen des Lernens lernen. Die Begründung dieser Zielsetzung ergibt sich zum einen aus den erkenntnistheoretischen Grundannahmen des Konstruktivismus, zum anderen aus lernpsychologischen Überlegungen.

Die konstruktivistische Erkenntnistheorie geht davon aus, dass es für einen Menschen grundsätzlich unmöglich ist, die Umwelt direkt und objektiv zu erkennen. Was wir beobachten, ist nicht die Sache selbst, sondern bereits vermittelt durch unsere Art zu fragen, zu sehen, zu denken. Wir bilden also die Umwelt nicht objektiv ab, sondern jeder Mensch sieht die Welt aufgrund seines Wissens, seiner Wahrnehmungsfähigkeiten, seiner Gefühle anders. Jeder Mensch schafft sich letztlich sein eigenes Weltbild, eines, das zu ihm und zu seinen Handlungen passt. Wenn es aber kein objektives, d. h. von den Erkenntnisvorgängen des einzelnen Menschen unabhängiges Wissen gibt, dann sollte den Kindern auch kein von anderen Menschen erworbenes Wissen als richtig und objektiv vermittelt werden. Vielmehr ist der Erkenntnisprozess selbst in den Mittelpunkt zu stellen, das Lernen des Lernens, um die Kinder in die Lage zu versetzen, die Welt immer besser im Sinne der Verbesserung der eigenen Handlungsmöglichkeiten zu erkennen.

Die Reggio-Pädagogik stützt sich nicht nur auf die Erkenntnistheorie des Konstruktivismus, sondern auch auf Überlegungen der Lernpsychologie. Im Mittelpunkt der lernpsychologischen Begründung stehen die Gedanken von Jerome Bruner zum entdeckenden Lernen. Darunter versteht er "fast alle Formen des Wissenserwerbs mit Hilfe des eigenen Verstandes." (Bruner 1981, S. 16) Sie zeichnen sich dadurch aus, dass der Lernende mit Hilfe eigener Überlegungen Wissen erwirbt und nicht bereits vorhandenes Wissen einfach übernimmt. Das entdeckende Lernen steht damit im Gegensatz zum darbietenden Lernen, bei dem eine lehrende Person bereits fertiges Wissen den Kindern zu vermitteln versucht. Seine Vorteile bestehen darin, dass es zu einem besseren Verständnis des Wissens, zu einer Vergrößerung der intrinsischen Motivation, zu einer differenzierteren Beherrschung der Methoden des Wissenserwerbs und zu einer Verbesserung der Gedächtnisleistung führt. Da es der Reggio-Pädagogik insbesondere um das Verstehen der Sachverhalte und um das Erlernen von Methoden des Wissenserwerbs geht, spielt das entdeckende Lernen in ihrem Lernkonzept eine zentrale Rolle.

Ein weiterer wichtiger Theoretiker für das reggianische Lernkonzept ist John Dewey, ein bekannter amerikanischer Vertreter der Projektmethode. Nach Dewey liegt das wesentliche Ziel der Pädagogik nicht darin, Wahrheiten zu vermitteln, sondern die Möglichkeiten der Kinder, ihre Fähigkeiten zu denken, wahrzunehmen, zu fühlen und zu handeln, optimal zu fördern.

**Der Lernprozess**

Die Reggianer gehen davon aus, dass der Lernprozess bei jedem einzelnen Kind unterschiedlich verläuft. Diese Annahme der Individualität des Lernprozesses ergibt sich aus der konstruktivistischen Sichtweise des Lernprozesses, bei der davon ausgegangen wird, dass Lernen kein passiver Vorgang, sondern ein aktiver Konstruktionsprozess des Individuums ist.

"Allzu leicht gibt man sich nämlich der Illusion hin, dass es möglich sei, Ideen, Vorstellungen, Begriffe einem anderen zu geben, sie ihm als solche zu übermitteln. Demgegenüber sollte man nie vergessen, dass es letzten Endes nur Schallwellen sind, welche man zum Ohr des Hörers zu senden vermag, und dass dieser jede einzelne Vorstellung, jeden Begriff, jede Denkoperation und insbesondere jedes Gefühl und jedes Werterlebnis aus dem Grunde seiner eigenen Seele hervorrufen muss." (Aebli zit. nach Bürmann 1997, S. 17)

Lernen heißt also nicht, lediglich etwas zu übernehmen, sondern selbst etwas zu produzieren. Neue Kenntnisse werden in Beziehung zu bereits vorhandenem Wissen gesetzt und gewinnen dadurch ihre spezifische Bedeutung. Was aus den eigenen Wahrnehmungen und den Informationen anderer Menschen aufgenommen und wie es verarbeitet wird, hängt von der bereits vorhandenen Wissensstruktur ab. Diese Wissensstruktur ist aber mit großer Wahrscheinlichkeit bei allen Menschen unterschiedlich, so dass davon ausgegangen werden kann, dass die menschlichen Lernprozesse individuell sind. Diese Individualität zeigt sich in der unterschiedlichen Lernzeit der Kinder und in dem unterschiedlichen Verlauf des Lernprozesses.

Hans-Joachim Laewen hat diesen Prozess anschaulich beschrieben:

"Der Bau der Kenntnisse ist ein großer Tanz, der sich in Raum und Zeit bewegt. Der Prozess des Lernens ist eine täglich neue Mischung der Kenntnisse. Kinder lernen nicht linear, ihr Lernen gleicht dem Flug eines Schmetterlings, der sich bald hier, bald dort niederlässt." (Laewen 1998, S. 8)

Wo sich die "Schmetterlinge" wann und in welcher Reihenfolge niederlassen, ist nicht festgelegt. Jeder Lernprozess ist bei jedem Kind immer wieder ein neuer Tanz mit neuen Figuren, Schritten und neuem Tempo.

Aus diesen Vorstellungen ergeben sich folgende Konsequenzen:

Das Ergebnis eines Lernprozesses ist nicht bestimmbar und individuell unterschiedlich.

Der Lernprozess sollte offen gestaltet werden, so dass jedes Kind einen individuellen Zugang finden kann.

Lernen und Lehren sind keine identischen Prozesse. Gelehrt ist noch nicht gelernt. Einige Lerntheoretiker sehen in dem Lehren sogar eine Ver- bzw. Behinderung des Lernens.

Der Motor von Lernprozessen sind kognitive Konflikte. Sie werden hervorgerufen, wenn das neue Wissen mit der bisherigen Wissensstruktur nicht übereinstimmt.

**Die Phasen des Lernprozesses**

Die folgende Beschreibung des Verlaufs des Lernprozesses ist der Versuch, seine wesentlichen Elemente darzustellen und in eine Reihenfolge zu bringen. Er ist idealtypisch und wird nicht, wie hier beschrieben, linear, sondern eher in Form einer Spirale verlaufen. Die lineare Darstellung hat lediglich den Sinn, den Prozess zu vereinfachen und damit lesefreundlicher zu gestalten.

1. Schritt: Der Ausgangspunkt des Lernens - die Fragen und Interessen der Kinder und der Erwachsenen

Der Lernprozess nimmt in der Regel bei den Fragen und Interessen der Kinder seinen Ausgangspunkt, die sie entweder spontan äußern oder die in sogenannten "Was tun"-Gesprächsrunden erarbeitet werden.

2. Schritt: Die Erst-Begegnung mit dem Lerngegenstand - den Lerngegenstand erfahren

Die intensive Erfahrung des Lerngegenstandes stellt die Grundlage des weiteren Lernprozesses dar. Erfahrung stellt nach Dewey eine "unmittelbar erlebte Einheit von Subjekt und Objekt" dar (Dewey zit. nach Reich 1997) Hierbei geht es nicht um Einordnungen, begriffliche Bezeichnungen oder Analysen, sondern um die Herstellung und das Erleben der Einheit von Kind und Sache. Um die Besonderheit dieser Begegnung zu kennzeichnen, wird von den Reggianer oft der Begriff 'Flirt' benutzt.

"Es reicht nicht, dass sich das Kind dem Objekt räumlich nähert. Es ist eine Art des 'Sich-Verliebens' nötig, das wechselseitig zunimmt, eine Art 'Flirt' zwischen dem Kind und Objekt." (Lay 1989, S. 13)

3. Schritt: Die darstellende Auseinandersetzung mit dem Lerngegenstand

In dieser Phase geht es darum, die Erfahrungen der zweiten Phase sichtbar zu machen. Zeichnerisch, plastisch oder spielerisch stellen die Kinder ihre Erfahrungen dar. Diese Art der Auseinandersetzung mit dem Lerngegenstand, die durch Phantasie und Vorstellung gekennzeichnet ist, führt zu neuen Einsichten und zu neuen Fragen. Die Darstellung ist also ein Mittel, die Erforschung des Gegenstandes weiter voran zu treiben, und den Erzieherinnen zu zeigen, wie die Kinder über den Lerngegenstand denken.

4. Schritt: Die Hypothesenbildung

Die Fragen und die intensive Auseinandersetzung mit dem Lerngegenstand führen zu Vermutungen über Zusammenhänge. Mit Hilfe ihres Vorwissens suchen die Kinder nach Erklärungen für Probleme. Dabei geht es nicht um eine sachliche Richtigkeit nach wissenschaftlichen Kriterien, "sondern darum, dass die Fragen, die die Kinder bewegen, eine Antwort finden, die mit ihren bisherigen Erfahrungen in eine Verbindung gebracht werden können." (Schäfer 1995, S. 264)

5. Schritt: Lösungsversuche: Bau von Modellen

Die gefundenen Lösungen bzw. Hypothesen werden nun in Form von Modellen getestet.

6. Schritt: Die Umsetzung in die Realität.

Dieser Schritt stellt die letzte Phase des Lernprozesses dar, der je nach Bedarf von reflexiven Phasen unterbrochen wird, in denen es um die Erörterung der Ergebnisse und des Lernprozesses selbst geht.

Zusammenfassend lässt sich der Lernbegriff der Reggio-Pädgogik durch folgende Gegensatzpaare kennzeichnen:

- Intrinsische statt extrinsische Motivation
- Entdeckung statt Darbietung
- Erfahrung statt Verbalismus
- Verstehen statt Erinnern
- Lebens-/ Problemorientierung statt Sachsystematik
- Prozess statt Produkt
- Lernmethoden statt Inhalte

(Literaturangaben siehe Literaturverzeichnis)

Quelle: Ullrich, Wolfgang / Brockschnieder, Franz-Josef: Reggio-Pädagogik auf einen Blick. Freiburg 2009, S. 39 -44

**Arbeitsaufträge / Fragestellungen:**

1.Beschreiben Sie das zentrale Ziel des Lernprozesses.

2. Wie begründen die Reggianer ihre Zielsetzung?

3.Ist der beschriebene Phasenverlauf geeignet, dieses Ziel zu erreichen? Begründen Sie Ihre Meinung!

95


**Weiterführende Informationen: Entdeckendes Lernen**

Ausubel, David P. u.a.: Psychologische und pädagogische Grenzen des entdeckenden Lernens. In: Neber, Heinz ( Hrsg.): Entdeckendes Lernen. Weinheim 1981, S. 30 - 44

Bruner, Jerome: Der Akt der Entdeckung. In: Neber, Heinz ( Hrsg.) Entdeckendes Lernen. Weinheim 1981, S. 15 – 29


**Schlagwörter:**

Entdeckendes Lernen; Konstruktivismus.

# Knauf: Die Rolle Erwachsener: Eltern und Erzieherinnen

Kinder werden in der Reggio-Pädagogik als Persönlichkeiten voller Energie und im Besitz vielfältiger Potenziale gesehen, die sie aber nur entfalten können, wenn sie über sichere emotionale Beziehungen verfügen. Malaguzzi beschreibt diesen Zusammenhang in der Erläuterung zu den Rechten der Kinder, der Erzieherinnen und Eltern:

„Von daher kommt das Recht der Kinder, ihre individuellen Fähigkeiten zu verwirklichen und zu erweitern, soziale Kompetenzen weiterzuentwickeln, von anderen Affektivität und Vertrauen zu empfangen, Freude am Lernen zu empfinden und die eigenen Lernbedürfnisse zu befriedigen. Dies kann um so eher gelingen, als sich Kinder einer stabilen Beziehung zu Erwachsenen sicher sein können, die bereit sind, ihnen zu helfen und ihnen einen Vorschuss an Vertrauen und Erfahrung zu geben. Dies ist für die Entwicklung der Kinder wertvoller als die Vermittlung von Wissen und Fertigkeiten" (Reggio Children 1998, S. 63).

Kinder, Eltern und Erzieherinnen bilden ein Wirkungsgefüge, in dem alle versuchen, für eine optimistische Grundstimmung und eine positive emotionale Beziehung untereinander zu sorgen (vgl. Lingenauber 2002, S. 53 f.). So sind dann auch Bildung und Erziehung in der Kindertagesstätte eine Gemeinschaftsaufgabe von Erzieherinnen, Eltern und Kindern (vgl. Lingenauber 2004, S. 44). Man könnte die kommunalen Kindertagesstätten in Reggio Emilia daher auch als Häuser für Kinder und Familien bezeichnen.

Eltern werden als Experten ihrer Kinder verstanden, die über besonderes Wissen verfügen im Hinblick auf

* die Lebensgeschichte ihres Kindes

* seine Gewohnheiten, besonderen Interessen, Vorlieben und Aversionen

* seine Stärken und unterstützungsbedürftigen Bereiche (vgl. ebd., S. 45).

Die Erzieherinnen

Der Erzieherin in Reggio Emilia werden von Sabine Lingenauber auf der Grundlage von Beobachtungen und Originaltexten drei wesentliche Rollen zugewiesen:

* (Weg-)Begleiterin

* Forscherin und

* Zeugin (vgl. Lingenauber 2002, S. 31 ff.; Lingenauber 2004 a, S. 49 ff.).

Der Terminus der Begleiterin wird in der Reggio-Pädagogik gewählt, um sich von der traditionell anleitenden Erzieherinnenrolle abzugrenzen. Das Kind wird als der eigentliche Akteur und Konstrukteur seiner Entwicklung gesehen. „Dabei braucht es jedoch eine Wegbegleiterin, die es in seinen Selbst-Lern-Prozessen bestärkt" (Lingenauber 2004 b, S. 49; Hervorhebung im Original). Das Begleiten und Bestärken geschieht auf mehreren Handlungsfeldern (vgl. Knauf 1998 a, S. 16 ff.):

• Schaffen einer Atmosphäre des sozial-emotionalen Wohlbefindens:

Dadurch fühlen sich die Kinder angesprochen und können Ängste überwinden, um eigentätig Spiel-, Erkundungs- und Gestaltungsaktivität zu entwickeln. Die Reggio-Pädagogik nimmt hier Bezug auf das humanistische Menschenbild Carl Rogers, der Achtung, Wärme, Rücksichtnahme, einfühlendes Verstehen (Empathie), Echtheit (Kongruenz) für den Umgang mit Menschen fordert. Durch die Formen des sozialen Umgangs, aber auch durch die Gestaltung von „Lebensräumen" in der Einrichtung sollen Kinder die emotionale Dimension von Stabilität, Sicherheit, Vertrauen und Kontinuität erfahren.

• Ganzheitliches, einfühlsam verstehendes Beobachten und Zuhören:

Auf diese Weise wird das Kind nicht in normativ orientierte Teilfunktionen zerlegt. Malaguzzi sprach von „einem dritten Auge bzw. einem dritten Ohr" das die Erwachsenen besitzen sollten, um Gesten, Mimik und Worte der Kinder feinfühlig wahrzunehmen und zu verstehen. Die Erzieherin wird zur Zeugin. Verstehen kann dabei immer nur Interpretation sein, in die auch die Subjektivität des Interpreten eingeht. Um verschiedene Perspektiven und Zu-gangsweisen zum beobachteten Geschehen einnehmen zu können, ist es entscheidend, dass Beobachtungen möglichst unverzüglich dokumentiert und damit der Einschätzung mehrerer Personen (Kolleginnen im Team) sowie der Interpretation zu einem späteren Zeitpunkt zugänglich werden. Alltägliche Hilfsmittel der Dokumentation sind Aufzeichnungen per Kassettenrekorder, Notizen in einem pädagogischen Tagebuch oder auf Blättern mit Tabelleneinteilung, aber auch Fotos und Videoaufzeichnungen.

• Aktiv, forschendes und Rückmeldung gebendes Begleiten der Kinder:

Dieses forschende Begleiten hat kommunikative, reflexive und pragmatische Anteile. Es umschließt das Aufnehmen, Verarbeiten, die (kollegiale) Interpretation der vielfältigen Äußerungen und Ausdrucksformen der Kinder und das darauf aufbauende Bereitstellen ganz unterschiedlicher Ressourcen für die Entwicklung von Kindern (z. B. in Gestalt von Zeit, speziellen Räumlichkeiten, Nähe und Zuwendung, Interesse, herausfordernden Fragen, Ideen oder Gegenständen) die inspirieren, umgestaltet oder einfach verbraucht werden können. Das pädagogische Planen wird Teil dieses Begleitprozesses, in dem Beobachtungen dokumentiert und im Hinblick auf die Frage interpretiert werden. Was brauchen die einzelnen Kinder dieser Gruppe für ihre Entwicklung? Die als Antwort auf diese Frage bereitgestellten entwicklungsfördernden Ressourcen wirken auf die Kinder als Impulse, die ihre Aktivität stimulieren. Impulse können verbaler und nonverbaler Natur sein: z. B. Fragen, Kommentare oder aber Gegenstände, die etwa beim morgendlichen gemeinsamen Treffen präsentiert werden und die Kinder zum Erinnern, Phantasieren und konkreten Handeln herausfordern. Da die Impulse Antworten auf das beobachtete und dokumentierte Handeln der Kinder darstellen, können Kinder selbstbewusst nach dem Prinzip der freien Wahl mit Impulsen umgehen. Die Erzieherinnen erhalten ihrerseits Rückmeldungen darüber, inwieweit der gewählte Impuls auf die situationsabhängigen Kinderbedürfnisse abgestimmt war. Sie begleiten die (Inter-)Aktionen der Kinder nicht distanziert, sondern befinden sich vielmehr in einer ständigen intellektuellen, emotionalen, experimentellen und kreativen Auseinandersetzung mit dem, was die Kinder inhaltlich beschäftigt.

Kategorien pädagogischen Handelns

Bei diesen Formen des Begleitens spielen spezifische Kategorien des pädagogischen Handelns und der Gestaltung des Kita-Alltags eine besondere Rolle:

• Vertrauen:

Dieses Prinzip hat zwei Komponenten: Zum einen den Aspekt des so genannten Urvertrauens, den Erik Erikson als die entscheidende Grundlage für die frühkindliche Entwicklung beschrieben hat. Es ist die Quelle, aus der Kinder die Kraft für das Gewinnen neuer Erfahrungen beziehen. Die andere Komponente ist das Zutrauen, wie es in den Tageseinrichtungen in Reggio Emilia gepflegt wird, wo schon die Dreijährigen aus Porzellangeschirr essen und mit dem Overheadprojektor Entdeckungen und Experimente mit Licht und Schatten machen können. Etwas den Kindern zutrauen heißt hier, ihnen Wertschätzung und eben Vertrauen zu vermitteln, sie zugleich herauszufordern, den angemessenen Umgang (nicht nur) mit Dingen zu üben und zu beachten.

• Freiheit:

Für Maria Montessori war die Freiheit der Wahl von Tätigkeit, Zeit, Raum und Partner zentraler Ausdruck für die Achtung des Kindes und wichtigste Grundlage für das Finden des eigenen inneren Bauplans, der eigenen Möglichkeiten und des eigenen Rhythmus'. Und Loris Malaguzzi formulierte radikal: Ein Kind lernt nur dann erfolgreich, wenn es verliebt ist in den Gegenstand. Und Liebe oder Verliebtheit verlangt Freiheit (vgl. Stenger 2001, S. 182).

• Zeit:

Zeit hat viel mit dem Eigenen zu tun. Der eigene Zeitrhythmus, das eigene Aktivitätstempo, das nur selber spürbare Bedürfnis nach dem Wechsel von Anspannung und Entspannung — all das sind Dimensionen der Individualität, die uns aber durch die Gesellschaftlichkeit des menschlichen Lebens teilweise genommen werden. Zeitdruck und Hektik als Stressfaktoren, die uns nicht mehr zu uns selber kommen lassen, halten oft genug auch Einzug in die Kindertagesstätte — meist, weil man vermeintlichen Erwartungen der Eltern, der Tradition oder ungefragt der Kinder entsprechen will. Bei der Gestaltung von Zeitstrukturen in den reggianischen Kindereinrichtungen wird darauf geachtet, dass einerseits der äußere Zeitrahmen, z. B. der Morgenkreis, eine verlässliche Orientierung gibt, andererseits Freiräume für flexible Zeitnutzung durch die Kinder bleiben.


Literatur

Knauf, Tassilo: Wir erziehen Kinder nicht- wir assistieren. Die Rolle der Erzieherin in der Reggio-Pädagogik. In: Welt des Kindes 4/1998, S. 13 – 19

Lingenauber, Sabine: Einführung in die Reggio-Pädagogik. Bochum 2.A. 2002

Lingenauber, Sabine: Kompetente Erzieherin. In: Dies.(Hrsg.): Handlexikon der Reggio-Pädagogik. Bochum 2004, S. 49 - 52

Lingenauber, Sabine: Kompetente Eltern. In: Dies.(Hrsg.): Handlexikon der Reggio-Pädagogik. Bochum 2004, S. 44-48

Reggio children (Hrsg.): Ein Ausflug in die Rechte der Kinder. Neuwied 1998

Stenger,Ursula: Grundlagen der Reggio-Pädagogik: Ein Bild vom Kind. In: PÄD Forum 6/2001, S. 181 - 186

Quelle: Knauf, Tassilo u.a.: Handbuch Pädagogische Ansätze. Berlin 2007,S. 136 – 139

## Arbeitsaufträge / Fragestellungen:

1. Malaguzzi „once said that we need a teacher who is sometimes the director, sometimes the set designer, sometimes the curtain and the backdrop, and sometimes the prompter. A teacher who is both sweet and stern, who is the electrician, who dispenses the paints, and who is even the audience – the audience who watches, sometimes claps, sometimes remains silent, full of emotion, who sometimes judges with skepticism, and at other times applauds with enthusiasm."

Project zero / Reggio children (Hrsg.): Making learning visible: children as individual and group learners. Reggio 4. A. 2008, S. 89

Vergleichen Sie die Aussagen des Textes mit dieser These von Loris Malaguzzi.

2. Untersuchen Sie die Erzieherrolle in der Reggio-Pädagogik auf mögliche Konflikte.

3. Entwickeln Sie einen Katalog von Fragen, die geeignet sind, den Forschungsprozess der Kinder zu begleiten.

## Weiterführende Informationen: Dialog / Haltungen der Erzieher/innen

Kemper, Herwart: Erziehung als Dialog. Weinheim 1990

Lill, Gerlinde: Begriffe verschenken. Weimar 2009

Ungermann, Sylvia: Die Pädagogik Janusz Korczaks. Gütersloh 2006,  S. 460 – 475 (Achtung als ehtische Grundlage )

Haas, Sybille: Entdeckendes Lernen im Dialog. In: Hammes-Di Bernado (Hrsg.). Kompetente Erziehung. Zwischen Anleitung und Selbstbildung. Weimar 2007, S. 71 - 80

## Schlagwörter:

Elternarbeit; Erzieherrolle.

(...)

To clarify further what I mean, a number of assumptions should be stated that may initially seem far from the issue at hand but that - or so I hope - will aid in understanding that our choice and practice are neither random nor indifferent. In fact, I believe that documentation is a substantial pari of the goal that has always characterized our experience: the search for meaning—to find the meaning of school, or rather, to construct the meaning of school, as a place that plays an active role in the children's search for meaning and our own search for meaning (and shared meanings).

In this sense, among the first questions we should ask ourselves as teachers and educators are these: How can we help children find the meaning of what they do, what they encounter, what they experience? And how can we do this for ourselves? These are questions of meaning and the search for meaning (why? how? what?). I think these are the key questions that children constantly ask themselves, both at school and outside of school.

It is a very difficult search and a difficult task, especially for children who nowadays have so many spheres of reference in their daily lives: their family experience, television, the social places they frequent in addition to the family and school. It is a task that involves making connections, giving meaning to these events, to these fragments that are gathered over the course of many and varied experiences.

Children carry out this search with tenacity and effort, sometimes making mistakes, but they do the searching on their own. We cannot live without meaning; that would preclude any sense of identity, any hope, any future.

Children know this and initiate the search right from the beginning of their lives. They know it as young members of the human species, as individuals, as people. The search for the meaning of life and of the seif in life is born with the child and is desired by the child. This is why we talk about a child who is competent and strong—a child who has the right to hope and the right to be valued, not a predefined child seen as fragile, needy, incapable. Ours is a different way of thinking and approaching the child, whom we view as an active subject with us to explore, to try day by day to understand something, to find a meaning, a piece of life.

For us, these meanings, these explanatory theories are extremely important and powerful in revealing the ways in which children think, question, and interpret reality and their own relationships with reality and with us.

Herein lies the genesis of the "pedagogy of relationships and listening," one of the metaphors that distinguishes the pedagogy of Reggio Emilia.

For adults and children alike, understanding means being able to develop an  interpretive "theory," a narration that gives meaning to events and objects of the world. Our theories are provisional, offering a satisfactory explanation that can be continuously reworked; but they represent something more than simply an idea or a group of ideas. They must please us and convince us, be useful, and satisfy our intellectual, affective, and aesthetic needs (the aesthetics of knowledge). In representing the world, our theories represent us.

Moreover, if possible, our theories must please and be attractive to others. Our theories need to be listened to by others. Expressing our theories to others makes it possible to transform a world not intrinsically ours into something shared. Sharing theories is a response to uncertainty.

Here, then, is the reason why any theorization, from the simplest to the most refined, needs to be expressed, to be communicated, and thus to be listened to, in order to exist. It is here we recognize the values and foundations of the "pedagogy of listening."


The Pedagogy of Listening

How can we define the term listening?

Listening as sensitivity to the patterns that connect, to that which connects us to others; abandoning ourselves to the conviction that our understanding and our own being are but small parts of a broader, integrated knowledge that holds the universe together.

Listening, then, as a metaphor for having the openness and sensitivity to listen and be listened to—listening not just with our ears, but with all our senses (sight, touch, smell, taste, orientation).

Listening to the hundred, the thousand languages, symbols, and codes we use to express ourselves and communicate, and with which life expresses itself and communicates to those who know how to listen.

Listening as time, the time of listening, a time that is outside chronological time—a time full of silences, of long pauses, an interior time. Interior listening, listening to ourselves, as a pause, a suspension, as an element that generates listening to others but, in turn, is generated by the listening that others give us. Behind the act of listening there is often a curiosity, a desire, a doubt, an interest; there is always an emotion.

Listening is emotion; it is generated by emotions and stimulates emotions. The emotions of others influence us by means of processes that are strong, direct, not mediated, and intrinsic to the interactions between communicating subjects.

Listening as welcoming and being open to differences, recognizing the value of the other's point of view and interpretation.

Listening as an active verb that involves interpretation, giving meaning to the message and value to those who offer it.

Listening that does not produce answers but formulates questions; listening that is generated by doubt, by uncertainty, which is not insecurity but, on the contrary, the security that every truth is such only if we are aware of its limits and its possible "falsification."

Listening is not easy. It requires a deep awareness and at the same time a suspension of our judgments and above all our prejudices; it requires openness to change. It demands that we have clearly in mind the value of the unknown and that we are able to overcome the sense of emptiness and precariousness that we experience whenever our certainties are questioned.

Listening that takes the individual out of anonymity, that legitimates us, gives us visibility, enriching both those who listen and those who produce the message (and children cannot bear to be anonymous).

Listening as the premise for any learning relationship—learning that is determined by the "learning subject" and takes shape in his or her mind through action and reflection, that becomes knowledge and skill through representation and exchange.

Listening, therefore, as "a listening context," where one learns to listen and narrate, where individuals feel legitimated to represent their theories and offer their own interpretations of a particular question. In representing our theories, we "re-know" or "re-cognize" them, making it possible for our images and intuitions to take shape and evolve through action, emotion, expressiveness, and iconic and symbolic representations (the "hundred languages").

Understanding and awareness are generated through sharing and dialogue. We represent the world in our minds, and this representation is the fruit of our sensitivity to the way in which the world is interpreted in the minds and in the representations of others. It is here that our sensitivity to listening is highlighted; starting from this sensitivity, we form and communicate our representations of the world based not only on our response to events (self-construction), but also on that which we learn about the world from our communicative exchange with others.

The ability to shift (from one kind of intelligence to another, from one language to another) is not only a potential within the mind of each individual but also involves the tendency to shift across (to interact among) many minds. We enrich our knowledge and our subjectivity thanks to this predisposition to welcoming the representations and theories of others—that is, listening to others and being open to them. This capacity for listening and reciprocal expectations, which enables communication and dialogue, is a quality of the mind and of the intelligence, particularly in the young child. It is a quality that demands to be understood and supported.

In the metaphorical sense, in fact, children are the greatest listeners of all to the reality that surrounds them. They possess the time of listening, which is not only time for listening but a time that is rarefied, curious, suspended, generous—a time full of waiting and expectation.

Children listen to life in all its shapes and colors, and they listen to others (adults and peers). They quickly perceive how the act of listening (observing, but also touching, smelling, tasting, searching) is essential for communication. Children are biologically predisposed to communicate, to exist in relation, to live in relation.

Listening, then, seems to be an innate predisposition that accompanies children from birth, allowing their process of acculturation to develop. The idea of an innate capacity for listening may seem paradoxical but, in effect, the process of acculturation must involve innate motivations and competencies. The newborn child comes into the world with a seif that is joyous, expressive, and ready to experiment and explore, using objects and communicating with other people. Right from the beginning, children show a remarkable exuberance, creativity, and inventiveness toward their surroundings, as well as an autonomous and coherent consciousness.

Very early in life, children demonstrate that they have a voice, but above all that they know how to listen and want to be listened to. Sociality is not taught to children: they are social beings. Our task is to support them and live their sociality with them; that is the social quality that our culture has produced. Young children are strongly attracted by the ways, the languages (and thus thc codes) that our culture has produced, as well as by other people (children and adults).

It is a difficult path that requires efforts, energies, hard work, and sometimes suffering, but it also offers wonder, amazement, joy, enthusiasm, and passion. It is a path that takes time, time that children have and adults often do not have or do not want to have. This is what a school should be: first and foremost, a context of multiple listening. This context of multiple listening, involving the teachers but also the group of children and each child, all of whom can listen to others and listen to themselves, overturns the teaching¬learning relationship. This overturning shifts the focus to learning; that is, to children's seif-learning and the learning achieved by the group of children and adults together.

As children represent their mental images to others, they represent them to themselves, developing a more conscious vision (interior listening). Thus, moving from one language to another, from one field of experience to another, and reflecting on these shifts and those of others, children modify and enrich their theories and conceptual maps. But this is true if, and only if, children have the opportunity to make these shifts in a group context—that is, in and with others—and if they have the possibility to listen and be listened to, to express their differences and be receptive to the differences of others.

The task of those who educate is not only to allow the differences to be expressed but to make it possible for them to be negotiated and nurtured through exchange and comparison of ideal. We are talking about differences between individuals but also differences between languages (verbal, graphic, plastic, musical, gestural, etc.), because it is the shifting from one language to another, as well as their reciprocal interaction, that enables the creation and consolidation of concepts and conceptual maps.

Not only does the individual child learn how to learn, but the group becomes conscious of itself as a "teaching place," where the many languages are enriched, multiplied, refined, and generated, but also collide, "contaminate," and hybridize each other, and are renewed.

The concept of "scaffolding," which has characterized the role of the teacher, also assumes new and different methods and meanings. It is the context, the web of reciprocal expectations (more than the teachers themselves) that sustains the individual and group processes. In addition to offering support and cultural mediation (subject matter, instruments, etc.), teachers who know how to observe, document, and interpret the processes that the children undergo autonomously will realize in this context their greatest potential to learn how to teach.

Documentation, therefore, is seen as visible listening, as the construction of traces (through notes, slides, videos, and so on) that not only testify to the children's learning paths and processes, but also make them possible because they are visible. For us this means making visible, and thus possible, the relationships that are the building blocks of knowledge.

To ensure listening and being listened to is one of the primary tasks of documentation (producing traces/documents that testify to and make visible the ways of learning of the individuals and the group), as well as to ensure that the group and each individual child have the possibility to observe themselves from an external  point of view while they are learning ( both during and after the process).  (…)

Quelle: Project Zero & Reggio children ( Hrsg.) : making learning visible. Reggio 2001, S. 78 – 84


**Arbeitsaufträge / Fragestellungen:**

1. Teilen Sie den Text in Abschnitte ein.

2. Übersetzen Sie arbeitsteilig die einzelnen Abschnitte.

3 Fassen Sie den Inhalt des übersetzen Abschnitts in Thesen zusammen.

4. Was wird in dem Text unter ‚Zuhören' verstanden?

5. Warum kommt dem Zuhören in der Reggio-Pädagogik eine zentrale Bedeutung zu?

6. Wird die in der Überschrift formulierte Frage in dem Text beantwortet?


**Weiterführende Informationen: Zuhören**

Torralba, Francesco: Die Kunst des Zuhörens. München 2007


**Schlagwörter:**

Bild vom Kind; Dokumentation; Zuhören.

## Steudel: Beobachtung und Dokumentation als Pfeiler der pädagogischen Arbeit

„Wir müssen den Kindern mit Respekt, Neugier und Solidarität begegnen, sie in diesem Geiste beobachten und das Erfahrene dokumentieren. Wir müssen uns viele Fragen stellen, Zweifel nicht fürchten, und uns nicht zu voreiligen Verallgemeinerungen der gesammelten Informationen hinreißen lassen. Wir müssen ein Gefühl für Relativität besitzen und Vergleiche ebenso wie unterschiedliche Gesichtspunkte suchen." (Castagnetti/Mori/Rubizzi/Strozzi/Vecchi 2002, S. 90)

Die Entwicklung und die Geschichte des Beobachtens und Dokumentierens in Reggio ist eng mit der Geschichte der gesamten pädagogischen Arbeit dort verbunden.

So kann weniger von einer bestehenden Methode des Beobachtens und Dokumentierens gesprochen werden als von einem kontinuierlichen Prozess, der stetiger Weiterentwicklung unterliegt. Als theoretische Bezugspunkte werden die Konzepte und Theorien Freinets, Piagets, Wygotskis und Deweys wie auch konzeptuelle Bezüge der bildenden Kunst genannt.( 135) Beobachtung und Dokumentation in Reggio Emilia grenzt sich von traditionellen Auffassungen der Vermittlung von Wissen durch Erwachsene ab und bezieht sich auf einen interaktiv-konstruktivistischen Ansatz.

„Bei diesem Ansatz besteht die Rolle des Erwachsenen vor allem im indirekten Eingreifen, im Anbieten von Zusammenhängen und der Bereicherung der Lernsituation. Die Erzieher helfen den Kindern, Herr ihres eigenen Lernprozesses zu sein." (Spaggiari 2002, S. 6)

Von Dokumentationen der Arbeit einzelner kleiner Gruppen (136) lässt sich eine Entwicklung zu gesteigerter Aufmerksamkeit und Sensibilität für die ganze Klasse zeichnen. Beobachtung, Dokumentation und Interpretation werden in Reggio Emilia mit Aufmerksamkeit verbunden. Dabei gilt den kognitiven und sozialen Beziehungsformen zwischen den einzelnen Individuen die besondere Beachtung. Erwachsene begeben sich auf die Suche nach individuellen Identitäten, die kleine, bewegliche Gruppen formen, aus denen sich dann die ganze Klasse konstituiert.

Ursprünglich hatten Beobachtung und Dokumentation in Reggio das Ziel, Kindern die Möglichkeit zu geben, ihre Werke selber zu bewerten sowie Eltern einen Einblick in das Geschehen in der Einrichtung zu ermöglichen. Zunehmend wurde jedoch der Gewinn für die eigene Arbeit von den Erwachsenen entdeckt. Die eigene pädagogische Arbeit mit den Kindern wird überdacht und weiterentwickelt.

Dokumentationen werden nicht als Endergebnisse eines didaktischen Projektes, sondern als Begleitung des Prozesses verstanden. Im Mittelpunkt steht, was sich möglicherweise im Kind selbst abspielt, nicht was um es herum geschieht. Dokumentationen werden mit erzählenden Geschichten verglichen. Argumentierend wird versucht, den Ereignissen einen Sinn zu geben und sie so in eine Form zu bringen.

„Wir wissen kaum, wie ein Kind lernt, wie sich Wissen und Meinungen aufbauen, wie sich Fähigkeiten herausbilden, wie, über welche Wege und Umwege, Gedanken und Sprache entstehen. Unser Wissen darüber ist noch viel zu begrenzt, als dass wir uns den Luxus erlauben könnten, eine Dokumentations und Mitteilungsform zu bevorzugen, die vorgibt zu beschreiben, nicht aber den Mut aufbringt zu deuten und zu interpretieren." (Spaggiari 2002, S. 8)

Um sich pädagogischen Zusammenhängen anzunähern, werden erzählende Dokumentationsformen, die über eine rein sachliche Beschreibung hinausgehen und ein „Nachdenken über das Tatsächliche"(137) ermöglichen, bevorzugt. Dokumentation in diesem Sinne ist zentraler Teil der pädagogischen Arbeit.

„Sie versteht sich eher als Geisteshaltung und kulturelle Entwicklungsform, denn als technisch-professionelle Kompetenz." (Spaggiari 2002, S. 9)

**Umsetzung der Dokumentation**

Beobachtung und Dokumentation in Reggio Emilia sind eingebettet in einen Prozess, der als „pädagogische Forschung"(138) beschrieben wird. Erwachsene und Kinder befinden sich in einem gemeinsamen Forschungsprozess, in dem Hypothesen entwickelt, aber auch verändert werden.

„Häufig arbeiten Kinder in Projekten in Kleingruppen mit einem Lehrer und der ,atelierista`, während ein anderer Lehrer den Prozess beobachtet und manchmal die Aktivitäten der anderen Kinder unterstützt und koordiniert, die für gewöhnlich in Gruppen im selben Raum arbeiten. Im Laufe des Tages tauschen der Lehrer und die ,atelierista` ihre Ideen über das Gesehene aus, entscheiden, ob es einzugreifen gilt und wie die Motivation der Kinder und ihr Lernprozess erhalten werden kann. Dieser tägliche Austausch ist die Basis für eine Gestaltung und Angleichung des Forschungsprozesses und die Entscheidung was wie dokumentiert wird.

Lehrer dokumentieren Worte und Handlungen der Kinder auf verschiedenste Art und Weise: durch Notizen, Fotografien, Videobänder, Skizzen. Fast immer läuft ein Tonbandgerät. Das Tonband wird am Ende des Tages abgehört und teilweise oder komplett transkribiert. Mehrere Male lesen die Lehrer die Transkriptionen, um zu verstehen und zu interpretieren, was passiert ist. Sie betrachten die Fotographien so häufig wie möglich, um Hypothesen und Forschungsrichtungen zu entwickeln. Auf dieser Rückschau basierend werden Hypothesen entwickelt, die die Erlebnisse des nächsten Tages strukturieren.

Der pädagogische Forschungsprozess ist kontinuierlich. Reggianische Lehrer modifizieren, während sich die Projekte der Kinder weiter entwickeln, kontinuierlich ihre Hypothesen, Vorhersagen und Interpretationen. Sie kommunizieren ihre täglich gesammelten Daten mit anderen Lehrern, Kindern und Eltern. Sie verwenden verschiedene Sprachen, um ihre For-schung sichtbar zu machen: Transkriptionen der Gespräche der Kinder, Dias und Fotografien, Dokumentationsforen an den Wänden der Klassenräume der Kinder, die die Arbeiten der Kinder in verschiedenen Stadien der Entwicklung zeigen und formelle wie auch informelle Präsentationen für andere Lehrergruppen." (Project Zero/Reggio Children 2001, S. 154f, Übersetzung A.S.)

Ein Versuch des Verstehens des jeweils Anderen ist zentrales Element der Arbeit in Reggio Emilia. Pädagogen sind Forscher in einem permanenten Forschungsprozess, der als Teil eines lang dauernden Weges der eigenen Identitätsbildung begriffen wird. Beobachtungen werden als Untersuchungsinstrument benutzt, mit dem Aufschluss über die Erkenntnisse der Kinder gewonnen werden soll. Dokumentation durchzieht so die tägliche Arbeit und wird nicht nur auf den letzten sichtbaren Part eines Lernprozesses bezogen. Ausgangspunkt ist dabei die Annahme, dass Erwachsene noch immer wenig über die Lernwege der Kinder wissen.Die Methode, zu der es gehört, dass eine Gruppenerzieherin und eine Atelierista mit einer kleineren Gruppe arbeiten, während die andere Gruppenerzieherin die Aktivitäten der übrigen Kinder begleitet, wird als „Sonde" (139) bezeichnet. Die Arbeit der Kinder wird von beiden Erwachsenen beobachtet und dokumentarisch fixiert. Das dokumentierte Material besteht bcispielsweise aus Videos, Tonbandaufnahmen, geschriebenen Notizen, Skizzen oder kleineren Zeichnungen, die im Prozess angefertigt werden. Es wird genutzt, um sich aus verschiedenen Perspektiven mit dem Erlebten auseinander zu setzen und ermöglicht, ein

Geschehen immer wieder neu zu lesen, es mit variierenden Hypothesen und Bedeutungen zu versehen. Bilder, Fotos und Videos, Stimmen und Notizen, die in der Dokumentation verbunden sind, dienen als bestärkende Unterstützung des Stattgefundenen im Gedächtnis. Beobachtung, Interpretation und Dokumentation werden als zusammenhängende Spirale beschrieben, in der sich alle Bestandteile gegenseitig bedingen und so untrennbar miteinander verwoben sind.

Beobachtungen, die in vielfältiger Form dokumentiert werden, werden innerhalb erzählender Dokumentation zu Geschichten verdichtet. Ihre Attraktivität hängt von der Qualität der Fragen, Zweifel und Reflexionen ab, die die dargebotenen Materialien ergänzen. Verwendet werden verschiedene graphische, visuelle, ikonische Sprachen, die ihren eigenen, von der Gruppe konstruierten Kode haben, aber auch für diejenigen lesbar sein müssen, die den Kontext nicht kennen. Gleichzeitig sollen sie die aufgetauchten Elemente enthalten, die vom Dokumentierenden wahrgenommen wurden. Es handelt sich um dreidimensionale Schriften, die nicht eine objektive Sicht des Dargestellten beinhalten, sondern den Versuch einer Meinungsbildung. Diese Meinung ist durch jeden Dokumentierenden, durch die von ihm wahrgenommenen Problemstellungen, seine Fragen an ein Ereignis geprägt und insofern nicht losgelöst von seiner Biographie. Die subjektive Ausrichtung, die damit verbunden ist, wird als Zeichen von Qualität gewertet. Eigene Grenzen des Wissens sind Bestandteil der Dokumentation. Sie werden als Chance betrachtet, weil sie Ausgangspunkt einer Kommunikation mit anderen sind und Gelegenheit für neue Perspektiven bieten.

„Am Ende eines jeden Tages hören wir uns die Aufzeichnungen der Gespräche an, schreiben sie auf und lesen sie mehrmals gemeinsam, womit wir versuchen, das Geschehene zu begreifen und zu interpretieren. Wir setzen uns damit auseinander, diskutieren, machen Vorhersagen und stellen Hypothesen auf. So schnell wie möglich sehen wir uns das fotografische Material an, das andere Hypothesen ermöglicht und neue Anhaltspunkte liefert." (Castagnetti/ Mori/ Rubizzi/ Strozzi/ Vecchi 2002, S. 91)

Das hier beschriebene Verständnis einer Beobachtungs- und Dokumentationskultur ist mit einer veränderten Rolle des Erziehers verbunden. Hier geht es nicht um die Vermittlung von Regeln, die Übernahme gesammelten Wissens, sondern um ein Verstehen der kindlichen Lernwege. Verstehen heißt für Erwachsene wie auch für Kinder, hypothetische Theorien zu entwerfen, die der Welt einen Sinn geben, sie jedoch immer wieder in Frage zu stellen und abzugleichen mit den anderen Perspektiven der Kollegen. Eine Wechselseitigkeit zwischen verschiedenen Sprachen, Intelligenzen oder Wahrnehmungsformen kennzeichnet nicht nur die inneren Prozesse eines Individuums, sondern findet auch zwischen verschiedenen Personen statt. Zu Wissen und Subjektivität gelangt der Einzelne im Austausch und Vergleich seiner Auffassungen und Vorstellungen mit den Theorien der Anderen.

In der Dokumentation wird ein erkennendes Zuhören in der Konstruktion von Spuren durch Notizen, Fotos, Bilder oder andere Materialien möglich. Sie überprüfen nicht die Lernprozesse der Kinder, sondern ermöglichen diese, indem sie sie sichtbar machen.

Beobachtung und Dokumentation werden als Produkt und Prozess zugleich verstanden. Sie haben eine Repräsentation des Arbeitens, Spielens und Lernens von Gruppen und Individuen in Worten und Bildern zum Ziel. Im Mittelpunkt steht dabei nicht ein einzelnes Kind allein. Entgegen der Mehrzahl anderer Konzeptionen von Beobachtung herrscht hier kein individualistischer Blick vor. Begründet wird diese Perspektive durch den „sozialen Individualismus"' der Reggianer, der durch Theorien eines Lernens in Gruppen gestärkt wird.

Die zitietrten Artikel finden sich in den folgenden zwei Büchern:

Reggio children: Schuh und Meter. Weinheim 2002

Reggio children: making learning visible. Reggio2001

Quelle: Steudel, Antje: Beobachtung in Kindertageseinrichtungen. München 2008, S. 114 – 118

---

134 „Project-based Thinking (pensiero progettuale)", Rinaldi 2001, S. 46

135 Vgl. Vecchi 2001, S. 159

136 Vgl. Reggio Children 2002

137 Vgl. Spaggiari 2002, S. 8

138 Vgl. Project Zero/ Reggio Children 2001, S. 154

139 Vgl. Castagnetti/Mori/Rubizzi/Strozzi/Vecchi 2002

**Arbeitsaufträge:**

1.Was ist das Ziel der Beobachtung und Dokumentation?

2. Welche Mittel der Dokumentation werden in der Reggio-Pädagogik genutzt?

3. „Beobachtung, Interpretation und Dokumentation werden als zusammenhängende Spirale beschrieben, in der sich alle Bestandteile gegenseitig bedingen und so untrennbar miteinander verwoben sind."

a) Erläutern Sie diese Aussage an einem Beispiel.

b) Erfüllt diese Art der Beobachtung die Kriterien der wissenschaftlichen Beobachtung?


**Weiterführende Informationen: Beobachtung / Dokumentation**

Bertelsmann Stiftung (Hrsg.): Guck mal!  Bildungsprozesse des Kindes beobachten und dokumentieren. Gütersloh 2005

Elschenbroich, Donata u.a.: Das Portfolio im Kindergarten.( mit DVD) Weimar 2008

Kazemi-Veisari, Erika: Kinder verstehen lernen. Wie Beobachten zu Achtung führt. Seelze 2004


**Schlagwörter:**

Beobachtung; Dokumentation; Erzieherrolle.

## Göhlich: Schaffung der Rahmenbedingungen als Teil des Konzepts - Der Raum als dritter Erzieher

Schauen wir uns nun die Ausstattung der Kindergärten an und kommen so Konzeption und Praxis der Reggiopädagogik schrittweise näher. (Bezogen auf die Krippen, auf die ich nicht näher eingehe, sei hier gleich gesagt, daß deren Ausstattung auf das jüngere Alter der Krippenkinder und die entsprechenden sensu- und psychomotorischen Bedürfnisse eingestellt ist und sich insofern von den Kindergärten, z. B. hinsichtlich Bodenbeschaffenheit, Höhe des Mobiliars oder spezifischen Materials, unterscheidet.)

Die ständige sorgfältige Gestaltung der pädagogischen Umgebung, zuvorderst des Gruppenraumes und des gesamten Kindergartengebäudes, wird in der Reggiopädagogik sehr ernst genommen. Der Raum gilt als dritter Erzieher, der die Kinder selbst bzw. die beiden Gruppenerzieherinnen in ihrer Arbeit mit den Kindern unterstützt. Nicht nur in dieser Hinsicht besteht eine Geistesverwandtschaft zwischen der Reggiopädagogik und der Konzeption der englischen Infant Schools als Teil der Primary Education, wie sie im Plowden Report Ende der 60er Jahre beschrieben wurde.

Die Gruppenräume sind in viele kleine funktional differenzierte Bereiche (Ekken, Winkel, Kreise) unterteilt, die allesamt mit sorgfältig ausgewähltem, anschaulich präsentiertem und ständig aktualisiertem Material ausgestattet sind.

Da gibt es z. B. einen Bastel-, Mal- und Werkbereich, der, soweit möglich, durch eine leichte durchsichtige Schiebetür vom restlichen Gruppenraum abgetrennt ist und in Anlehnung an das große Atelier, über das jeder Kindergarten verfügt, Miniatelier genannt wird. Im Miniatelier werden die von Eltern, Erzieherinnen oder Kindern gesammelten (seit neuestem auch über ein Recycling- Zentrum der Kitas, das mit Stadtreinigung und Firmen zusammenarbeitet, organisierten) kleinen Alltagsgegenstände gut sichtbar, nach Art und Farben geordnet und von der Höhe her den Kindern gut zugänglich aufbewahrt. Zwischen den mit solchen Alltagsmaterialien sowie Farben, Klebstoff, Scheren etc. gefüllten Regalen stehen Arbeitstische für eine kleine Gruppe. Im Miniatelier halten sich in der Regel drei bis fünf Kinder mit einer Erzieherin auf. Für Miniatelier (wie für Atelier) gilt besonders stark, was auch sonst in den Kindergärten zu sehen ist: unglaublich viele verschiedene Objekte, deren Farben und Formen Kinder und Erwachsene reizen, sie anzuschauen, sie zu betasten, sie in die Hand zu nehmen und mit ihnen etwas zu tun.

Es gibt die "zona tavoli", ein mit Tischen eingerichteter Bereich, wo die Kinder frei zeichnen, malen, gestalten können oder manchmal auch eine Geschichte vorgelesen bekommen. In manchen Gruppenräumen ist dieser Bereich mit dem Miniatelier identisch.

Es gibt die Bau-Ecke, in der nicht nur Kästen mit Holzklötzen, Lego, Playmobil u.ä. stehen, sondern meist auch ein Boden mit verschiedenen Ebenen vorhanden ist.

Es gibt eine Verkleidungsecke. Sie ist meist durch etwas über Kindergröße hohe Wandschirme, Tücher o.ä. vom restlichen Gruppenraum (bzw. vom Kitaflur) abgetrennt und enthält Kleider, Hüte, Halstücher, Schuhe, Taschen, Schminke etc. sowie einen großen Spiegel. Die Kleider liegen nicht durcheinander in einer Kiste, sondern werden einzeln nebeneinander an einer Garderobe mit Kleiderbügeln oder Haken angeboten.

Der Bereich des "gioco simbolico", also eine Symbolspielecke, besteht meist aus einer Art Wohnküche in Kindergröße, durch Raumteiler vom restlichen Gruppenraum getrennt und durch eine helle Leinendecke o.ä. auf eine kindliche Zimmerhöhe gebracht, so daß eine immer noch helle, aber doch Geborgenheit ausstrahlende und Rückzugsmöglichkeiten bietende Nische entsteht. Hier wird vor allem die außerhalb der Kita für Kinder zentrale Welt der Familie nachgespielt.

In der Regel gibt es auch eine Leseecke, meist eine weiche Sitzgelegenheit und ein Regal mit Bilderbüchern, u.U. ein Tisch mit Papier und großen Buchstabenstempeln, und eine Ecke, in der jedes Kind ein tiefes, herausnehmbares Fach für eigene Stifte, von zu Hause mitgebrachte Bilderbücher und noch nicht fertiggestellte Arbeiten hat.

Ferner kann man z. B. Kalenderecken finden. Dort hängt eine Anwesenheitsliste, ein Tagesabreißkalender, auch Geburtstags-, Tischdienst- und sogar Wetterkalender kommen vor. Ihr Sinn ist die Förderung der zeitlichen Orientierung, aber auch des Gruppengefühls (Sind alle da? Fehlt eine/r schon mehrere Tage?).

Sie werden in Gesamtgruppensituationen geführt, ebenso wie die Ecke der Freundschaft, in der jedes Kind eine Art Briefkasten besitzt, in den andere Kinder, aber auch Erzieherinnen und Eltern Briefe und kleine Geschenke werfen können.

Insgesamt ist zu beobachten, daß die verschiedenen genannten Aspekte des Raumes in jeder Gruppe und jeder Kita etwas anders gewichtet werden. Die entscheidende Gemeinsamkeit ist, daß der Raum als dritter Erzieher gilt und Einrichtung wie Materialien ständig von den Erzieherinnen auf ihre Wirkung hin überprüft und optimiert werden.

Aber die Hochschätzung der pädagogischen Umgebung beschränkt sich nicht auf den Gruppenraum. Wenn man die Kindergärten betritt, erfährt man von Beginn an Farbigkeit, Transparenz und Vielfalt. Flur und Treppenhaus sind mit Fotodokumentationen von Projekten, mit Spiegeln, Schaubildern, Kaleidoskop u.ä. für die Kinder (in entsprechend niedriger Höhe angebracht) anregend gestaltet. Soweit baulich möglich, ist die Küche z. B. durch eine Glastür oder einen Wanddurchbruch einsehbar. Das Mittagessen des Tages wird an der Tür fotografisch angekündigt. Auch der Übergang zum Atelier ist, soweit baulich möglich, durch Glastüren u.ä. transparent gestaltet. Insgesamt wirken die Kindergärten durch die möglichst transparente Gestaltung, durch die Farbigkeit der in den Räumen ausgestellten Materialien und Produkte und durch die alles reflektierenden Spiegel hell, offen und lebendig. Nicht nur die Küche, sondern auch die Toiletten sind in diese Raumgestaltung einbezogen. Dies hat schon die erste Kreuzberger Kitaberaterinnengruppe, die Anfang der 80er nach Reggio fuhr, begeistert.

Schließlich ist das Atelier selbst zu nennen. In den älteren Einrichtungen liegt es oft im Dachgeschoß, in neueren wie dem Kindergarten "Diana" liegt es auf der gleichen Ebene wie die Gruppenräume. Ins Atelier zieht sich die "Atelierista" mit Gruppen von drei bis fünf Kindern speziell zur zeichnerischen, malerischen, skulpturalen Arbeit an Projekten zurück. Ergänzend sei gleich festgestellt, daß das nicht bedeutet, daß die Kunsterzieherinnen nur im Atelier arbeiten. Sie spielen eine wichtige Rolle bei der Projektarbeit, die ja im Gruppenraum beginnen und über weite Strecken im Miniatelier stattfinden kann, sowie bei der Dokumentation der Projekte und des Alltagsgeschehens und bei der "autoaggiornamento", der wöchentlichen kitaintemen Selbstfortbildung der Erzieherinnen.

Quelle: Göhlich, Michael: Reggiopädagogik im Kindergarten. In: Klattenhoff, Klaus u.a.(Hrsg.):Das Kind zur Rose machen. Varel 1999, S.59-62

**Arbeitsaufträge / Fragestellungen:**

1.Erstellen Sie aufgrund der Beschreibung ein Modell eines reggianischen Kindergartens.

2.Vergleichen Sie Ihr Modell mit Kindertagestätten in Ihrer Umgebung. Welche Gemeinsamkeiten und Unterschiede können Sie feststellen?

3.„Räume wirken!" Nehmen Sie Stellung zu dieser Behauptung!


**Weiterführende Informationen: Raumgestaltung**


Kahl, Reinhard: Die Entdeckung der frühen Jahre. Hamburg 2006 ( DVD/ Booklet)
Bezugsquelle: http://www.archiv-der-zukunft.de/

Film: Der Raum als dritter Pädagoge.
http://www.youtube.com/watch?v=8X3FCyO0Buc (18.7.2010)


**Schlagwörter:**

Materialien; Raumgestaltung.

# Von der Beek: Der Raum als 3. Erzieher

Der Satz vom Raum als drittem Erzieher wird oft zitiert und nicht selten fehlinterpretiert. Ein ärgerliches Missverständnis liegt darin, dass Räume ErzieherInnen überflüssig machen könnten. Dann wäre auch die Formulierung falsch. Es müsste vom Raum als erstem Erzieher die Rede sein. Allerdings muss der Raum nicht, wie in Reggio, wo zwei Erzieherinnen eine Gruppe betreuen, der 3. Erzieher, er kann auch der 2. Erzieher sein, wenn nur eine Erzieherin für eine Gruppe zuständig ist. Mit dem Satz soll ausgesagt werden, dass Räume wirken und zwar so stark, dass sich weder Kinder noch die ErzieherInnen ihrer Wirkung entziehen können. Es liegt in ihm die Aufforderung an die ErzieherInnen, seine miterzieherische Wirkung zu nutzen und (mehr als ein Hinweis, eher eine Mahnung an die Architekten und andere, die für die Bereitstellung und Ausstattung von Räumen in Kindertagesstätten verantwortlich sind) die pädagogische Bedeutsamkeit der Räume zu beachten. Trotz ihrer Bedeutung wird Räumen in der pädagogischen Debatte und in den pädagogischen Institutionen, in den Kindertagesstätten und mehr noch in den Schulen, zu wenig Aufmerksamkeit gezollt.

Nicht zufällig standen bei den meisten reformerischen Bestrebungen in der Pädagogik Räume, im engeren und im weiteren Sinn, im Mittelpunkt des Interesses. Die Reggio-Pädagogik schließt also an eine reformpädagogische Tradition an. Sie hat das Wissen um den tiefgreifenden Einfluss von Räumen auf Menschen von Anfang an ernst genommen und es ist ihr in beispielhafter Weise gelungen, ihre theoretischen Einsichten auch praktisch umzusetzen. Dass dies nicht selbstverständlich ist, hat Hartmut von Hentig in einem Bericht über seine Erfahrungen bei der Planung und dem Bau der Bielefelder Laborschule und des Oberstufen-Kollegs dargelegt. Er schildert darin, „... wie die Kürzungen über uns kamen und wie Politik und Ökonomie und Architekten-Ästhetik am Ende die Pädagogik fast völlig aus dem Feld geschlagen haben. Das ist die Geschichte einer persönlichen Niederlage. Ich wusste ja, wie wichtig das Haus für die Pädagogik ist, die darin gemacht werden soll." (1)

Vea Vecchi, die Atelierista der Kindertagesstätte Diana, berichtet, dass man sich in Reggio vor 30 Jahren verstärkt der Frage zuwendete, welche Räume die Kinder in den Krippen und Kindertagesstätten brauchen. (2) Dazu wurden zwei Arbeitsgruppen gebildet, an denen die Fachberaterinnen (Pedagogista), ErzieherInnen und KunstpädagogInnen (Atelierista) ebenso beteiligt waren wie ein Architekt sowie, zu einem späteren Zeitpunkt, die gewählten Elternvertreter. Sie teilten die kommunalen Kita-Gebäude in verschiedene Typen ein und untersuchten sie daraufhin, wie die Räume so gestaltet bzw. umgestaltet werden könnten, dass sie den pädagogischen Zielen und Methoden entsprechen. Ein Team beobachtete und analysierte, in welcher Weise Kinder, Erzieherinnen, hauswirtschaftliches Personal und Eltern die Räume nutzten. Die anderen machten eine Bestandsaufnahme der vorhandenen Möbel und Materialien und versuchten, die ganz unterschiedlichen und komplexen Aktivitäten schriftlich zu erfassen. Auf diese Weise erhielt man umfangreiches Material, auf das man im Laufe der Umgestaltungsprozesse immer wieder zurückgreifen konnte. Es gab also nicht von Anfang an den großen architektonischen oder raumgestalterischen Wurf. Auch in Reggio musste eine an den Bedürfnissen der dort tätigen Kinder und Erwachsenen sich orientierende Architektur und Raumgestaltung erst allmählich entwickelt werden. Von besonderer Bedeutung scheint mir der Hinweis der Reggianer darauf zu sein, dass sich pädagogische Ziele und Methoden nicht umstandslos in Raumgestaltung umsetzen lassen, sondern dass man sich des Mittels der Beobachtung bedienen muss, um die Raumgestaltung dem pädagogischen Konzept anzunähern. Man macht Beobachtungen, wertet sie aus, nimmt Veränderungen vor und überprüft deren Praktikabilität, beobachtet also wieder und wertet aus.

**Leitende Gesichtspunkte für den Bau und die Inneneinrichtung von Kitas**

Worin bestanden nun die wichtigsten Veränderungen, die seit 1970 nach und nach in allen kommunalen Krippen und Kindertagesstätten in Reggio vorgenommen wurden — so weit es die Architektur erlaubte — und die als leitende Gesichtspunkte für die Errichtung neuer Kitas galten?

Der Eingang ist die Visitenkarte. In ihm findet man Informationen über die Kita, zum Beispiel über Lage und Funktion der Räume, Namen und Aufgaben der ErzieherInnen und anderer Erwachsener oder über Dokumentation von Projekten und zwar anhand übersichtlicher Pläne, großformatiger Fotos, der Ausstellung von Arbeiten der Kinder und grafisch bearbeiteter, gut lesbarer Texte.

Jede Kita braucht einen zentralen Treffpunkt (Piazza) für alle Kinder und Erwachsenen, der zum Spielen, zum Gespräch und zu gemeinsamen Aktivitäten einlädt.

Die Küche sollte in der Mitte der Einrichtung angesiedelt werden, um zu verdeutlichen, dass sie der „Bauch" der Kita ist, aber auch um das Küchenpersonal aus der randständigen Lage, in der es üblicherweise arbeitet, ins Zentrum zu holen.

Mit der Küche steht die Einrichtung eines „Kinderrestaurants" in Verbindung, das es erlaubt, die Räume für die Kinder von Tischen und Stühlen zu befreien, die man ansonsten für die Mahlzeiten braucht. Der zentrale Essraum für alle Kinder ist räumlich unmittelbar der Küche zugeordnet, so dass es ganz kurze Wege beim Transport des Essens, des gebrauchten Geschirrs usw. gibt. Ein großes Innenfenster — oder, wie in einer Hamburger Kita ein offener Tresen — sorgt dafür, dass es einen alltäglichen, unkomplizierten Austausch zwischen Kindern, Erzieherinnen und denjenigen geben kann, die für etwas so Wichtiges wie die Zubereitung eines schmackhaften Essens zuständig sind.

Ebenfalls aus ihrem Schattendasein wurden die Sanitärräume geholt. Für die Kinder in der Krippe sind sie besonders wichtige Erfahrungsräume, in denen Waschrinnen zu Wasserspielen einladen und die Toiletten so niedrig sind, dass sie sie von Beginn an ohne die Hilfe der Erwachsenen aufsuchen können. Den älteren Kindern stehen die Waschrinnen als ständige

Gelegenheit zum Experimentieren zur Verfügung. Spiegel neben den Toiletten, über dem Wickeltisch, als Kachel oder so groß, dass sie ihren ganzen Körper betrachten können, befriedigen die Neugier der Kinder, regen zu immer neuen Spielen an und fordern zum Verweilen auf.

Kommunikation und Kooperation lassen sich architektonisch und innenarchitektonisch besonders wirksam durch Innenfenster und verglaste Türen sowie durch kurze Wege, d. h. vor allem durch die Vermeidung von Fluren, unterstützen. Die räumliche Transparenz ermöglicht Kindern und Erwachsenen nicht nur Blickkontakt, sondern auch Einblicke in die jeweiligen Aktivitäten der anderen. Das Prinzip der Transparenz gilt für die Innenfenster in Küchen ebenso wie für die teilverglasten Wände des zentralen Ateliers. Der Einrichtung eines Ateliers in jeder Kita, die Loris Malaguzzi und seine Mitstreiter gleich zu Beginn ihrer Tätigkeit vorgenommen hatten, folgte Anfang der 70er Jahre die Abtrennung eines Raumes von jedem Gruppenraum, der die Bezeichnung Mini-Atelier erhielt, weil er ähnlich ausgestattet ist wie das große Atelier. Während das zentrale Atelier nicht nur, aber auch der Arbeitsplatz der Atelierista ist, sind die Mini-Ateliers für die Kinder Teil der Gruppenräume. Sie finden dort altersentsprechende und projekt-spezifische Materialien vor, von denen sie sich inspirieren lassen und mit denen sie selbständig umgehen können, die aber auch der unproblematischen Durchführung der täglichen, geplanten Aktivitäten in kleineren Gruppen dienen. Diese Mini-Ateliers sind mit einer Glasfront mit den Gruppenräumen verbunden, im Gegensatz zu anderen Nebenräumen, die durch geschlossene Wände abgetrennt sind. Neben akustischen Gründen spielt der Gesichtspunkt, Kindern Rückzugsmöglichkeiten zu bieten, bei der Entscheidung, ob Wände transparent sein sollten oder nicht, eine Rolle.

Damit komme ich zu den Ergebnissen der neuesten Untersuchung zu Fragen der Raumgestaltung in Reggio aus dem Jahre 1998. Diese Untersuchung wurde durchgeführt im Rahmen eines Projektes in Zusammenarbeit mit der Domus Akademie (Domus Academy Research Center), einem Zusammenschluss, von Designern und Architekten, mit Sitz in Mailand, die 1983 gegründet wurde und heute sowohl Forschungs- als auch Weiterbildungszwecken dient. Ein Ziel des Projektes bestand darin, Schlüsselwörter zu finden, die angeben könnten, welche wünschenswerten Merkmale Räume für Kinder heute erfüllen sollten. Als geeignete Schlüsselwörter wurden unter anderem Reichhaltigkeit, Vielfalt, Durchlässigkeit, Verschiedenartigkeit, Sinnlichkeit, des Umgangs mit Gegensätzen, das Stiften von Beziehungen, Partizipation und Gemeinschaft, die Anregung zum Austausch und die Ermöglichung von Entwicklung identifiziert. Zum anderen sollte ein Instrumentarium entwickelt werden, mit dem sich die wichtigsten Faktoren der Gestaltung von Innenräumen, also Licht, Farben, Akustik, Materialeigenschaften, Raumklima und Geruchsqualität kritisch analysieren ließen. Aus der intensiven Auseinandersetzung von Architekturspezialisten und Pädagogen mit Licht, Farben, Akustik usw. entwickelten sich Hinweise auf die konkreten Anforderungen an die innenräumliche Gestaltung, die nicht nur für die Krippen und Kindertagesstätten in Reggio Gültigkeit beanspruchen können.

**Raumgestaltungskonzepte in Reggio und in der BRD**

Mir scheint es sinnvoll, sowohl die pädagogischen Nutzungsanalysen als auch die Ergebnisse der Untersuchungen zu den Raumgestaltungsfaktoren in Reggio anhand einiger Beispiele mit Raumgestaltungskonzepten zu vergleichen, die in den letzten Jahren in der BRD entwickelt wurden.

Vea Vecchi charakterisiert ein zentrales Ergebnis der Be(ob)achtung der kindlichen Handlungen als einen Hinweis, den die Kinder selbst gegeben haben: Ihr Bedürfnis nach Rückzug! Sie brauchen Räume, in denen sie sich von ihren Aktivitäten ausruhen und gleichsam ihre Batterien wieder aufladen können. Da sie den ganzen Tag im Kontakt mit vielen anderen Kindern und Erwachsenen sind, kommt immer wieder der Punkt, an dem ihr Bedarf nach Austausch gesättigt ist und sie eine Zeitlang für sich sein mochten, um sich dann erneut den anderen zuzuwenden. Als Rückzugsräume dienen in Reggio zum einen Nebenräume ohne Innenfenster sowie Ecken, die von der Gemeinschaftsfläche abgetrennt sind, zum anderen ergaben die Beobachtungen, dass alle möglichen Einrichtungsgegenstände, vor allem Tische, als Höhlen von Kindern genutzt werden.

In der BRD hat Wolfgang Mahlke, Professor fülr Kunst und Sonderpädagogik in Würzburg, seit Mitte der 80er Jahre darauf aufmerksam gemacht, dass Kindergärten (und Schulen), die ausschließlich unter dem Gesichtspunkt der Funktionalität, das heißt Überschaubarkeit und Pflegeleichtigkeit, errichtet werden, den Kindern das Gefühl von Unbehaustheit vermitteln — und autoritäres Erzieher- (und Lehrer-)verhalten geradezu herausfordern. Er hat dem ein Raumgliederungskonzept entgegengesetzt, das durch Einbauten aus Holz die Fläche und die Höhe der Räume unterteilt. Dadurch werden kindliche Maßstäbe berücksichtigt. Die Kinder erhalten

„Räume im Raum", die für die Erwachsenen nicht ohne weiteres einsehbar sind, in die sie sich zurückziehen und in kleinen Gruppen spielen können.(3)

In Hamburg haben wir diese Idee aufgegriffen und sie mit dem Konzept der offenen Arbeit, also der Auflösung der Gruppenräume und der Einrichtung sogenannter Funktionsräume, verbunden.(4) Die eingebauten Spielebenen bieten den Kindern Rückzugsmöglichkeiten. Je nachdem, ob der Raum zum Beispiel schwerpunktmäßig Angebote zur Bewegung oder zum Rollenspiel enthält, wird er durch die Einbauten unterschiedlich gegliedert. Die Räume im Raum unterscheiden sich in ihren Flächen, vor allem aber in ihren Anreizen zur Bewegung. Um es an einem Beispiel zu verdeutlichen: Im Rollenspielraum sind die Flächen auf und unter den Spielebenen größer als im Bewegungsraum, da Platz für diverse Rollenspielmöbel benötigt wird. In der Regel reicht die Raumhöhe für eine dritte kleine Ebene, einen Holzverschlag, der wie ein Schwalbennest unter der Decke klebt. Solch ein Nest zum Ausruhen und Schauen in luftiger Höhe befindet sich auch im Bewegungsraum, ist dort jedoch Teil einer Spielpodestlandschaft, die außer zu Rückzug und Rollenspiel auch noch unter anderem Gelegenheit zum Klettern durch eine felsartig gestaltete Wand, zum Rutschen durch eine schräge Ebene und zum Schwingen durch einen Schaukelbalken gibt.

Die jüngsten Untersuchungen in Reggio unterstreichen noch einmal eindrucksvoll, dass die Kinder unablässig damit beschäftigt sind, an ihren Beziehungen zu ihren Altersgenossen zu arbeiten. Sie schließen sich in Gruppen von Gleichaltrigen (peer-groups) zusammen. In der Regel sind es nicht mehr als drei Kinder. Wenn die Kinder morgens in die Kita kommen, werden in diesen kleinen Gruppen zum Beispiel Dinge getauscht, die von zuhause mitgebracht wurden, und Aktivitäten für den Tag geplant. Zu diesem Zweck bevorzugen die älteren Kinder (die Fünf- bis Sechsjährigen) kleine Ecken und abgelegene Plätze in der Einrichtung, während sich die Jüngeren (die Drei- bis Vierjährigen) am liebsten dort treffen, wo sie sich bewegen können. Die Kinder brauchen also sowohl kleinräumige Angebote, Nischen, in die sie sich zurückziehen können, als auch ein großzügiges Platzangebot, das sie für Bewegung nutzen können.

Ebenfalls bestätigt wurde die Beobachtung, dass Kinder aller Altersstufen und beiderlei Geschlechts Geschichten lieben. Sie weben ständig an diesen Geschichten und versetzen sich in ihrer Fantasie hierhin und dorthin. Diese Tatsache ist ein gewichtiger Grund dafür, den Räumen nicht absichtlich Erwachsenen-Geschichten einzuschreiben. Die Pädagogen in Reggio haben daraus die praktische Konsequenz gezogen, den Kindern für ihre Geschichten Materialien bereitzustellen, die sie umfunktionieren können. Diese Dinge sollten vor allem von den Kindern selbst zu transportieren sein, damit sie sich die jeweiligen „Räume im Raum" schaffen können. Die Kitas, mit denen wir zusammenarbeiten, bieten den Kinder zunehmend multifunktionale Materialien, wie Kartons, Kisten, Kästen, Holzabschnitte, Bretter, Decken und Tücher an. Einige Elemente müssen stabil sein, andere dürfen verbraucht werden. Sie sollten unterschiedlich, aber auch miteinander kombinierbar sein. In Reggio gehören zu einer differenzierten Materialausstattung auch die neuen Medien. Äußerst anregend finde ich den Hinweis aus Reggio, dass sich die Kinder mit künstlichen Lichtquellen, insbesondere einer so starken Lichtquelle wie dem Overhead-Projektor, eigene imaginäre Räume schaffen können.

Ein weiterer wichtiger Hinweis für die Gestaltung von Räumen ergibt sich aus der Beobachtung, dass Kinder Räume und Materialien nicht nur in der von den Erwachsenen vorgesehenen Weise nutzen. Mädchen und Jungen wollen sich bewegen, bauen, Rollen spielen, experimentieren, ruhen, konstruieren und gestalten. Sie benötigen dafür entsprechende Räume und Materialien.

Sowohl das Würzburger Modell (5) als auch das Hamburger Raumgestaltungsprogramm sehen in der Entwicklung von spezifischen Material- und Raumangeboten, die dennoch die Möglichkeit eröffnen, verschiedene Aktivitäten miteinander zu verbinden, eine zentrale Anforderung an Architekten und Raumgestalter. Während das Würzburger Modell, im Sinne der Gruppenpädagogik, unterschiedliche horizontale und vertikale Zonen im Gruppenraum bereitstellt, in denen die Kinder Rollen spielen, bauen oder malen und diese Spiele allein aufgrund der kurzen Wege miteinander kombinieren können, sieht das Hamburger Raumgestaltungskonzept für die offene Arbeit in der Kita die differenzierte Gestaltung eines Raumes, jeweils mit einem Schwerpunkt (Rollenspiel, Bauen, bildnerisches Gestalten usw.) vor. Das hat den Vorteil, dass nicht miteinander vereinbarende, vor allem laute und leise Tätigkeiten räumlich von einander getrennt werden können. Damit „Funktionsräume" die Fähigkeit der Kinder, „an ihren Geschichten zu weben" (Vea Vecchi), nicht beeinträchtigen, sollte sich die Fantasie von Architekten und Innenraumgestaltern darauf richten, Übergänge herzustellen, nicht nur durch Innenfenster und verglaste Türen, sondern auch durch Tunnel, Brücken, Durchbrüche oder Zwischenzonen, ohne vorgegebene Nutzung, die die Kinder ihren Bedürfnissen entsprechend in Beschlag nehmen können.

Ein letztes Beispiel aus den reggianischen Untersuchungen der Frage, was bei der Gestaltung von Räumen für Kinder ganz konkret und praktisch beachtet werden sollte, bezieht sich auf

die Art und Weise, in der Räume auf unsere Sinne wirken — durch Licht, Akustik, Materialeigenschaften, Farben, Geruchsqualitäten und Raumklima. Alle diese Faktoren werden bei der Planung von Kindergärten und Tagesstätten bis heute zu wenig berücksichtigt.

**Akustik, Materialeigenschaften, Raumklima, Farben und Licht**

Besonders gravierend scheint mir die Vernachlässigung akustischer Fragen durch Architekten und Raumausstatter zu sein, aber auch durch die Pädagogen. Im Projektbericht der Domus Akademie und des Pädagogischen Zentrums in Reggio wird festgestellt, dass einem Besucher von Kindertagesstätten oft als erstes die Lautstärke auffällt. Weil dies so ist, widmen sowohl das Würzburger Modell als auch das Hamburger Raumgestaltungsprogramm der Gestaltung der Geräuschatmosphäre ihre ganz besondere Aufmerksamkeit. Durch die Einbauten aus Holz und die damit einhergehende Gliederung von großen, übersichtlichen Gruppenräumen in „Räume im Raum" wird die akustische Qualität der Räume nachhaltig verbessert. Dabei ist ausschlaggebend, dass die Kinder in selbstgewählten kleinen Gruppen parallel spielen können, so dass der Lärm, wie er in der Großgruppe entsteht, gar nicht aufkommen kann. Auch der Einbau von Rückzugsgebieten senkt den Geräuschpegel, weil die Kinder selbstbestimmt zwischen Ruhe und Aktivität wählen können. Durch die Änderung des pädagogischen Konzepts, also die offene Arbeit in Funktionsräumen, ist es, wie schon erwähnt, möglich, die lauteren von den leisen Aktivitäten räumlich zu trennen. Vor allem die Bereitstellung von „Bewegungsräumen", die wir übrigens bewusst nicht „ Toberäume" nennen, weil ihre Gestaltung den differenzierten Bedürfnissen der Kinder nach Bewegung Rechnung tragen sollte, führt dazu, dass es in den anderen Räumen erheblich leiser als vorher ist. In den Bewegungsräumen sollte eine schlechte Akustik allerdings auch nicht als gegeben hingenommen werden. Wenn es in diesen Räumen dröhnt und hallt, müssen besondere Schall-schutzmaßnahmen ergriffen werden: Schallschutzdecken, geräuschdämmende Fußbodenbeläge, wie Teppichoder Korkböden, und eine schallabsorbierende Wandgestaltung, z. B. durch Sajade. Die beste „Hörsamkeit" der Räume für Kinder lässt sich erreichen, wenn der Architekt die raumakustischen Anforderungen von vornherein berücksichtigt, also große, harte Oberflächen aus Glas und rohem Stein oder Beton vermeidet und solche Raumhöhen schafft, bei denen es ohne weiteres möglich ist, die Decken abzuhängen.

In vielen Gruppenräumen in Reggio absorbieren großflächige Schattenspiel-Leinwände, Vorhänge und andere textile Materialien ebenso wie Grünpflanzen den Schall. Die Würzburger und wir in Hamburg empfehlen den Kitas, bei der Möblierung Materialien mit porösen Oberflächen den Vorzug vor den üblichen Kindergartenmöbeln zu geben.

Unsere Holzeinbauten werden nicht lackiert. Im Vergleich zu lackiertem Holz schluckt naturbelassenes Holz nicht nur den Schall besser, sondern fördert auch die Wahrnehmungsfähigkeit der Kinder. Sie können es riechen. Es regt ihr Tastempfinden an.

Damit wird einem weiteren bedeutsamen Faktor der Raumgestaltung, nämlich der Verwendung von Materialien, die die Sinne anregen, Rechnung getragen. Oft tritt aus hygienischen Gründen und als Resultat der industriellen Massenfertigung von Kindergarten-Einrichtungen der Aspekt der taktilen Qualität der Möbel in den Hintergrund. Um den Kindern — und zwar nicht in der Form von Tastwänden — differenzierte Sinneserfahrungen zu ermöglichen, ist es notwendig, ihnen nicht nur einförmig glatte, sondern auch raue, kühle, warme, weiche, harte, wellige oder knotige Oberflächen zu bieten. Im Hamburger Raumgestaltungskonzept spielt der Einsatz und die Kombination unterschiedlicher Materialien eine zentrale Rolle: knotige Taue und Kletternetze in Bewegungsräumen; dicke, weiche Vorhänge aus Samt im Rollenspielbereich, eine kühle, glatte Metallplatte, eingelassen in den Korkbelag auf einer Spielpodestebene; mit Teppichboden belegte „Treppenwellen" als Aufstieg; Stoffsegel zur Absenkung von hohen Decken; Baldachine aus Seide sowie Lammfelle zur Auspolsterung von Höhlen und anderer Rückzugsbereiche.

Obwohl sich auch die Reggianer mit ökologischen Fragen des Bauens und der Innenarchitektur auseinandersetzen, scheint es so zu sein, dass in Würzburg und in Hamburg mehr Wert auf die Verwendung von Naturmaterialien gelegt wird als in Reggio. Während für uns über die sinnliche Qualität des verwendeten Materials hinaus, ein positiver Zusammenhang zwischen natürlichen, unbelasteten Baustoffen und dem Raumklinia besteht, beschäftigen sich die Reggianer, auf dem Hintergrund unterschiedlicher klimatischer und kultureller Gegebenheiten, stärker mit Fragen der Regulierung der Temperatur in den Innenräumen. Dabei betonen sie auch hier, wie wichtig es für die Kinder ist, Unterschiede zu erleben. Ziel sollte also nicht die technisch perfekte, homogene Klimatisierung der Räume sondern die Möglichkeit sein, mittels verschiedener technischer Systeme, wie Heizung, insbesondere Fußbodenheizung, und Ventilatoren, ein jeweils passendes Raumklima zu erhalten.

Bei der Farbgestaltung der Räume sind sich Pädagogen und Architekten aus Reggio, Würzburg und Hamburg darin einig, dass die Farben der Räume so zurückhaltend sein sollten, dass die Kinder, ihre Produkte und die Einrichtungsgegenstände sowie die Materialien zur Geltung kommen können. Die Reggianer empfehlen neutrale Böden, d. h. ohne Muster, und helle Decken, damit künstliches Licht optimal eingesetzt werden kann. Für die Wahl der Wandfarben sollte ausschlaggebend sein, dass sie nur den Hintergrund für die Dokumentation der pädagogischen Arbeit und die Werke der Kinder bilden. Sie plädieren dafür, reine (aggressive) Primärfarben (Rot, Gelb, Blau) zu vermeiden und stattdessen abgetönten und gemischten Farben den Vorzug zu geben. Dabei können die Gegenstände im Raum durchaus aufeinander abgestimmt farbig, aber eben nicht wahllos bunt sein, damit insgesamt ein farblich harmonischer Eindruck herrscht.

Als ein letzter bedeutsamer Faktor der Raumgestaltung sei hier der bewusste Umgang mit Licht angeführt. Eine ausreichende Menge Tageslicht ist für Kinder und Erwachsene in erster Linie aus biologischen Gründen wichtig, aber auch deshalb, weil wir sonst nicht den Wechsel des Wetters sowie verschiedene Tages- und Jahreszeiten wahrnehmen können. Kita-Räume dürfen also nicht so dunkel sein, dass man sich in ihnen bei Tage nur mit Kunstlicht aufhalten kann. Wolfgang Mahlke hat darauf aufmerksam gemacht, dass es in der modernen Architektur einen Trend gibt, so große Fensterflächen einzubauen, dass auch dies wieder problematisch ist, da zu helle Räume den Kindern keine Rückzugsmöglichkeiten bieten. In Hamburg haben wir die Erfahrung gemacht, dass Kita-Räume oft zu dunkel sind. Wir setzen uns deshalb intensiv mit Alternativen zur herkömmlichen künstlichen Beleuchtung auseinander. In der Regel finden wir Deckenrasterlampen vor, die die Räume unterschiedslos hell und schattenfrei beleuchten. Ihre Verwendung ist nicht immer kostengünstiger, aber in jedem Fall weniger arbeitsaufwendig als die Suche nach verschiedenen Beleuchtungskörpern für die unterschiedlichen Aktivitäten der Kinder, also z.B. helles, aktivierendes Licht für die Bewegungsräume und gebündeltes, schattenwerfendes Licht in den Ecken oder Räumen zum Bauen. In Reggio spricht man davon, dass in Räumen für Kinder Lichtlandschaften geschaffen werden sollten. Für besonders bedeutsam wird gehalten, dass die Kinder natürliches und künstliches Licht durch Vorhänge, Rollos, Jalousien und verschiedene Licht-kreise selbständig regulieren können. Die intensive Auseinandersetzung mit Licht und Schatten ist ein immer wiederkehrendes Thema in der Projektarbeit. Am Beispiel des Umgangs mit Licht wird einmal mehr deutlich, wie eng der Zusammenhang zwischen einer Wohlbefinden erzeugenden Gestaltung der Räume und dem Schaffen räumlicher Gelegenheiten für die Kinder ist, ihre Umwelt zu erforschen.

Räume wirken! Diese Tatsache für die pädagogische Arbeit in Kindertagesstätten fruchtbar gemacht zu haben, ist ein wesentliches Verdienst der Reggio-Pädagogik. Ich wünsche den Kindern hier und anderswo, dass sich noch viele Pädagoginnen und Pädagogen von ihr inspirieren lassen.

Anmerkungen

1 Hartmut von Hentig: Die Gebäude der Bielefelder Laborschule. In: Gerold Becker/Johannes Bilstein/Eckart Libau (Hrsg.): Räume bilden. Studien zur pädagogischen Topologie und Topographie, Seelze-Velber, o.J., S. 143

2 Vea Vecchi: What kind of space for living well in school? In: Guilio Ceppi/Michele Zini: Children, spaces, relations. Metaproject for an environment for young children, Reggio Emilia, 1998

3 Wolfgang Mahlke/Norbert Schwarte: Raum für Kinder. Ein Arbeitsbuch zur Raumgestaltung in Kindergärten, Weinheim 1997 (4. Auflage)

4 Angelika von der Beek/Matthias Buck/ Annelie Rufenach: Räume bilden. Ein Ideenbuch für Raumgestaltung in Kitas, 2001

5 Ein Zusammenschluss von Architekten, Innenarchitekten, Pädagogen und Tischlern setzt die Arbeit von Wolfgang Mahlke im Sinne des Würzburger Modells fort. Informationen erhalten Sie über: Bauen für Geborgenheit e. V., Weimarer Str. 21,  90518 Altdorf

Quelle: PÄD Forum Juni 2001; S. 197 – 202


## Arbeitsaufträge / Fragestellungen:

1.Welchen Aspekten des Raumes werden welche Bedeutungen zugeschrieben?

2. Analysieren Sie die Argumentationmuster des Texts.

3.Vergleichen Sie die Überlegungen von Maria Montessori zur Lernumgebung mit dem Raumkonzept der Reggio-Pädagogik.


## Weiterführende Informationen: Materialien / Offener Kindergarten

Remida Hamburg

http://www.remida.de/

http://www.remida.de/doc/flyer.pdf


Interview mit Susanne Günsch

http://www.soal.de/news/remida.html

Regel, Gerhard / Kühne, Thomas: Pädagogische Arbeit im Offenen Kindergarten. Freiburg 2007


## Schlagwörter:

Bedeutung von Räumen; Raumgestaltung.

# Krämer: Abenteuer Spiegel

In der Reggio-Pädagogik haben Spiegel in der Arbeit mit Kindern eine wichtige Bedeutung. Sie begleiten einen durch alle Räume und kommen in vielfältigen Formen, an den überraschendsten Plätzen und meist in Augenhöhe der Kinder vor. Es gibt kleine, große, eckige, runde, ovale Spiegel. Spiegel, die an der Wand oder der Decke hängen, auf dem Fußboden liegen oder zum Herumtragen sind. Als Besonderheiten gibt es Eck- und Klappspiegel, Spiegelzelte, -wagen und -tische, Zerr- und Vergrößerungsspiegel sowie Periskope, mit denen man um die Ecke gucken kann, und Kaleidoskope. Schon in den Eingängen wird man manchmal von seinem eigenen Gesicht begrüßt und kann sich so beim Eintreten mit der Einrichtung in Verbindung bringen. Zum Beispiel hängt im Eingangsbereich der Kindertagesstätte „Diana" eine Spiegelstraße, die zudem mit zwei hervorstehenden Prismen ergänzt ist. In den hervorstehenden Flächen spiegelt sich die Umgebung. Gleichzeitig kann sich das Kind darin selber sehen. Ich stelle mich zwischen die zwei Prismen und sehe die Umgebung in meinem Rücken. Gleichzeitig blicke ich in mein Gesicht und kann es fast von allen Seiten betrachten. Ich kann meinen Kopf darin verstecken. Das schafft eine Intimität für gewagtes Grimassenschneiden und mimisches Ausprobieren von Gefühlen. Wie geht es mir heute? Bin ich fröhlich, traurig, wach, müde und so weiter ...
In den Räumen sind die Spiegel einfach „da" und üben ihre Faszination aus, ohne aufdringlich zu sein. Will man nicht hineinsehen, gibt es viele andere ansprechende Dinge, die ihre Aufmerksamkeit auf sich ziehen.
Spiegel sind Orte der Begegnung mit sich selbst, den anderen und der Umgebung. Sie sind Entdeckungsorte, regen an, machen Spaß, konfrontieren mit Bekanntem und Fremdem. Sie faszinieren, begeistern und können gleichzeitig irritieren, täuschen und betrügen. Sie zeigen ein Bild, in dem man erkennen kann, daß alles mit allem zusammenhängt.
Manchmal braucht man Mut, in den Spiegel zu schauen. Er zeigt immer ein seitenverkehrtes Bild von mir. Meine rechte Hand begegnet mir im Spiegelbild linksseitig. Obwohl der Spiegel immer eine vertraute Grundstruktur von meinem Bild, meinem Gesicht, Körper und so weiter zeigt, wirkt er doch immer wieder anders. Sei es durch zufällige Blickwinkel, durch unterschiedliches Licht und nicht zuletzt durch die Gefühlsstimmung des Betrachters.

## Spiegel sind Herausforderung und Abenteuer

Die Reggianer haben mit der Konstruktion einer Zauberpyramide, eines dreiseitigen Zeltes mit Innenspiegel, diese Herausforderung noch verstärkt. Legt oder setzt man sich in dieses Spiegelzelt — Kinder können darin stehen —, sieht man sich mehrfach von allen Seiten gespiegelt. Man sieht sich hundert- und tausendfach. Kein Bild, keine Situation läßt sich wiederholen. Die Vielfalt der Bilder und Eindrücke nehmen kein Ende. Zudem sieht man in eine unendliche Tiefe, was Kinder veranlaßt, sich beim Eintreten in das Spiegelzelt zu verabschieden. Sie machen eine Reise.
Nachdem ein nachgebautes Spiegelzelt in unserer Einrichtung in Frankfurt stand, erfuhr ich von einem Traum eines Fünfeinhalbjährigen. Er erzählte: „Ich träumte, daß ich im Traum träume." Daraus zog er den Schluß: „Wenn man im Traum träumt, daß man träumt, ist es unendlich. Und wenn etwas unendlich ist, ist es die Wirklichkeit."
Seine Mutter fragte ihn, wie er darauf kommt. Er antwortete: „Es ist wie im Spiegelzelt. Da habe ich mich auch unendlich gesehen und das ist ja wirklich gewesen." Diese philosophische Denkweise eines fünfeinhalbjährigen Kindes hat mich überrascht und sehr beeindruckt. Ich

lerne davon, daß Kinder direkter und unkomplizierter denken als wir Erwachsenen. Sie sind im Umgang mit den Spiegeln unbefangener und noch nicht so stark von gesellschaftlichen Vorgaben beeinflußt. „Zwischen den Kindern und dem Spiegel existiert eine intensive und oft unterschätzte Empathie, die kein Ausweichen oder Unterdrücken kennt: vor allem zwischen dem Spiegel und dem Gesicht."'

Der Umgang mit Spiegeln ist sehr von der Stimmung, dem Befinden und dem Selbstvertrauen abhängig. Fühle ich mich wohl, schaue ich häufiger und anders in den Spiegel. Ich betrachte mein Gesicht, schaue mir in die Augen. Fühle ich mich unwohl, benutze ich den Spiegel ausschließlich zur Kontrolle meiner Frisur, meiner Kleidung ...

Bei den Kindern in meiner Einrichtung konnte ich ähnliches Verhalten beobachten. Das Spiegelzelt wurde von ihnen gemieden, wenn sie sich unwohl fühlten.

Waren sie ausgeglichen, fühlten sich sicher, gestärkt und aufgehoben, gingen sie immer wieder und oft für längere Zeit in das Spiegelzelt. Sie gingen auf Reise in ihre eigene Welt. So hörte ich sie öfters rufen: „Tschüß Gisela, wir fahren jetzt weit weg." Manchmal fügten sie an, daß sie nie wieder zurückkommen würden. Dann spielte ich mit ihnen das Spiel der zurückgelassenen traurigen Bezugsperson oder Mutter und wünschte mir, daß sie irgendwann wieder zurückkommen würden.

Die Kinder liebten dieses Spiel und ich folgerte daraus, daß sie mir die Rolle gaben, sie in ihren Autonomiebestrebungen zu halten und auch zu unterstützen. Spielerisch wurden mit Hilfe des Spiegelzeltes Trennungs- und Abenteuerängste gelebt. Wichtige Situationen, um das eigene Ich der Kinder und die Identitätsbildung zu fördern.


**Spiegelung in der Pfütze**

Seit Urzeiten gibt es Selbstspiegelung. So kann man sich je nach Lichteinfall in einer Pfütze sehen. In früheren Zeiten sind Menschen ihrem Spiegelbild beim Wasserschöpfen begegnet. Die Spiegelung des eigenen Selbstbildes, des „Ichs", ist etwas Natürliches. Trotzdem haftet den Spiegeln viel Negatives und moralisch Verwerfliches an. Er ist mit Aberglaube und Mythen behaftet:
—       Wer zu oft in den Spiegel schaut, wird eitel und egoistisch.
—       Man begeht eine Sünde, weil man den Körper zu wichtig nimmt.
—       Narziß stirbt an seinem Selbstbild.
—       Ein zerbrochener Spiegel bringt sieben Jahre Unglück. Und so weiter. Mariano Dolci schreibt, daß es eine „Gleichsetzung der Seele mit dem Spiegelbild oder dem Schatten gibt."'
Der Verlust des Spiegelbildes wird dem Verlust der Seele gleichgesetzt und bedeutet den Tod. Es gibt böse Geistergestalten, wie die Vampire (Graf Dracula), die kein Spiegelbild und damit auch keine Seele haben. Zudem wird die Umkehrung des Bildes im Spiegel (linker Arm ist rechts) dem „Reich der Toten" zugerechnet. Dem „unterirdischen Land, wo die Sonne im Westen aufgeht und im Osten untergeht". Aber „die Umkehrung des Bildes findet auch im Paradies statt, wo wir letztlich unsere eigentliche Gestalt wiederfinden werden".'
Will man Kinder in der pädagogischen Praxis mit dem Spiegel über seinen üblichen Gebrauchswert hinaus konfrontieren, muß man ihn von Vorurteilen befreien. Malaguzzi schreibt hierzu: „Wir mußten den Spiegel befreien von Mythen, übertriebenen Deutungen und symbolischem Pathos, damit er zum schlichten funktionalen Hilfsmittel werden konnte ... um dem Kind dabei zu helfen, sich ein Bild von sich selbst zu machen, sich seine eigene Identität, wie auch die der Dinge und der anderen Menschen anzueignen."' Der Spiegel ist Hilfsmittel zur Identitätsfindung und Ichbildung. Zum Erkennen, es ist und es ist nicht, ich bin und ich

bin nicht. Ein Spiegel ist von sich aus leer und wird von den Bildern der Umgebung und der Betrachter gefüllt. Man kann in ihm erscheinen, verschwinden und zurückkommen. Spiele, die kleine Kinder lieben und die uns als Kuckuckspiele vertraut sind. Vielleicht sind die Spiele bei den Kindern deshalb so beliebt, weil sie einerseits mit Veränderung und Bewegung und andererseits mit der Gewißheit und Stabilität des Wiederauftauchens zu tun haben. Vielleicht sind es auch die Momente, in denen das Kind ein räumliches Bild von sich selbst gewinnt und damit ein Bild vom eigenen Körper. „Es ist der Wandel der Dinge, der Entwicklung fördert und Wahrnehmung nicht nur interessant macht, sondern auch schärft." Malaguzzi sagt hierzu an anderer Stelle: „Wir wissen, daß die Einheit von Körper und Ich nicht primär vorhanden ist, sondern erworben wird". Zu dieser Thematik gibt es wissenschaftliche Arbeiten. Lacan prägte den Begriff der „Spiegelphase". Sie wird der Entwicklungsphase von Kindern zwischen dem sechsten und achtzehnten Monat zugeordnet. Eine Entwicklungsstufe, in denen das Kind aus der symbiotischen Einheit zur Mutter herausschlüpft und ein Bild von sich entwickeln kann. Spiegel sind hier Hilfsmittel, die die Wahrnehmung, das Sichselbsterkennen fördern und so das Kind unterstützen, ein Gesamtbild von sich selbst zu bekommen. Betrachtet man sich ohne Spiegel und schaut an seinem Körper herunter, sieht man eventuell vom Gesicht die Nasenspitze und ab dem Schultergürtel die vordere Körperseite. Wie man ansonsten aussieht, erfährt man nur über die Beschreibung von anderen Menschen und mit Hilfe des Spiegels. Für die Reggianer ist der Spiegel aber nicht nur ein Hilfsmittel zur Bewußtwerdung seiner selbst und der Identitätsbildung. Er ist mehr. Er ist eine Bereicherung von Sichtweisen und Sinneseindrücken, die zum Staunen, genauerem Hinsehen, Vergleichen, Ausprobieren und nicht zuletzt zu Fragen und neuen phantastischen Bild- und Gedankenzusammenhängen anregen. Sie machen Mut, Neues auszuprobieren, und sie regen zu Rollenspielen an: zu Fragen, wie wirke ich mit meiner Mimik und Gestik auf andere. Die Kinder können vor dem Spiegel ausprobieren, ob sie mit ihrem eigenen Bild zufrieden und einverstanden sind. Sie können dabei in neue gewagte Vorstellungen schlüpfen und mit dem Spiegel überprüfen, ob sie so sein wollen. Mit diesen Impulsen vom eigenen gespiegelten Bild probieren sich die Kinder anschließend in der Kindergruppe aus und erleben sich damit in einer neuen Wechselwirkung von: Ich bin, werde so gesehen und löse damit bestimmte Reaktionen aus. In der Kindertagesstätte
„Diana" gibt es eine Verkleidungsecke mit Spiegel. Obwohl sie mitten im Atrium, der Eingangshalle liegt, ist sie durch die schneckenförmige Anlegung, ein geschützter Raum. Neben den Spiegeln hängen Kleider, Röcke, Hüte, Schleier, Ketten und alles, was man zum Verkleiden braucht. Im Spiegel überprüfen die Kinder ihr verändertes Aussehen durch die Verkleidung. Sie „suchen nach passenden Bewegungen und Gesichtsausdrücken": Treten sie aus der Verkleidungsschnecke, werden die anderen Kinder zu Mitspielern und übernehmen die Rolle des Spiegels.

**Spiegel und ihre Anwendung**

In den kommunalen Kindertagesstätten in Reggio Emilia sind Spiegel Spielgeräte für den alltäglichen Gebrauch, für ungewöhnliche Wahrnehmungen, Zaubereien und vieles mehr. Sie sind kein dekorativer Gegenstand und dienen nicht dem neuen Kult der „industriellen Konsumwelt", der mit Hilfe der Massenmedien einen neuen Mythos von körperlicher Schönheit, mit allen Empfehlungen für den Kauf von Mode und Kosmetik, schafft." Spiegel sind in der Reggio-Pädagogik schlichte, pädagogische' Hilfsmittel. Schon in den Kinderkrippen werden sie vielfältig, aber auch sorgfältig eingebracht. So haben sich die

Reggianer darüber Gedanken gemacht, wie die verschiedenen Größen, Formen und Anbringungsarten von Spiegeln in den unterschiedlichen Altersstufen auf die Kinder wirken. Daraus haben sie Arbeitsformen und Fragestellungen entwickelt. In diesem Zusammenhang greifen sie auf Untersuchungen, Erfahrungen und Erkenntnisse der Verhaltens- und Tierforschung sowie der Psychologie und Psychoanalyse zurück. Sie berufen sich dabei auf Arbeiten von Wallon, Zazzo, Darwin, Lacan und viele andere Wissenschaftler.

Darüber hinaus beobachten und reflektieren sie ihre eigenen Erfahrungen mit Spiegeln in den pädagogischen Einrichtungen. Die Ergebnisse ihrer Erfahrungen fließen in ihre erzieherische Arbeit ein.

Zum Beispiel stellten sie bei der Frage, wie und wann beginnt sich ein Kind für Spiegel zu interessieren, fest, daß das Interesse an Spiegeln im Kleinstkindalter (drei bis neun Monate) sich eher zufällig ergibt. Absichtlich nähern sich die kleinen Kinder dem Spiegel frühestens ab dem zehnten Monat.' Dabei interessieren sich die Kinder mehr für die Berührung der Fläche und die Reize, die davon ausgehen. Stellt sich ein Erwachsener gemeinsam mit einem Kind vor den Spiegel, so dreht sich das Kind vom Spiegel weg und schaut die Person direkt an. Die Reggianer folgern daraus, „daß das Interesse für das Bild anderer Menschen früher auftritt als das Interesse für das eigene Bild".' Ich schließe daraus, daß kleine Kinder ihren Halt und ihre Sicherheit in realen Personen und Welten suchen. Sie können mit zu vielen Reizen einer gespiegelten Welt überfordert werden. Trotzdem finde ich, daß in diesem Alter Spiegel ein bereicherndes Mittel sind. So haben mich runde Spiegel, die über Wickeltischen in den Krippen von Reggio Emilia hängen, fasziniert. Wie die Reggianer berichten, ziehen diese Spiegel die Aufmerksamkeit der Säuglinge stark an. Sie vermuten, daß dafür verschiedene Faktoren entscheidend sind. Wie zum Beispiel die Lage des Kindes und die Anbringung der Spiegel. Ich vermute, daß bei dem Säugling dadurch in frühester Phase eine Ahnung des Zusammenhangs von Berührtwerden, es fühlen und gleichzeitigem Sehen entsteht. Der Spiegel hilft ihm, sich seiner selbst, seinem Innen und Außen bewußter zu werden.

Die zentrale Anbringung eines großen Spiegels im Krabbelraum, der nächstälteren Gruppe, soll ebenso die Identifikation mit sich, den anderen und der Umgebung fördern. Der Spiegel ist direkt an der Wand über dem Krabbelteppich angebracht. Die Kinder können so die eigenen und die Bewegungen der anderen verfolgen und mit sich in Zusammenhang bringen. „Man könnte sagen, daß der Spiegel anfangs wie eine Verlängerung des Raumes gesehen wird." (11) Bei den Krabbelkindern gibt es eine weitere Besonderheit. Ein kleiner Holzwagen. Sie können sich an ihm hochziehen, mit ihm laufen lernen und in ihn hineinkriechen und sich durch andere Kinder damit herumschieben lassen. In den an ein oder zwei Wagenseiten angebrachten Spiegeln entstehen dadurch bewegliche Bilder, und zusätzlich können sich die Kinder bei ihren Aktivitäten betrachten. (12) Bei den eineinhalb- bis dreijährigen Kindern und auch im Kindergarten findet man Spiegel eher in einer Ecke. Die Kinder können vor ihnen spielen, bauen, malen und so weiter. Und ihrer Lust entsprechend den Spiegel dabei einbeziehen.

Eine Erfahrungserweiterung bieten Spiegel übereck. Diese vervielfältigen Bilder, eine interessante Sache, die aber erst ab einem bestimmten Entwicklungsalter eine fördernde und unterstützende Situation für die Neugierde der Kinder schafft. Kleine Kinder verwirrt die Vielfachspiegelung des Übereckspiegels. Sie müssen sich erst selbst im Ganzen erkennen, bevor sie mit der Mehrdimensionalität dieses Spiegels vertraut werden. Ein Grund, warum die Reggianer den Übereckspiegel erst bei Kindern über achtzehn Monaten anbieten.

Zur Anregung und Unterstützung der eigenen Wahrnehmung werden Spiegel an ungewöhnlichen Orten angebracht. Zum Beispiel am Boden. Man kann sich dann wie in einer Pfütze sehen. Allerdings hat der Spiegel eine Tiefenwirkung, die auch bedrohlich sein kann. Von daher braucht diese Art von Spiegeln bei kleinen Kindern eine sorgfältige Begleitung und manchmal auch eine haltende Hand eines Erwachsenen.(13)
Mit zunehmendem Alter der Kinder wird die Konfrontation mit den verschiedenen Formen, Größen und Anbringungsarten der Spiegel eine bewußt anregende Geschichte.
Es gibt kleine Spiegel, zum Beispiel im Bad über den Waschbecken, an Türen neben der Türklinke und so weiter. Sie zeigen nur einen Ausschnitt des Körpers, Gesichtes oder der Umgebung. Bei Spiegeln, die nur einen Ausschnitt zeigen, beobachteten die Reggianer, daß diese von sehr kleinen Kindern kaum benutzt werden. (14) Das Kind muß offensichtlich vorher Sicherheit über sein Gesamtbild erworben haben.
Es gibt Spiegel, die man herumtragen kann. Sie bringen den Raum in Bewegung. Mit ihrer Hilfe kann man rückwärts laufen, ohne an etwas anzustoßen. Der bewegliche Spiegel hilft auch, um die Ecke zu gucken. Ein Periskop erweitert dieses Sehen um die Ecke.
Es gibt viele Möglichkeiten, mit Spiegeln den eigenen Horizont zu erweitern. Mit dieser Vielfalt lassen sich „Sinneseindrücke, Deutungen der Welt, die emotionale und kognitive Sensibilisierung bereichern". (15) So lassen sich mit Hilfe eines Spiegels Sonnenstrahlen einfangen, mit denen man spielen und auch andere necken kann. Ein fest angebrachter Spiegel kann durch Bemalen oder Verkleiden das Spiegelbild des Kindes verfremden. Der so gestaltete Spiegel veranlaßt die Kinder, die richtige Entfernung herauszufinden, damit der aufgemalte Hut, das am Spiegel befestigte Kleid zur Gestalt des Kindes paßt. Viel Spaß macht es nach meinen Erfahrungen den Kindern, abwechselnd Spiegel für den anderen zu spielen und seine Bewegung und Mimik spiegelgleich nachzumachen. In meiner pädagogischen Praxis in Frankfurt arbeite ich mit verschiedenen Spiegeln, Spielen und Bilderbüchern, in denen Spiegel benötigt werden. Das Buch über den Hexentanz (16) lieben die Kinder besonders.
Mit Hilfe einer Spiegelfolie entziffern die Kinder Geheimschriften und verzaubern die Abbildungen. Durch Verbiegen der Folie werden die Bilder dünn oder dick, lang oder breit. So erleben sie verschiedene Dimensionen des Spiegels. In den reggianischen Einrichtungen gibt es größere Zerrspiegel. Die Kinder können sich, anders als in dem oben beschriebenen Buch, selbst in verschiedenen Formen entdecken und ihre Veränderungen durch die unterschiedlichen Biegungen ausprobieren.

Bei dem Einsatz von Spiegeln geht es um die Wertschätzung und das Ernstnehmen der Kinder und Erwachsenen. Diese Haltung habe ich in der Reggio-Pädagogik gespürt und erfahren. Das heißt, daß Spiegel nicht einfach beliebig genutzt werden können. Es erfordert genaues Beobachten und Einfühlen in die Bedürfnisse der Kinder. Die Reggianer haben die Erfahrung gemacht, „daß es nicht immer günstig ist, mit einer Selbstbeschreibung vor dem Spiegel zu beginnen. Andere Situationen werden von den Kindern eher akzeptiert. (17) Zum Beispiel bieten die Erzieherinnen in Reggio Spiele vor dem Spiegel an. Der Spiegel kann dabei von den Kindern spielerisch ohne Zwang einbezogen werden. Als Voraussetzung für die pädagogische Arbeit mit Spiegeln erscheint es mir wichtig, daß der Erwachsene selbst eigene vielfältige Erfahrungen mit Spiegeln macht und daran Spaß findet. So kann der Spiegel für alle — Kinder und Erwachsene — zu einer Bereicherung der Alltagserfahrungen werden.

1 Thesenpapier Malaguzzi S. 8.
2 Der Spiegel, 8. 11.
3 A.a.O., S. 13f.
4 A.a.O., S. 9.
5 Loris Malaguzzi.
6 Der Spiegel, 8. 10.
7 A.a.O., S. 44.
8 Vgl. a.a.O., S 7.
9 Ebenda
10 Ebenda.
11 A.a.O., 5. 23.
12 Vgl. a.a.O., S 25.
13 Vgl. a.a.O., S. 32f.
14 Vgl. a.a.O., S. 29.
15 A.a.O., 5. 24.
16 Siehe Dirk Walbrecker und Björn Hölle.
17 Der Spiegel, 5. 24.

Literatur

Bezirksamt Kreuzberg von Berlin, Abteilung Jugend und Sport (Hrsg.): Der Spiegel - von den Kindern erobert. Theoretische und praktische Hilfen für die Benutzung von Spiegeln in der Arbeit mit Kindern. Berlin 1985.

Malaguzzi, Loris: Kommentare zum besseren Verständnis der Ausstellung (16 Thesen zum pädagogischen Konzept).

Walbrecker, Dirk und Björn Hölle: Hexentanz, Luisa und der Zauberspiegel. München 1990.

Quelle: Krieg, Elsbeth (Hrsg.): Hundert Welten entdecken. Essen 1993, S. 48 - 57


**Arbeitsaufträge / Fragestellungen:**

1.Beschreiben Sie verschiedene Möglichkeiten, Spiegel in der pädagogischen Arbeit zu nutzen.

2.Warum kommt den Spiegeln in der Reggio-Pädagogik eine so große Bedeutung zu?

3. Experimentieren Sie selbst mit Spiegeln.

**Weiterführende Informationen: Spiegel**

Polt-Heinzel, Evelyn u.a.(Hrsg.): „Es ist gewiss, du bist nicht Ich" - Spiegel-Gedichte Stuttgart 2009

**Schlagwörter:**

Spiegel; Räume.

# Ullrich / Brockschnieder: Wenn ein Schiff auf Reisen geht. Strukturelemente der reggianischen Elementarpädagogik

1. Der Kindergarten - Ein Ort produktiver Unruhe

Malaguzzi hat das Selbstverständnis der Reggio-Kindergärten in seiner bilderreichen Sprache einmal so zusammengefasst:

"Wenn zum Beispiel der Kindergarten ein im Hafen vertäutes Schiff ist, werden die Eltern nie begreifen, was wir wollen. Und die Kinder werden auch nie begreifen, was der Kindergarten sein kann. Wir müssen dieses Schiff auf Reisen schicken. Wenn das Schiff überall herumschwimmt, dann schwimmen die Kinder, die Eltern, wir mit."(Malaguzzi 1991, S. 27)

An anderer Stelle beschreibt er den reggianischen Kindergarten so:

"Hier sind Kinder und Erwachsene zusammen, die gerne zusammen spielen, arbeiten, reden, denken, erfinden möchten. Sie bemühen sich zu lernen, wie das menschliche Wesen und seine Beziehungen zu Dingen und anderen Menschen erforscht, verbessert und freundschaftlich zusammen erfahren werden kann." (Malaguzzi o.J., S. 1)

Das "Meer", auf dem das von Malguzzi genannte "Schiff Kindergarten" sich bewegt, ist die Stadt Reggio. Lern-, Entwicklungs-, Bildungsraum sind die Orte, an denen sich die Bürger der Stadt bewegen, an denen sie leben und arbeiten. Die Straßen und Plätze, der Markt, das Lebensmittelgeschäft, der Weinberg und der Handwerksbetrieb. Als Öffnung des Kindergartens in das Gemeinwesen hinein bezeichnete das vor nun mehr als dreißig Jahren der "Situationsansatz" in der Bundesrepublik Deutschland.

Der Kindergarten als Ort der Kinder und der Erwachsenen. Malaguzzi verzichtet bewusst darauf, die Arbeit im Kindergarten auf die Beziehung Kind-Erzieherin einzuengen. Im reggianischen Konzept des Abbaus von Hierarchien sind die Beziehungen Kind - Köchin, Kind - Werkstattleiterin, Kind - Eltern/Großeltern, Kind - sonstige Erwachsene innerhalb und außerhalb des Kindergartens gleichwertig. Der Kindergarten wird als öffentlicher Raum konzipiert, als ein Ort, an dem sich alle wohl fühlen und gemeinsam den von Malaguzzi beschriebenen Prozess des Spielens, Arbeitens, Redens, Denkens vorantreiben mit dem Ziel, sich als Menschen in allen Bereichen zu bilden. Gemeint ist die "Aus-Bildung" menschlicher Fähigkeiten wie Solidarität, Freundlichkeit, Hilfe, Unterstützung, bei gleichzeitiger "Auf-Klärung" der Dinge, forschend, experimentierend, fragend, Antworten findend und anzweifelnd. In diesem Prozess leisten alle an ihrem Platz ihren ganz spezifischen Beitrag, Große wie Kleine, pädagogisch und handwerklich Gebildete, Experten und Laien, innerhalb und auch außerhalb des Kindergartens.

"Wenn das Auge über die Mauer springt ...", so hieß in Anlehnung an ein geflügeltes Wort in Italien eine Ausstellung über Reggio-Pädagogik. Gemeint ist damit, dass ein "kluges Auge" über die Mauer des Banalen und Gewöhnlichen hinaus zu sehen vermag, Menschen ein Gefühl dafür bekommen, dass es die Mühe lohnt, die Mauern des Alltäglichen zu überwinden und vorzudringen in die Welt des Neuen und Unbekannten. Gefordert ist eine Offenheit der Person für die Angebote der Um- und Mitwelt im weitesten Sinne. Nur ein in diesem Sinne offener Erwachsener kann für Kinder ein anregendes, spannendes Vorbild sein. Dass das Auge über die Mauer springen muss, gilt aber auch für den Blick des Erwachsenen auf Kinder und Kindheit. Die Aufgabe des Kindergartens ist es also, Kindern den Blick über die Mauer zu ermöglichen, ständig darum bemüht, das, was das unmittelbare Verstehen kindlicher Eigentümlichkeiten behindert, ein wenig zu überspringen, wohl wissend, dass dieses immer nur anteilig gelingt.

Der Kindergarten ist kein Platz für eine ideologisch verklärte, gepflegte und behütete, heile Kinderwelt, sondern ein Ort der produktiven Unruhe, der vordergründige Selbstgewissheit immer wieder durchbricht und Kinder mit neuen Erfahrungen konfrontiert, die sie herausfordern und zur Suche nach wiederum vorläufigen Lösungen ermutigt und anregt. Er ist ein Schiff, das alle und alles mit an Bord nimmt, das heißt ständiger Austausch aller am Erziehungsprozess Beteiligten durch permanenten Dialog, Öffentlichkeitsarbeit, Öffnung der Arbeit in das Gemeinwesen und Öffnung des Kindergartens für das Gemeinwesen. Ein Schiff, das ständig unterwegs ist auf einer Reise, die Erziehung und Bildung im Sinne von "vertraut machen mit der Welt" bedeutet.

2. Organisation ist Begegnung - Grundlagen des Organisationskonzeptes

Der Begriff der Organisation meint in unserem Sprachverständnis in der Regel etwas Formales, den Inhalten der Arbeit weitgehend Äußerliches, eher Notwendiges, dem man sich unterwirft. Ganz anders in Reggio. Hier versucht man, die Organisationsstruktur zu einem inhaltlichen Element der theoretischen und praktischen Arbeit zu machen. Organisation heißt in Reggio: "Begegnung". Das zu Organisierende ist Gegenstand der Diskussion, z. B. das pädagogische Konzept, die Projektplanung oder die Aufgabenverteilung innerhalb der Einrichtungen. Schlüssel des organisatorischen Konzepts sind die Begriffe Gemeinschaft und Vernetzung.

Das Prinzip „Gemeinschaft" ist getragen von Vertrauen und dem Wunsch, etwas gemeinsam zu machen, und will die Möglichkeit eröffnen,

"dass sich alle beteiligen können an der gemeinsamen Leitung, die Eltern, das Personal, das Umfeld, also Nachbarn und Politiker ..., das ist der Kernpunkt unseres Konzeptes. Wir gehen von einer Mitverantwortung aller beteiligten Gruppen in der Kleinkinderziehung aus. Erziehen ist also eine Aufgabe der Familie, der Institution, in der die Kinder tagsüber sind und des Gemeinwesens. Das verlangt eben nicht nur Beteiligung, sondern auch Übernahme von Verantwortung"(Krieg 1993, S. 108)

Im Mittelpunkt der gemeinschaftlichen Arbeit stehen ausschließlich die Kinder, ihre Entwicklung und Bildung. Das unterscheidet Reggio zentral von den deutschen Versuchen, den Kindergarten zu einem „Familienzentrum" zu entwickeln. Natürlich entwickeln sich in Reggio auch Eltern. Aber sie tun dieses gemeinsam mit den Mitarbeiterinnen der Einrichtungen, gleichberechtigt eingebunden in den Prozess des Bemühens, immer wieder neu herauszufinden, was für die Entwicklung der Kinder günstig und angemessen ist. In der gemeinsamen Arbeit mit den Kindern verändern sich Familie und Gemeinde. Pädagogik als Bürger-Bewegung im wahrsten Sinne des Wortes. Pädagogik bewegt Bürger, Bürger bewegen Pädagogik. Eltern sind nicht Adressaten von „Elternarbeit", der Kindergarten nicht Ort von

Erziehungsseminaren für Eltern,  der Vermittlung von Familienhilfe und –förderung. Einrichtungen verstehen sich in Reggio auch  nicht - wie es sich in Deutschland zunehmend einbürgert - als Dienstleistungszentren, in denen Eltern als „Kunden" auftreten, die 20, 30 oder 40 Stunden Betreuungszeit „einkaufen". Eltern werden nicht in „Elterngesprächen" über die Entwicklung ihrer Kinder informiert, sie werden nicht „belehrt" wenn es Probleme gibt.

Das Motiv der gemeinschaftlichen Arbeit von fest angestellten Mitarbeiterinnen der Einrichtungen, Eltern und interessierten und/oder sachkundigen Bürgerinnen und Bürgern in Reggio ist ein zutiefst „demokratisch-partizipatorisches". Das Motiv der deutschen „Familienzentren" ist ein „sozialpädagogisch-fürsorgerisches". Dazwischen liegen Welten.

Die Idee des Gemeinschaftlichen bildet das Grundprinzip der Umgangsformen und des pädagogischen Arbeitens. Vernetzung heißt Verzicht auf die Trennung von Verwaltung, pädagogischer Forschung, Entwicklung, Planung und Umsetzung der pädagogischen Arbeit. Pädagogik ist Sache von Eltern, Erzieherinnen, Wissenschaftlern, Künstlern, Puppenspielern, Köchin, Hilfskraft, Weinbauer und Metzgereiverkäuferin. Alle bringen ihre spezifischen Kenntnisse, Kompetenzen, Sichtweisen sowie ihren sozio-kulturellen Hintergrund ein. Alle profitieren von allen, am meisten die Kinder. Grundlage dieses Ansatzes ist Vertrauen. Allen am Erziehungsprozess Beteiligten wird unterstellt, dass sie nach ihren jeweiligen Kräften ihren Beitrag zum Gelingen des gemeinsamen Projekts Kindergarten leisten wollen.

3. Vieles ist bei uns (fast) wie überall - Von der Gruppenstärke bis zu den Öffnungszeiten

Seit 1968 ist in Italien per Gesetz die Einrichtung kommunaler, also nicht religiös ausgerichteter Kindertageseinrichtungen erlaubt. Die Tatsache, dass es zu diesem Zeitpunkt bereits vier kommunale Einrichtungen in Reggio gab, machte den Einstieg in eine weitere Kommunalisierung leichter als in anderen Regionen. Hinzu kam, dass Bevölkerung und Verwaltung durch die Volkskindergarten-Initiative bereits für dieses Thema sensibilisiert waren.

Die Kommune unterhält derzeit 13 Krippen und 22 Kindergärten. Einschließlich der Mitarbeiter des "pädagogischen Zentrums" beschäftigt die Stadt ca. 400 Angestellte im Bereich der öffentlichen Kindererziehung. Das hier beschriebene Konzept Reggio-Pädagogik wird ausschließlich in den kommunalen Krippen und Kindergärten realisiert. Neben diesen Reggio-Kindergärten gibt es noch sieben staatliche und zwanzig konfessionelle Kindergärten sowie zwei genossenschaftliche Krippen.

Auch behinderte Kinder finden Aufnahme in den Gruppen und im Falle schwerster Behinderungen können zusätzliche Mitarbeiterinnen eingestellt werden.

Die Öffnungszeiten sind den Arbeitszeiten der Eltern angepasst. Als Regelbetreuungszeit gilt die Zeit von 7.45 Uhr bis 16.00 Uhr. Bei Nachweis einer längeren Arbeitszeit der Eltern kann ein Spätdienst bis 18.20 Uhr in Anspruch genommen werden. Im Falle einer Erwerbstätigkeit von Eltern am Wochenende gibt es Einrichtungen, die auch am Samstag geöffnet sind.

Alle Einrichtungen sind Ganztags-Einrichtungen. Das gemeinsame Mittagessen ist obligatorisch. Bis vor kurzer Zeit zahlten Eltern pro Krippenplatz inklusive aller Mahlzeiten, nach Einkommen gestaffelt, zwischen ca. 60 und 150 € monatlich. Aufgrund der wirtschaftlichen Krise in Italien, die weitreichende Einsparungen im Sozialbereich zur Folge hat, ist auch die Kommune in Reggio gezwungen, die Elternbeiträge zu erhöhen, um den personellen und materiellen Standard ihrer Einrichtungen halten zu können. Seit 1992 liegen die Kosten für die Familien zwischen 100 und 200 € monatlich, eine Summe, die für viele schwer aufzubringen ist.

Für alle Mitarbeiterinnen der kommunalen Einrichtungen gelten gleiche Arbeitszeiten und Regelungen für Fortbildungen und Urlaub. Von 36 Arbeitswochenstunden sind sechs sogenannte Verfügungszeit für die kollektive Leitung, für Vor- und Nachbereitung, Fortbildung und die Planung von Projekten genutzt.

Fortbildungen stehen allen Mitarbeiterinnen zu, einschließlich des hauswirtschaftlichen Personals. Für die Erzieherinnen sind die Fortbildungen verpflichtend. Sie haben in Reggio eine besondere Bedeutung, da es keine spezielle Erstausbildung für die Tätigkeit in Reggio-Einrichtungen gibt. Die spezifischen Kenntnisse eignen sich die Erzieherinnen nach Abschluss der dreijährigen Erzieherinnen-Ausbildung an. Alle neu eingestellten Erzieherinnen nehmen zunächst an einem Weiterbildungsseminar teil, in dessen Verlauf sie mit den Zielen und Methoden der Reggio-Pädagogik vertraut gemacht werden.

Die Einrichtungen sind im Sommer für die Kinder für zwei Monate geschlossen, jeweils ein Kindergarten und eine Krippe nur für vier Wochen. Die Mitarbeiterinnen nehmen in dieser Zeit ihren 26-tägigen Jahresurlaub. Die verbleibende Zeit dient der Vorbereitung auf das neue Kindergartenjahr.

3.1 „Nido". Die Kinderkrippe

Krippen heißen allgemein in Italien "Asilo infantilo", eine Bezeichnung, die den Aspekt des Bewahrens und Verwahrens in den Vordergrund stellt. In Reggio hat man den Begriff "Nido", das heißt "Nest" gewählt. Krippen als Ort der Geborgenheit, aber auch des Wachsens und Lernens.

Die Krippen sind in der Regel viergruppig. Die Gruppenstärke liegt je nach Alter zwischen 11 und 23 Kindern.

In der Krippe "Arcobaleno" (Regenbogen) sieht die Gruppeneinteilung bei insgesamt 66 Kindern wie folgt aus:

| Gruppe I: | Lattanti | 3 bis 9 Monate | 11 Kinder |
| Gruppe II: | Piccoli | 10 bis 18 Monate | 14 Kinder |
| Gruppe III: | Medi | 19 bis 24 Monate | 18 Kinder |
| Gruppe IV: | Grandi | 25 bis 36 Monate | 23 Kinder |

Jeder Gruppe sind zwei Erzieherinnen sowie eine Wirtschaftskraft zugeordnet, die ebenso wie die Köchin und die Kunsterzieherin in die pädagogische Arbeit integriert ist.

Für die Krippen gilt sowohl strukturell als auch inhaltlich alles, was hier für die Reggio-Pädagogik allgemein ausgesagt wird. Die Krippen partizipieren gleichberechtigt an den Leistungen des „Pädagogischen Zentrums". Die thematische Arbeit vollzieht sich in Projekten, die in der Einrichtung dokumentiert werden. Zwei der Projekte, die im Kapitel „Projektinhalte und Projektplanung" kurz erläutert werde, sind Krippen-Projekte. Auch die Ausstattung ist grundsätzlich vergleichbar der in den Kindergärten. Sie unterscheidet sich lediglich da, wo dieses aufgrund des Alters der Kinder notwendig erscheint. So sind etwa die Spiegel bodennah angebracht, damit auch „Krabbelkinder" sich selbst und andere in einem anderen Medium erleben können. Was die Erzieherinnenqualifikation anbelangt erfordert die Arbeit mit Klein- und Kleinstkindern eine hohe Kompetenz, das Handeln der Kinder sowie ihre spezifischen Wünsche, Bedürfnisse und Interessen zu interpretieren. Da diesen Kindern Sprache als Mittel der Kommunikation noch nicht oder nur ansatzweise zur Verfügung steht bedarf es gründlicher Kenntnisse der Eigenheiten frühkindlicher Artikulationsformen und frühkindlichen Lernens, um den Kindern auf ihren Wegen folgen und ihnen Orientierungen geben zu können.

3.2 „Scuola dell`infanzia". Der Kindergarten

Wir verwenden den Begriff "Kindergarten" als Bezeichnung für die Einrichtung der Drei- bis Sechsjährigen hier analog zu unserem deutschen Verständnis. In Reggio heißen diese Einrichtungen "Scuole dell'infanzia" (SCI), also "Schulen der Kindheit", was ausdrücklich inhaltlich zu verstehen ist und Konsequenzen für das Selbstverständnis und das Selbstwertgefühl der Mitarbeiterinnen hat. Außerdem grenzt man sich gegenüber den in Italien für Kindergärten üblichen "Scuola materna", das heißt "mütterliche Schule", als eigenständige Erziehungs- und Bildungseinrichtung ab.

Diese haben in der Regel drei Gruppen mit jeweils 25 Kindern. Für jede Gruppe sind zwei Erzieherinnen und eine Wirtschaftskraft zuständig. Daneben arbeitet in jeder Einrichtung eine Werkstattleiterin, die in der Regel ausgebildete Künstlerin ist sowie eine Köchin.

4. Manches ist bei uns anders - Von der altershomogenen Gruppe bis zum pädagogischen Zentrum

Die Organisationsstruktur weist gegenüber deutschen Kindergärten einige Besonderheiten auf, die nicht nur, wie bereits ausgeführt, formaler Art sind, sondern die Bedeutung für das pädagogische Konzept haben. Diese Besonderheiten sind:

4.1 Altershomogene Gruppen

In den meisten Krippen und Kindergärten gilt nach wie vor das Prinzip der "Altershomogenität".

Zwei Argumente sprechen nach Ansicht der Reggianer für dieses Modell. Zum einen ist man der Ansicht, dass die Entwicklungsunterschiede auch innerhalb einer Jahrgangsgruppe groß genug sind, um wechselseitig anregende Impulse zu vermitteln. Zum zweiten sieht man in der Altershomogenität Vorteile bei der gezielten und systematischen Entwicklungsanregung im Rahmen der Projektangebote. Die Altersgruppen wechseln nach Ablauf eines Jahres ihren Gruppenraum, erleben damit ganz handfest, daß sie ein Jahr älter geworden sind, behalten jedoch in der Regel ihre Erzieherinnen.

4.2 "Bunte Teams"

Die personelle Ausstattung der einzelnen Einrichtungen kommt dem nahe, was vor einigen Jahren auch bei uns unter dem Stichwort "Bunte Teams" diskutiert wurde. Wohl im Zuge der Mittelkürzungen und des allgemeinen Bedeutungsverlustes der öffentlichen Kleinkinderziehung im Bewusstsein der verantwortlichen Politiker hat diese Diskussion nie dic Brcite gefunden, die sie aus unserer Sicht verdient hätte. Die Überlegung war, ob es für die kindliche Entwicklung nicht anregend sein könne, wenn im Kindergarten neben den Expertinnen für Erziehung, den Erzieherinnen, auch andere Expertinnen arbeiten würden.

In Reggio hat man diese Frage bejaht. Unterschiedliche Berufsgruppen, jede auf ihre Art professionell ausgebildet, arbeiten hier gleichberechtigt zusammen. Neben den Erzieherinnen sind das die "Atelierista", die künstlerisch ausgebildeten Werkstattleiterinnen und die Wirtschaftskräfte und Köchinnen. Alle verstehen sich als Teil des pädagogischen Personals, alle sind Mitglieder der unterschiedlichen Gremien, nehmen an den Fortbildungen teil, bringen in die Teamsitzungen ihre spezifischen Kenntnisse und Sichtweisen ein. Hinzu kommen noch die "Pädagogista", meist Psychologen und Pädagogen des pädagogischen Zentrums sowie der Puppenspieler, die tageweise in den unterschiedlichen Einrichtungen eingesetzt werden.

Die Kinder profitieren von dieser Vielfalt. Sie erleben, wie Menschen unterschiedlicher Profession zusammenarbeiten und können an deren verschiedenen Tätigkeiten teilhaben, von ihren beruflichen Kenntnissen lernen. Die Köchin ist nicht nur Köchin, sondern Modell für ein spezifisches Verhalten im Umgang mit Nahrungsmitteln, für eine spezifische Ess- und Tischkultur. Die Werkstattleiterin ist jemand, die die Dinge in besonderer Weise betrachtet und in der Lage ist, den Kindern in besonderer Weise zum Ausdruck zu verhelfen.

Die Mitarbeiterinnen erleben die Kompetenzen und Sichtweisen der jeweils anderen Professionen, bereichern so ihren eigenen, häufig professionell verengten Blick, öffnen sich für Andersartiges. Darüber hinaus erleben sie sich als Teil eines Teams. Die Vereinzelung wird aufgehoben, die Verantwortung für das Gelingen oder Misslingen der Arbeit auf alle übertragen, der Einzelne damit entlastet.

4.3 Die gemeinschaftliche Leitung

Die Leitungsaufgaben der jeweiligen Einrichtungen werden ebenfalls gemeinschaftlich wahrgenommen. Eine Leiterin nach unserem Verständnis gibt es nicht. Alle anfallenden Aufgaben regelt der "Leitungsrat", der alle zwei Jahre gewählt wird. Mitglieder sind alle Mitarbeiterinnen der Einrichtung, eine Fachberaterin des pädagogischen Zentrums und zu 50 % Eltern, wobei die Anzahl der Elternvertreter durchaus höher sein kann. Interessierte Bürger können ebenfalls in den Leitungsrat gewählt werden. So hatte der Leitungsrat der SCI "Pablo

Neruda" neben den 16 Mitarbeiterinnen eine interessierte Bürgerin sowie 31 Eltern als Mitglieder. Der Leitungsrat bildet Arbeitsgruppen, in denen, je nach Arbeitsaufwand, ein bis zwei Mitarbeiterinnen sowie zwei bis drei Eltern vertreten sein sollten.

Die "Segreteria" koordiniert die Arbeitsgruppen, erledigt den anfallenden Schriftverkehr, hält den Kontakt zu Verwaltung und Pädagogischem Zentrum, ist Ansprechpartner für Eltern, Mitarbeiter und andere. Die "AG Pädagogik/Didaktik" diskutiert und formuliert Ziele, plant deren Konkretisierung und evaluiert die durchgeführten Projekte. Daneben verfolgt die AG pädagogische Neuerscheinungen in Büchern und Zeitschriften, fasst wesentliche Beiträge zusammen und verbreitet sie auf Team-Besprechungen oder bei Fortbildungen für Eltern und Mitarbeiterinnen. Einen weiteren Schwerpunkt dieser AG bildet die Einbindung der behinderten Kinder in die Arbeit.

Eine dritte Arbeitsgruppe beschäftigt sich mit der Organisation des "Ambiente educativo", des erzieherischen Umfeldes. Sie bewertet die Innenräume, ihre Gestaltung und Ausstattung ebenso wie das Außengelände und macht bei Bedarf Veränderungsvorschläge. Darüber hinaus obliegen dieser AG die grundlegenden Verwaltungsaufgaben, wie Neuanmeldungen, Monatsbeiträge etc. Je nach Bedarf gibt es weitere AG's, die sich mit Öffentlichkeitsarbeit, Kultur und ähnlichem befassen.

Die Leitungsräte der einzelnen Einrichtungen entscheiden weitgehend autonom über ihre Belange. Sie tun dies jedoch in einem abgestimmten Prozess. Teilnehmer dieses Abstimmungsprozesses sind einerseits die Fachabteilung der kommunalen Krippen und Kindergärten bei der Gemeinde Reggio, andererseits das pädagogische Zentrum sowie der Zusammenschluss der Vertreter der Leitungsräte, der "Verwaltungs- und Koordinationsleitungsrat" der Gemeinde.

4.4 Das Pädagogische Zentrum

Für den hier dargestellten Zusammenhang ist das Pädagogische Zentrum von besonderer Bedeutung. Es fasst all die Mitarbeiterinnen zusammen, die die pädagogische Arbeit vor Ort unterstützen. Im Einzelnen sind das:

- die FachberaterInnen (je eine pro vier Einrichtungen)
- eine KoordinatorIn für integrative Erziehung
- eine PuppenspielerIn
- MitarbeiterInnen für die wissenschaftliche Begleitung der Projekte und die Forschung
- das Amt für pädagogischen Austausch, das Tagungen organisiert und die Ausstellungstätigkeit betreut
- die Werkstatt- oder AtelierleiterInnen der einzelnen Einrichtungen.

Die im engeren Sinne pädagogischen Mitarbeiterinnen, wie Fachberaterinnen und Koordinatorinnen haben in der Regel einen Hochschulabschluss als Pädagogen oder Psychologen. Die Werkstattleiterinnen sind auf Werkkunst- oder Kunsthochschulniveau ausgebildete Künstlerinnen und Künstler. Sowohl die Fachberaterinnen als auch die Werkstattleiterinnen sind im allgemeinen vier Tage in der Woche in den Krippen und

Kindergärten. Ein Tag dient der Koordination im Pädagogischen Zentrum. Damit ist ein permanenter, intensiver Austausch zwischen Praxis und Theorie gesichert.

Zu den zentralen Aufgaben des Pädagogischen Zentrums gehören:

- die Weiterentwicklung der Konzeption, der Arbeitsabläufe und der Zusammenarbeit mit den Eltern.
- die Projektentwicklung, die Erstellung von Arbeitsplänen und didaktischen Hinweisen zur Durchführung der Projekte.
- die Beteiligung an der Umsetzung in den Einrichtungen

  - durch die Arbeit der Werkstattleiterinnen, die aufgrund ihrer künstlerischen Ausbildung Gestaltungstechniken, Darstellungsmöglichkeiten und Ausdrucksformen einbringen,

  - durch die pädagogischen Beraterinnen, die die praktische Arbeit in ihren vier Einrichtungen an jeweils einem Tag begleiten und deren Entwicklung in Teamsitzungen mit allen Mitarbeiterinnen reflektieren

  - durch schriftlich fixierte Projektbeschreibungen, die konkrete pädagogische Anregungen enthalten, Ziele formulieren und einen zeitlichen Rahmen vorgeben.

- die Auswertung der Projekte und Dokumentationen
- die praxisbezogene Fortbildung.

Der Fortbildungstätigkeit, die häufig an den Wochenenden stattfindet, wird große Aufmerksamkeit geschenkt. Sie ist, neben der permanenten fachlichen Auseinandersetzung in den jeweiligen Einrichtungen, ein bedeutsamer Teil der auf die spezifischen Bedürfnisse der Arbeit in Reggio bezogenen "zweiten Erzieherinnenausbildung". Im Mittelpunkt stehen konkrete Arbeitsvorhaben, die Weiterentwicklung der konzeptionellen Arbeit, aber auch die Vermittlung neuer Arbeitstechniken.

(Literaturangaben siehe Literaturverzeichnis)
Quelle: Ullrich, Wolfgang / Brockschnieder, Franz-Josef: Reggio-Pädagogik auf einen Blick. Freiburg 2009; S. 45 – 55

**Arbeitsaufträge / Fragestellungen:**

1.Vergleichen Sie die Rahmenbedingungen in Reggio mit einer Kindertagesstätte in Ihrer Umgebung.

2. Das gemeinsame Tun ist ein zentraler Aspekt der Reggio-Pädagogik. Unterstützen oder behindern die beschriebenen Rahmenbedingungen das gemeinsame Tun.

3. Welche organisatorischen Veränderungen würden Sie vornehmen, wenn Sie Leiter/in der Kindertagesstätten in Reggio wären?

4. „Reggio ist kein Modell." Welche Rahmenbedingungen lassen sich nicht auf Deutschland übertragen?

**Weiterführende Informationen: Familienzentren**

http://www.familienzentrum.nrw.de/

http://www.paedquis-familienzentrum.de/web/downloads

Diller, Angelika / Schelle, Regine: Von der Kita zum Familienzentrum: Konzeptionen entwickeln - erfolgreich umsetzen. Freiburg 2009

Rietmann, Stephan / Hensen, Gregor (Hrsg.): Tagesbetreuung im Wandel: Das Familienzentrum als Zukunftsmodell. Wiesbaden 2008


**Schlagwörter:**

Elternarbeit; Fachberatung; Familienzentrum; Fortbildung; Gruppenstruktur; Leitung; Organisation; Team.

# Zimiles: Kommentar zu ausgewählten Aspekten der Reggio-Pädagogik*

Die begeisterten Berichte von einem ständigen internationalen Besucherstrom (z.B. Bredekamp 1993; Gardner 1993; Katz 1990, 1993; New 1990) im Verein mit den ergreifend nachdenklichen Selbstbeschreibungen seiner leitenden Erziehungskräfte (Gandini 1993; Malaguzzi 1993a, b) führen zu dem unausweichlichen Schluss, dass es Reggio Emilia gelungen ist, ein frühpädagogisches Programm von herausragendem Format entwickelt zu haben und fortzuführen. Der Reiz des Ansatzes von Reggio Emilia besteht teilweise darin, dass er den Anschein erweckt, vertraut, ein „alter Hut" zu sein - und doch steckt er voller Überraschungen. Er nimmt viele traditionelle Ideen und Werte auf und gibt zur selben Zeit vor, sich ständig zu wandeln. Während man die dynamische, pulsierende Qualität seiner Arbeitsweise und seine Innovationskraft lobpreist, brüstet er sich auch damit, ein florierendes Programm von langer Dauer zu vertreten und selektiv loyal gegenübcr gcheiligten, jahrhundertealten Ideen und Methoden einer progressiven Erziehung zu sein. Indem es alt und neu vermischt, Spontaneität und Wandel gleichermaßen wie Beständigkeit und Zuverlässigkeit schätzt, vermittelt uns Reggio Emilia die Botschaft, dass es kein einfaches, gleich bleibendes Rezept für die Erziehung von Kleinkindern gibt. Obwohl es kostspielig dokumentiert, was es tut, ist es darauf bedacht, niemals stillzustehen. Reggio Emilia scheint mehr mit dem Aufrechterhalten seiner Aufgewecktheit und Lebendigkeit sowie seiner Fähigkeit, effektiv zu reagieren, beschäftigt zu sein und weniger damit, sich anderen als nachahmenswertes Modell zu präsentieren. Natürlich wecken diese Vitalität und alle damit verbundenen Widersprüche das Interesse und werfen Fragen auf.

Inzwischen quillt die Literatur über von Beschreibungen des Reggio-EmiliaAnsatzes; einen umfassenden Überblick findet man im vorausgegangenen Kapitel von Tassilo Knauf. Die Arbeit von Reggio Emilia hat eine stark ideologisch geprägte Grundlage, läuft aber kaum Gefahr, im Sumpf der Orthodoxie stecken zu bleiben. Obgleich sie sich durch hochintelligente Lehrmeister der Entwicklungspsychologie inspirieren ließ - besonders bedeutend sind die Arbeiten von Piaget und Wygotski - verleihen gerade die völlige Einfachheit und Glaubwürdigkeit des von Grund auf kindzentrierten Ansatzes ihm so viel Anziehungskraft und erwecken das Vertrauen. Der Ansatz hat ein ursprüngliches Gepräge; obwohl er bereit ist, von anderen zu lernen, stammt sein konzeptioneller und methodischer Rahmen essentiell aus der gewissenhaft detaillierten und erkenntnisreichen Untersuchung und wiederholten Überprüfung der eigenen Arbeit mit Kindern. Das Markenzeichen des Ansatzes von Reggio Emilia ist ganz klar seine Kindzentriertheit und die Überzeugung, dass Kinder am besten lernen, während sie miteinander interagieren. Im Rahmen von Interaktionen in Kleingruppen - die aus dem Versuch der Kinder entstehen, gemeinsam mit einer bestimmten Situation zurecht zu kommen oder ein Problem zu lösen - wird das Feld von Stimuli neu geordnet, relevante Vorstellungssysteme werden ausgetauscht und schrittweise ausgearbeitet sowie schließlich neue Wege zum Begreifen der Realität und zum Reagieren auf sie entwickelt. Daraus folgt die Annahme, dass die Energie, die den frühkindlichen Erziehungsprozess vorantreibt, den Kindern latent innewohnt. Der Erzieher wird dadurch tätig, dass er Situationen, Materialien und Beschäftigungen bereit stellt, vor allem aber ein bestimmtes psychologisches Klima schafft und auf diese Weise die Kinder zu starken sozialen und kognitiven Reaktionen veranlasst. Die vitalen und aufdeckenden Interaktionen von Kleinkindern werden als Quelle des Erziehungsprozesses betrachtet.

Der Begründer des Ansatzes von Reggio Emilia hat betont, dass die Qualität der zwischenmenschlichen Beziehung die Grundlage effektiven Unterrichtens bildet (Malaguzzi

1993a). Mit zwischenmenschlichen Beziehungen beginnt und endet alle Erziehung. Sie tragen dazu bei, das Denken anzustoßen und zu erneuern; sie sind die Kräfte, die das Lernen aktivieren. Aber in der letzten Analyse ist es der Grad des Wohlbefindens, das ein Kind in der Schule empfindet, an dem die Effektivität des Programms gemessen wird. So hat Malaguzzi gesagt, dass zu jeder Zeit auf das von allen geteilte Gefühl der Zufriedenheit und Erfüllung als Individuen und als eine Gruppe der größte Wert gelegt wird. Deutlich erkennbar in dieser Aussage ist der zutiefst soziale Charakter der Erziehungsgemeinschaft, zu deren Schaffung Malaguzzi so viel beigetragen hat. Die Menschen zusammenzuführen ist eine notwendige Bedingung, um Weiterentwicklung zu ermöglichen und Gefühle der Zufriedenheit herbeizuführen.

Andere anerkennenswerte Charakteristika des Ansatzes von Reggio Emilia sind: die außergewöhnliche Weise, in der ästhetische Empfindungen sowohl in der Gestaltung des Schulgeländes als auch in den Werken der Kinder ausgedrückt werden können; die Lebendigkeit und Vorstellungskraft, mit der die Arbeit dokumentiert wird, und die erreichte, fein abgestimmte Zusammenarbeit zwischen Familien und Erzieher/innen. Jede dieser beachtlichen Errungenschaften verdient einige weitere Anmerkungen.

Die Betonung der Ästhetik und die Frühzeitigkeit künstlerischen Schaffens

Ihr kulturelles Erbe widerspiegeln ist ein Charakteristikum des Reggio-Ansatzes - das Ausmaß, zu dem Themen von kultureller Sensibilität es durchdringen. Besucher/innen sind unvermeidlich erstaunt darüber, wie geschmackvoll jedes Detail der schulischen Umwelt in Reggio Emilia gestaltet ist. Dem entspricht, dass für darstellende Künste mehr Zeit und Mittel zur Verfügung gestellt werden; und die Kinder zeigen ihrerseits ein außerordentlich hohes Leistungsniveau. Abgesehen von der reinen Kunstfertigkeit und Kreativität, die von den Kindern in ihrer Arbeit ausgedrückt werden, und den kostspieligen Hilfsmitteln für die Selbstdarstellung, dient ein Atelier dazu, dass die Kinder verschiedene Modi der symbolischen Repräsentation aktivieren und einsetzen können, durch die sie ihre perzeptive und gedankliche Erfahrungen ausarbeiten und weiterentwickeln können. Die Arbeit von Reggio Emilia hat unser Bewusstsein und Verständnis dafür vergrößert, dass Bedeutungen auf vielfältigen Wegen ausgedrückt und vermittelt werden können (Edwards/Foreman 1993).

Der Ansatz von Reggio Emilia ist dadurch gekennzeichnet, dass längere und flexiblere Zeiträume für künstlerische Aktivitäten vorgesehen sind, und insbesondere auch durch etwas stärker strukturierte und gelenkte Formen des Unterrichts als in modernen Formen der frühkindlichen Erziehung üblich sind. Die Qualität der künstlerischen Arbeit ist bemerkenswert (Katz 1990; Schiller 1995). Darüber hinaus haben sich manche Besucher/innen angesichts des niedrigen Alters, in dem sich die Kinder bereits so effektiv ausdrücken können, gefragt, ob die Fähigkeiten von Kleinkindern bisher nicht unterschätzt wurden und ob man nicht mehr von ihnen erwarten sollte (New 1990). Obwohl viel dafür spricht, Kindern zu helfen, zu dem frühestmöglichen Zeitpunkt im Laufe ihrer Entwicklung Befriedigung aus ihren eigenen Leistungen zu schöpfen, und Kindern schon in einem frühen Alter eine Arbeitshaltung zu vermitteln, besteht die Gefahr, dass veränderte Erwartungen an Kleinkinder zu einem neuen, unerwünschten Leistungsdruck in einer Lebensphase führt, für die ungleichmäßige Entwicklungsmuster und große individuelle Unterschiede typisch sind. Des weiteren ist es fraglich, ob ein früherer Beginn auf lange Sicht Vorteile bringt.

Die Dokumentation im Mittelpunkt: Vorteile und Risiken

Ein charakteristisches Merkmal des Reggio-Ansatzes ist die Verpflichtung zur Dokumentation von dem, was in den Klassenräumen passiert. Mithilfe diverser Medien zeichnet man auf, was die Kinder bewegt, wie sie sich ausdrücken und wie sie durch ihre Bildungserfahrungen beeinflusst werden. Tatsächlich beruht die Existenz eines der Markenzeichen des Reggio-Emilia-Ansatzes, nämlich das Atelier und die Werkstattleiter/innen, zum Teil auf seiner Rolle in dem Dokumentationsprozess. Auch die Tatsache, dass Loris Malaguzzi (1993b) in seiner Aufzählung der Schlüsselkennzeichen einer „liebenswerten Schule" explizit die „Dokumentierbarkeit" anführt, belegt, wie wichtig dieser Faktor ist.
Die Dokumentation dient einer Vielzahl von Zielsetzungen in Reggio Emilia (Gandini 1993). Zusätzlich zu der Notwendigkeit, ständig sowohl für die Fachwelt als auch für die breite Öffentlichkeit überprüfbar zu sein, ist sie das Hauptmedium, um Interesse und Beteiligung von Eltern und Gemeinwesen zu erregen und zu erhalten (Abramson/Robinson/Ankenman 1995). Ebenso wichtig ist, dass sie ein Mittel zur Personalentwicklung bietet, da der kindzentrierte Fokus des Programms und die vielzähligen Dimensionen der Herausforderung und Komplexität beleuchtet und immer wieder betont werden, die im Verlauf einer effektiven Erziehung von Bedeutung sind. Sie erinnert die Lehrkräfte daran, dass das Lernen über die Natur der kindlichen Entwicklung ein lebenslanger Prozess ist. Durch die Bezeichnung der Mitwirkung am Dokumentationsprozess als wesentlichen Bestandteil der Lehrerrolle wird die Notwendigkeit unterstrichen, dass sich Lehrer/innen im Prozess der Ermittlung und des Deutens im Hinblick auf die kindliche Entwicklung engagieren. Zugleich wird ein Netzwerk der Kommunikation zwischen den Lehrkräften geschaffen, das ihnen Wertschätzung dafür vermittelt, wie viel sie voneinander lernen können.

Indem alle Lehrer/innen zur Mitarbeit am Dokumentationsprozess aufgefordert werden, bietet Reggio Emilia ihnen einen sinnvollen und wirklichkeitsnahen Rahmen für ein Selbststudium und zur Reflexion. Weil einige amerikanische Schulprogramme die Verpflichtung zu disziplinierten Formen der Selbstkritik und Forschung für ebenso notwendig erachten, ermutigen sie die Lehrer/innen dazu, Wissenschaftler/innen zu werden, d.h. systematisches Forschen in ihre Arbeitsplatzbeschreibung einzubeziehen. Obwohl es natürlich ein überzeugendes Argument ist, dass Lehrer/innen durch ihre enge Beziehung zu Kindern und durch die besonders günstige Gelegenheit, die Kinder intensiv und gründlich zu beobachten, einen einzigartigen Zugang zum Phänomen der kindlichen Entwicklung haben, kann man doch daran zweifeln, ob es klug ist, offiziell eine ohnehin schon überladene Berufsrolle noch mehr auszuweiten. Schon jetzt erleben Lehrer/innen fast schon täglich, wie ihre schulischen Verpflichtungen vermehrt werden. Wenn sie in ihrem Beruf auch noch »Forscher« sein sollen, erfordert dies eine Konstellation von Fertigkeiten (der Analyse und des Schreibens), die manche Fachkraft nicht so ohne weiteres vorweisen kann, die aber ansonsten durchaus in der Lage ist, effektiv mit Kindern zu arbeiten. Wenn die Ausweitung der Lehrerrolle auch manche von ihnen beflügeln mag - andere überfordert dies sicherlich wegen ihres ohnedies schon belastenden Arbeitspensums und weil eine solche Rollenerweiterung fälschlicherweise davon ausgeht, dass die Fähigkeiten der Menschen unbegrenzt sind. In Wirklichkeit sind
viele Begabungen erstaunlich eng umschrieben; manche Bäcker backen ausgezeichnet Brote, wissen aber nicht, wie man Gebäck macht, und es gibt Posaunisten, die virtuos klassische Musik spielen, aber für Jazz kaum geeignet sind. Man sollte also lieber vorsichtig sein, wenn

man eine signifikante Umdefinition der Lehrerrolle in Betracht zieht. Die immer neuen Herausforderungen gehören zwar zu den angenehmen Seiten des Lehrberufs, aber zugleich irritiert es doch, wenn man in einem Bereich arbeitet, in dem die Pflichten und Anforderungen ständig verändert und endlos ausgeweitet werden können. Wenn sich die Kinder in der Klasse wohl fühlen sollen, dann sollte man lieber nach Stabilität und Verbindlichkeit während der Berufskarriere eines Lehrers trachten.

Auswirkungen einer Idealisierung von Kindheit

Eine der markantesten Charakteristika der Berichte aus Reggio Emilia ist ihre äußerste Heiterkeit - das Ausmaß, in dem die Beschreibungen der eigenen Arbeit vor Optimismus und überschwänglichen Gefühlen strotzen. Man kann die lächelnden Gesichter fast sehen und die Fröhlichkeit dieses Ortes spüren. Es liegt eine gewisse Extravaganz darin, wie die Fähigkeiten der Kinder bejubelt und in den Himmel gehoben werden und mit welcher Vehemenz die Gefühle von Machtlosigkeit und Verletzlichkeit, die auch in der Kindheit vorkommen, geleugnet werden. Die von Anteilnahme, Optimismus und Zuneigung für die Kinder geprägte Haltung ist als Teil des Ethos der Frühpädagogik fast überall gegenwärtig, aber man gewinnt den Eindruck, dass diese Haltung in Reggio Emilia tiefer reicht und alles durchdringt.
Man kann kaum überschätzen, welch ein Segen es für die Kinder ist, derart warmherzig angenommen zu werden. Sie können sich so sicher und willkommen fühlen und Risiken eingehen, die zu Fehlschlägen, Verlegenheit und Selbsterkenntnis führen können. Zugleich können sie offen sein für neue Erfahrungen, die ihnen sonst vielleicht zu bedrohlich erscheinen würden, für Beziehungen, die sonst vielleicht verboten wirken würden, für Gefühle, die sie sonst nicht zu zeigen gewagt hätten, sowie für Fertigkeiten und Ideen, die sonst unerreichbar gewesen wären. Kurz gesagt, ein solches emotionales Klima erlaubt es den Kindern, entspannt genug zu sein, um stärker sie selbst zu sein. Der geradezu magische Einfluss eines solchen erzieherischen Milieus entsteht durch die Unbeirrbarkeit und die Echtheit der Hingabe an Kinder sowie durch die Idealisierung der Kindheit - eine Haltung, die von den meisten effektiven frühpädagogischen Ansätzen geteilt wird.
Und doch hat man ein ungutes Gefühl angesichts der Unausgewogenheit und Verzerrung durch eine dermaßen enthusiastische Haltung, die zu wenig die dunkle Seite der menschlichen Natur anzuerkennen scheint - die Hemmnisse, die überwunden werden müssen, die emotionalen Konflikte, die gelöst werden müssen, die Ängste, die ins Auge gefasst und bewältigt werden müssen, die Gefühle von Hilflosigkeit und Verwirrung, die zur Kindheit gehören, die Eifersüchteleien, Ressentiments und andere Unannehmlichkeiten, die das Dasein als Kind trüben. Man tut so, als gäbe es diese Aspekte der Realität nicht oder als ob man sie sich einfach wegwünschen könnte. Diese Abspaltung innerhalb des kindlichen Erlebens reicht dann bis in die Vorstellungssysteme hinein, von denen die Erziehung kleiner Kinder geleitet wird. Dementsprechend beruft sich Malaguzzi (1993b) in seiner gelehrten und differenzierten Erörterung der theoretischen Grundlagen des Reggio-Ansatzes auf alle wichtigen Theoretiker der Entwicklungspsychologie - mit Ausnahme von Freud. In ihrem Bemühen, Kleinländer glücklich zu machen, neigen Erzieher/innen dazu, manche Aspekte der Wirklichkeit hinter einem Schleier zu verbergen, der ihnen den freien Blick auf den Entwicklungsverlauf beim Kind verstellt. Dieses „Manko des Optimismus" wiegt noch schwerer, da man Erzieher/innen in zunehmendem Maße die Verantwortung für die Grundlegung der menschlichen Entwicklung überträgt, nachdem sich Eltern ihren Kindern immer weniger widmen und für sie weniger erreichbar sind.

Ein anderer, aber davon nicht ganz unabhängiger Kontext, in dem die idyllische Qualität von Reggio Emilia eine Rolle spielt, ist die Zusammenarbeit zwischen Eltern und Erzieher/innen; sie scheinen in der Hingabe, den Kindern das Beste zu geben, miteinander verbunden zu sein. In Reggio Emilia soll die Früherziehung nicht die Fürsoge durch die Familie ersetzen. Vielmehr soll sie die Verflechtung zwischen dem familialen und dem schulischen Einfluss verstärken und erweitern, um die Entwicklung der Kinder zu fördern. Man muss sich allerdings fragen, ob Erzieher/innen wirklich damit rechnen können, eine so gute Form der Zusammenarbeit in anderen Settings zu erreichen. Aus einer Reihe von Gründen, sei es, dass die Eltern selbst schlecht auf die Elternrolle vorbereitet sind oder dass sie zu sehr mit ihrer Arbeitsstelle, ihrer Karriere oder anderen Störfaktoren beschäftigt sind, trifft man oft auf wenig Bereitschaft, eine so enge, wechselseitig interaktive Beziehung mit der Schule einzugehen. In vielen Teilen der Welt, sei es wegen Armut oder Instabilität der Familienstrukturen oder infolge konkurrierender Betätigungen in einer Welt mit zunehmenden Angebot an Möglichkeiten und Anregungen, müssen Schulen als Stellvertreter für ein Zuhause oder der Eltern fungieren. Eltern sind immer weniger an einer Partnerschaft mit der Schule interessiert; vielmehr suchen sie einen Platz, der ihnen einen Teil der Verantwortung für die Kinderbetreuung abnimmt. Schulen und Kinder müssen infolgedessen mit den sich wandelnden Bedingungen zurechtkommen, die sich aus den Umständen und Motivationen innerhalb einer großen Bandbreite verschiedener Familienkonstellationen ergeben. Wenn man diese Faktoren betrachtet, dann stellen sich die Dynamik und der Sinn von Erziehung ganz anders dar als in Reggio Emilia.
Die unbeirrbare gemeinsame Parteinahme für die Kinder, die in Reggio Emilia durchgesetzt wurde, erscheint ungewöhnlich, fast anachronistisch in unserer heutigen Welt. Man kann daher die Erfahrungen aus Reggio Emilia nur beschränkt verallgemeinern. Es ist nicht so, als gäbe es keine starken Pflichtgefühle aufseiten der Eltern mehr, aber sie sind abgemildert und abgewandelt. Auch werden Eltern durch konkurrierende Zeiterfordernisse und emotionale Investments in Anspruch genommen. Infolgedessen wird von den Kindern heute erwartet, dass sie in einer Welt aufwachsen, die neue und andersartige Formen der Anregung und der emotionalen Unterstützung bietet. Die Aufgabe von Erzieher/innen und Entwicklungspsycholog/innen ist es nun, die Charakteristika des sich wandelnden psychologischen Umfelds zu beschreiben und besser zu verstehen und dann herauszufmden, wie diese neuen und stark variierenden Lebensbedingungen und Verhältnisse der Entwicklung der Kinder dienen bzw. nicht dienen. Die Herausforderung für alle, die mit Kindern arbeiten, besteht dementsprechend nicht so sehr darin, die unbeirrbare Hingabe und Wertschätzung von Kindern zu erhalten, wie es Reggio Emilia irgendwie gelungen ist, als vielmehr darin, ein neues Modell für die Versorgung und Erziehung von Kindern im Lichte des rasanten sozialen und technologischen Wandels aufzustellen. Diese überaus wichtige Aufgabe verlangt nach profundem Wissen und Verständnis der psychologischen Bedürfnisse von Kindern, die sich aus einer entwicklungsorientierten Perspektive identifizieren lassen, und nach einer analytischen Bewertung der Chancen und Hindernisse für die kindliche Entwicklung, die zu der sich wandelnden Welt gehören, mit der Kinder heute zurechtkommen müssen.

Literatur

Abramson, S./Robinson, R./Ankenman, K.: Project work with diverse students: Adapting curriculum based on the Reggio Emilia approach. Childhood Education 1995, 7, S. 197-202

Bredekamp, S.: Reflections on Reggio Emilia. Young Children 1993, 49 (6), S. 13-18

Edwards, C./Gandini, L./Forman, G. (Hrsg.): Hundred languages of children: The Reggio Emilia approach to early childhood education. Norwood: Ablex 1993

Gandini, L.: Fundamentals of the Reggio Emilia approach to early childhood education. Young Children 1993, 49 (1), S. 4-17

Gardner, H.: Foreword: Complementary perspectives on Reggio Emilia. In: Edwards, C./Gandini, L./Forman, G. (Hrsg.): Hundred languages of children: The Reggio Emilia approach to early childhood education. Norwood: Ablex 1993

Katz, L.: Impressions of Reggio Emilia preschools. Young Children 1990, 45 (6), S. 11-12

Katz, L.: What can we learn from Reggio Emilia? In: Edwards, C./Gandini, L./Forman, G. (Hrsg.): Hundred languages of children: The Reggio Emilia approach to early childhood education. Norwood: Ablex 1993, S. 19-40

Malaguzzi, L.: For an education based on relationships. Young Children 1993a, 49 (1), S. 9-13 Malaguzzi, L.: History, ideas, and basic philosophy. In: Edwards, C./Gandini, L./Forman, G.(Hrsg.): Hundred languages of children: The Reggio Emilia approach to early childhood education. Norwood: Ablex 1993b, S. 41-90

New, R.: A City in Italy has it. Young Children 1990, 45 (6), S. 4-10

Schiller, M.: Reggio Emilia: A focus on emergent curriculum and art. Art Education 1995, 48 (3), S. 45-50

Quelle: Fthenakis, Wassilios u.a. (Hrsg.): Pädagogische Ansätze im Kindergarten.Weinheim 200, S. 202 – 208

* Aus dem Amerikanischen übersetzt von Kirsten Valeth.


## Arbeitsaufträge / Fragestellungen:

1.
a) Überprüfen Sie die vorliegende Beschreibung der Reggio-Pädagogik auf ihre sachliche Richtigkeit.
b) Nehmen Sie Stellung zu der getroffenen Auswahl der Aspekte.

2.
a) Fassen Sie die Kritik des Autors jeweils in Thesen zusammen.
b) Stellen Sie zu jeder These grafisch das Argumentationsmuster dar.

3. Schreiben Sie eine Stellungnahme zu der vorliegenden Kritik.


## Weiterführende Informationen: Argumentieren

Ecker, Malte W.: Kritisch argumentieren. Aschaffenburg 2006

## Schlagwörter:

Ästhetik; Bild vom Kind; Dokumentation; Elternarbeit; Erzieherrolle; Kindheit; Kindorientierung; Kritik; Zusammenarbeit.

**Aufgaben- / Fragestellungen**

1. In Ihrer Stadt soll eine neue Kindertagesstätte gegründet werden. Der Träger der Einrichtung hat dazu aufgerufen, Ideen für das pädagogische Konzept dieser Einrichtung zu entwickeln. Sie möchten gerne, dass die Kindertagesstätte nach dem Konzept der Reggio-Pädagogik arbeitet und reichen dem Träger ein 10-seitiges *Konzept* auf der Basis der Reggio-Pädagogik ein.

2. In Ihrer Stadt wird in jedem Jahr eine zentrale Informationsveranstaltung für Eltern zukünftiger Kindergartenkinder angeboten, um ihnen die verschiedenen Konzepte der Kindergärten vorzustellen. Sie haben die Aufgabe übernommen, über das Konzept der Reggio-Pädagogik zu informieren. Erstellen Sie ein schriftliches Manuskript für den 45-minütigen *Vortrag*.

3. Führen Sie ein *Planspiel* zum Thema ‚Einführung der Reggio-Pädagogik in Kindertagesstätten' durch.

4. Schauen Sie sich den Film "Die Geschwindigkeit kommt einfach von alleine" an und schreiben Sie eine *kritische Stellungnahme.*

5. Besuchen Sie einen reggio-orientierten Kindergarten. Bereiten Sie eine *Erkundung* und ein *Expertengespräch* vor. Erstellen Sie nach der Erkundung eine Dokumentation, die wesentliche Merkmale der Dokumentation in der Reggio-Pädagogik berücksichtigt.

6. Führen Sie eine *Podiumsdiskussion* zum Thema ‚Reggio-Pädagogik- Neue Chancen für die frühkindliche Bildung!?' durch.

7. „Reggio ist Reggio und kann nicht woanders eingepflanzt werden. Eine Kopie von Reggio wäre eine Beleidigung unserer Arbeit (...) Ich hoffe, dass Ihr mit vielen Fragen nach Hause geht und nicht mit fertigen Antworten." C. Rinaldi-Fachberaterin in Reggio

   *Nehmen Sie Stellung* zu diesem Zitat.

8. „Reggio ist kein Modell". *Erläutern* Sie diese Aussage und nehmen Sie kritisch Stellung dazu.

9. Erstellen Sie ein *Quiz* zur Reggio-Pädagogik. Differenzieren Sie Ihre Fragen nach dem Schwierigkeitsgrad.

10. Erstellen Sie eine *concept – map* zur Reggio-Pädagogik.

11. Produzieren Sie ein Podcast zum Thema ‚Reggio-Pädagogik und die frühkindliche
    Bildung'

12. Erdachte Gespräche: Führen Sie ein fiktives *Interview* mit Loris Malaguzzi.
    (In Anlehnung an Michl,W./Schödlbauer, C.: Erdachte Gespräche aus zwei
    Jahrtausenden. Neuwied 1999)

13. Ist die Reggio-Pädagogik eine gute Theorie? Beschreiben Sie fünf Merkmale
    einer guten Theorie und prüfen Sie, ob die Reggio-Pädagogik diese Kriterien
    erfüllt.

14. Lernen sichtbar machen: Dokumentieren Sie Ihren eigenen Lernprozess nach dem
    Vorbild der Reggio-Pädagogik.

15. Wie ist die heutige Unterrichtspraxis aus der Sicht der Reggio-Pädagogik zu
    beurteilen?

16. Welche Positionen würden Vertreter der Reggio-Pädagogik in der aktuellen
    Erziehungsdebatte ( Winterhoff, Bueb,...) vertreten.

17. Was wäre, wenn alle Kindergärten in Deutschland nach der Reggio-Pädagogik
    arbeiten würden?

18. Welche Antworten gibt die Reggio-Pädagogik auf klassische pädagogische
    Fragen/Problemstellungen?

    - Führen oder wachsen lassen?
    - Inhaltliche oder formale Bildung?
    - Schonraum oder Konfrontation mit der Realität?
    - ....

19. Die Reggio-Pädagogik ist eine dialogische Pädagogik. Welche Bedingungen müssen nach Auffassung der Reggianer gegeben sein, damit eine dialogische Erziehung gelingt?

20. Welche Voraussetzungen muss jemand erfüllen, um in Reggio Erzieher/in zu werden?

21. Lernen oder spielen: Die Antwort der Reggio-Pädagogik auf eine alte Kontroverse.

22. „Kinder als alien" – kann man Kinder verstehen? Beschreiben Sie wie man in Reggio versucht, die Kinder zu verstehen.

23. Das Weltbild des Kindes: Merkmale und pädagogischer Umgang aus Sicht der Reggio-Pädagogik

24. "Kinder müssen wieder als Kinder gesehen werden. Heute sind wir dazu übergegangen, sie als kleine Erwachsene ebenbürtig zu machen und damit restlos zu überfordern."
( Winterhoff, M. : Warum unsere Kinder Tyrannen werden. Gütersloh 19.A. 2009, S. 18f )

Wie würden Reggianer auf diese Forderung antworten?

25. „Die hundert Sprachen des Kindes" – *Überarbeiten* Sie dieses Gedicht!

26. „Über Kinder kann man nur von Kindern lernen". *Analysieren* Sie das Verhältnis von Theorie und Praxis in der Reggio-Pädagogik.

27. Die Väter und Mütter der Reggio-Pädagogik. Die theoretischen Grundlagen der Reggio-Pädagogik. Wieviel Piaget, .... steckt in der Reggio-Pädagogik?

28. Die Bildungspläne einzelner Bundesländer – Verfassen Sie einen kritischen Kommentar aus der Sicht der Reggio-Pädagogik.

29. Erstellen Sie eine Liste von Metaphern, die in der Reggio-Pädagogik von Bedeutung sind.

30. Malen Sie zu ausgewählten Metaphern jeweils ein Bild und erläutern Sie Ihr Verständnis der jeweiligen Methapher.

31. „Jedes Misslingen hat seine Gründe,
Jedes Gelingen sein Geheimnis."
(J. Kaiser 2.9.09 Tischgespräch WDR 5)

Übertragen Sie diese Aussage auf die Reggio-Pädagogik.

32. Würde sich die Welt verändern, wenn alle Kinder einen Reggio-Kindergarten
besuchen würden?

33. Wie kann man den Erfolg der Reggio-Pädagogik messen? Entwickeln Sie ein
Konzept zur Überprüfung der Wirkungen der Reggio-Pädagogik.

34. Vergleichen Sie mithilfe eines *Venndiagramms* die Montessori-Pädagogik und die
Reggio-Pädagogik unter folgenden Gesichtspunkten:
   - Bild vom Kind
   - Entwicklungspsychologische Grundannahmen
   - Erzieherrolle
   - Lernen
   - Lernumgebung
   - Erziehungsziele

35. „Das Kind als Baumeister seiner selbst." Was benötigt ein Kind, um sich selbst zu
erzeugen? Stellen Sie mithilfe einer *Vergleichstabelle* die Antworten der
Montessori- und der Reggio-Pädagogik gegenüber.

36. „Der Raum als dritter Erzieher." Analysieren Sie die Bedeutung der vorbereiteten
Umgebung in der Montessori- und der Reggio-Pädagogik.

37. Die Kindorientierung ist ein zentrales pädagogisches Prinzip in der Reggio-
Pädagogik, in der Montessori-Pädagogik und bei Korcak. Was wird jeweils unter
dem Begriff verstanden und welche Schlussfolgerungen werden jeweils daraus
gezogen?

38. Kinderrechte im Vergleich: Beschreiben Sie Gemeinsamkeiten und Unterschiede
zwischen Korczak, der Reggio-Pädagogik und der Kinderrechtskonvention(1990).

# Links zu Methodensammlungen

In diesen Methodensammlungen finden Sie nähere Erläuterungen zu den vorgeschlagenen Methoden.

http://methodenpool.uni-koeln.de/frameset_uebersicht.htm

http://www.learn-line.nrw.de/angebote/methodensammlung/

http://www.sowi-online.de/methoden/methoden-ol.htm

http://www.transfer-online.de/fileadmin/Gratis/htm/ueberblick/ueberblick8.htm

http://www.friedenspaedagogik.de/service/unterrichtsmaterialien/methoden__1/methoden_in_ der_politischen_bildungsarbeit

http://www.thomas-reyer.de/arbeitsmaterial/methoden_reyer2008.pdf

http://www1.bpb.de/methodik/5JRHMH,0,0,Methodensuche.html

http://www.altenpflege-lernfelder.de/downloads/methodenpool/allgemeineMethoden.pdf


# Literatur- und Medienhinweise

### Grundlagenliteratur

Dreier, A.: Was tut der Wind, wenn er nicht weht. Begegnung mit der Kleinkindpädagogik in Reggio Emilia. Berlin 6. A. 2010

Göhlich, H.D.M.: Reggiopädagogik. Innovative Pädagogik heute. Frankfurt 7. A. 2002

Knauf, T. u.a.: Handbuch Pädagogische Ansätze. Berlin 2007

Krieg, E. (Hg.): Lernen von Reggio. Theorie und Praxis der Reggio-Pädagogik im Kindergarten. Lage 2.A. 2004

Rinaldi, C.: In Dialogue with Reggio Emilia. London 2006

Sommer, B.: Kinder mit erhobenem Kopf. Kindergärten und Krippen in Reggio Emilia. Neuwied/Berlin 2002

Ullrich, W. / Brockschnieder, F.-J.: Reggio-Pädagogik auf einen Blick. Einführung für Kita und Kindergarten. 3.A. Freiburg 2009

**Überblicksartikel**

Brockschnieder, F.-J.: Reggio-Pädagogik. In: Küstner, C. (Hg.): Pädagogische Handlungskonzepte von Montessori bis zum Situationsansatz. Freiburg 2007, S. 41-49

Lingenauber, S.(Hrsg.): Handlexikon der Reggio-Pädagogik. Bochum/Freiburg 3.A. 2010

Knauf, T.: Moderne Ansätze der frühen Kindheit. In: Fried, L./Roux, S.(Hrsg.): Pädagogik der frühen Kindheit. Handbuch und Nachschlagewerk. Weinheim 2006, S. 118 - 128

Ders.: Reggio-Pädagogik. Ein italienischer Beitrag zur konsequenten Kindorientierung in der Elementarerziehung. In: Fthenakis, W. E. u. a. (Hrsg.): Pädagogische Ansätze im Kindergarten. Weinheim 2000, S. 181-201


**Weiterführende Literatur**

Albert, C.: Lernwerkstatt Kindergarten. Neuwied 2000

Arnheim, R.: Anschauliches Denken. Köln 7. Aufl. 1996

Bagic-Moser, B.: Ist die Sonne schwarz? Von der Alltagsbeobachtung zum naturwissenschaftlichen Projekt. In: Unsere Kinder, Heft 4/2008, S. 19 – 21

Balancieren auf seidenem Faden. 40 Jahre Reggio-Pädagogik. Auf den Spuren von Loris Malaguzzi. In: Kinder in Europa. Juni 2004 ( Beilage der Zeitschrift klein&groß)

Bauer, B.: Wenn das Auge über die Mauer springt. In: Welt des Kindes, Heft 6/1996, S. 16 - 19

Beek von der, A.: Nido -- Nester zum Wohlfühlen. In: klein & groß, Heft 9/1990

Dies.: Ich habe mit der Statue getanzt. In: klein & groß, Heft 11- 12/1998, S. 15-18

Berentzen, D.: "... Dieses Land gehört nicht mir." In: Päd extra, Heft 6/1987, S. 9-16

Ders.: Sechs Jahre Glück  - Gespräch mit Loris Malaguzzi. In: Welt des Kindes Heft 2/1988, S. 20 - 21

Berger, M. / Berger, L. (Hrsg.): Portfolio in Vorschule und Schule. Stockholm 2007

Bertelsmann Stiftung (Hrsg.): Guck mal! Bildungsprozesses des Kindes beobachten und dokumentieren. Gütersloh 2005

Bree, St.: Surfen in Reggio oder die Lust zu lernen. In: klein & groß, Heft 12/1999, S. 6 -11

Breuer, D.: Neue Projektformen in Reggio. In: Betrifft Kinder, Heft 7/2007, S. 6 – 15

Brockschnieder, F.-J. : Wenn das Auge über die Mauer springt.
In: Pädagogik Unterricht 30 Jg. H. 1 / 2010, S.17 – 32

Brockschnieder, F.-J.: Reggio gibt Antworten auch auf die Bildungspläne
In: kindergarten heute, Heft 3/2006, S. 6 – 12

Brutscher, H.: Neugier von Kindern und Erziehern. In: Welt des Kindes, Heft 5/1991,
S. 38 - 41

Bruner, J. S.: Der Akt der Entdeckung. In: Neber, H. (Hrsg.): Entdeckendes Lernen.
Weinheim/Basel, 3. Aufl. 1981

Bürmann, I.: Überwindung des Dualismus von Person und Sache. Bad Heilbrunn 1997

Castagnetti, M. /Vecchi, V.: Schuh und Meter. Wie Kinder im Kindergarten lernen.
Berlin 2002

Caritasverband für die Erzdiözese Freiburg e.V. u. a. (Hrsg.): Faszination Reggio. Auf der
Suche nach dem Bild vom Kind. Freiburg 1998

Davoli, M./ Ferri, G.: Ganz Reggio. Mit Kindern die eigene Stadt ko-konstruieren.
In: Betrifft Kinder, H. 11/2008, S. 6 –16.

Dietrich, U.: Samantha an der Staffelei. In: Welt des Kindes, Heft 2/1991, S. 25 - 29

Dreier, A.: Wenn Wände sprechen. Planung und Dokumentation als Elemente einer
qualifizierten Vorschulpraxis. In: Welt des Kindes, Heft 2/1997, S. 12 - 16

Dies.: Der Flirt mit der Welt: Wie Kinder lernen und gestalten. Ästhetische Bildung in Reggio
Emilia. In: Theorie und Praxis der Sozialpädagogik, Heft 2/1996, S. 62 - 66
Dies.: Ein Provokateur in Sachen Kindheit. Zum Tod von Loris Malaguzzi- Mitbegründer der
Reggio-Pädagogik. In: Theorie und Praxis der Sozialpädagogik, Heft 2/1994

Dies.: Reggio-Pädagogik. Analyse und Interpretation einer Konzeption vorschulischer
Bildung. Berlin 1994 Diss.

Dies.: Die 100 Sprachen der Kinder. Anregungen aus dem Elementarbereich für eine
Blickwendung in der Grundschulpädagogik. In: Die Grundschulzeitschrift, Heft 96/1996,
S. 46 - 53

Dies. / Göhlich, M.: Der Flirt zwischen Bär und Igel - Die Reggios sind in Westberlin.
In: Päd extra, Heft 12/1987, S. 36 - 39

Dies.: Wenn Wände sprechen. Planung und Dokumentation als Elemente einer qualifizierten
Vorschulpädagogik. In: Welt des Kindes, Heft 2/1997, S. 12 - 16

Duncker, L. u. a. (Hrsg.): Kindliche Phantasie und ästhetische Erfahrung. Langenau-Ulm
2. Aufl. 1993

Dupius, A.: Visionen und Realitäten über Reggio und anderes. In: klein & groß, Heft 8/1991,
S. 10 - 11

Ehrenspeck, Y.: Versprechungen des Ästhetischen. Die Entstehung eines modernen Bildungsprojektes. Opladen 1998

Elschenbroich, D.: Die Chance der frühen Jahre. In: Welt des Kindes Heft 6/1996, S. 36 - 40

Elschenbroich, D. u.a.: Das Portfolio im Kindergarten. Weimar/Berlin 2008

Elstgeest, J.: Die richtige Frage zur richtigen Zeit. In: Irskens, B.: Die Lernwerkstatt, MSP 28, Frankfurt 1997, S. 10 - 113

Fachhochschule Frankfurt: Wenn das Auge über die Mauer springt. Frankfurt 1987

Fthenakis, W.: In hundert Sprachen ko-konstruieren. In: Betrifft Kinder, H. 6/7 2008, S. 9 – 11

Gebauer-Jorzick, S. / Hebenstreit, K.: Projekt Weitsprung. In: klein & groß, Heft 10/1990, S. 14 - 20

Giacopini., E.: Das Unmögliche versuchen.Die Erfahrungen der kommunalen Kindertagesstätten und Krippen in Reggio Emilia. In: klein & groß, Heft 5/1997

Giacopini, E.: Das Recht auf Selbstverwirklichung. In: klein & groß, Heft 1/1998, S. 19 - 23

Göhlich,M..: Offener Unterricht, Community Education, Alternativpädagogik, Reggio-Pädagogik. Weinheim 1997

Ders.: Reggiopädagogik im Kindergarten. In: Klattenhoff, K. u. a. (Hrsg.): Das Kind zur Rose machen. Zur Philosophic des offenen Kindergartens. Varel 1999, S. 53 - 74

Ders.: Eine Frage ist ein Anfang. Selbstbestimmtes Lernen und pädagogische Unterstützung. In: Welt des Kindes, Heft 4/2000, S. 6 - 11

Götte, U. / Stein, M. (Hrsg.): Kinderkunst aus Reggio Emilia. Brandenburg 1994

Günsch, S.: Remida – das kreative Recycling Centro. In: Betrifft Kinder, Heft 1/2 2008, S. 14 – 19

Hall, Kathy u. a.: Loris Malaguzzi and the Reggio Emilia Approach. London 2010

Harms, G. / Prott, R.: Das Auge schläft bis es der Geist mit einer Frage weckt. In: Welt des Kindes, Heft 3/1985, S. 176 - 178

Henze, S.: Konzeption und Praxis kommunaler Vorschulpädagogik in Reggio nell'Emilia/Italien - Ein Modell für Kindertagesstätten. Kassel 1993 (unv. Diplomarbeit)

Hermann, G. u. a.: Das Auge schläft bis es der Geist mit einer Frage weckt. Berlin 3. Auflage 1987

Dies.: Ein Blatt ist ein Blatt, ist kein Blatt, ist ein Blatt. In: Welt des Kindes, Heft 2/1988, S. 28 – 31

Hermann, G.: Lernwerkstatt für Kinder. In: Welt des Kindes, Heft 1/1992, S. 24 - 27

Jäger, W.: "Das da draußen sind wir ..." Bausteine einer Pädagogik der Wahrnehmung. Dortmund 1997

Jobst, S.: Inklusive Reggio-Pädagogik. Bochum 2007

Kater, E.: Die Chance der frühen Jahre. Gespräch mit D. Elschenbroich. In: Welt des Kindes. Heft 6/1996, S. 36 - 40

Kemper, H.: Erziehung als Dialog. Weinheim - München 1990

Klemm, K.: Reggio - ein faszinierendes Projekt. In: klein & groß, Heft 5/1996, S. 18

Knauf, H.(Hrsg.): Frühe Kindheit gestalten. Perspektiven zeitgemäßer Elementarbildung. Stuttgart 2009

Knauf, T. / Krieg, E.: Hundert Welten entdecken. Ausstellung zur Pädagogik der Kindertagesstätten in Reggio Emilia. In: Welt des Kindes, Heft 5/1995, 56 - 57

Ders..: Wir erziehen Kinder nicht, wir assistieren ihnen. Die Rolle der Erzieherin in der Reggio-Pädaggogik. In: Welt des Kindes, Heft 4/1998, S. 13 - 19

Ders.: Ein Vergnügungspark für Vögelchen - Annäherung an Theorie und Praxis des Projektlernens in Reggio Emilia. In: Welt des Kindes, Heft 6/1998, S. 6 - 11

Ders.: Annäherung an Theorie und Praxis des Projektlernens in Reggio Emilia. In: Impulse aus Reggio Emilia- Ansätze in Deutschland. Interne Dokumentation der 1. Bundesfachtagung von Dialog Reggio in Hattingen im Juni 1998. Hamburg 1998

Ders.: „Das Auge schläft- bis es der Geist mit einer Frage weckt." Die konstitutive Kraft der Bilder in der Reggio-Pädagogik. In: Theorie und Praxis der Sozialpädagogik , Heft 9/2005, S. 17 - 21

Korczak, J.: Wie man ein Kind lieben soll. Göttingen 3. Aufl. 1972

Krieg, E. (Hrsg.): Hundert Welten entdecken. Essen 1993

Dies.: Wir kaufen dir einen Schuh ab! Aspekte der Reggio-Pädagogik. In: Päd extra, Heft 5/1995, S. 40 - 43

Dies.: Du mußt es machen, wie der Schatten es will. Anregungen aus der Reggio-Pädagogik. In: Deutsche Lehrerzeitung, Heft 11/1995

Dies.: Raumschiff zwischen zwei Intelligenzen. Das neue Medium im Kindergartenalltag. In: Welt des Kindes, Heft 3/1997, S. 12 - 15

Dies.: Das Kind ist wie ein Fluß. Beobachtung und Dokumentation in der Reggio-Pädagogik. In: AKILAB (Hrsg.): Pädagogik und Didaktik für Menschen mit besonderen Erziehungsbedürfnisssen. Aachen 1997

Dies.: Der schwerste Apfel und der weiteste Sprung. In: Neue deutsche Schule, Heft 5/1998, S. 28 - 29

Dies. u. a.: Kinder verstehen lernen. Beobachtung -- Eine Technik für sich.
In: Welt des Kindes, Heft 4/2000, S. 20 - 25

Küppers, J. / Küppers, H.: Reggio-Pädagogik vor Ort. In: klein &groß, Heft 11-12/1997,
S. 20 - 23

Küppers, H.: Hundert Welten entdecken. Eine Studienreise zu den Reggio-Children.
In: Welt des Kindes, Heft 2/1998, S. 34 - 37

Laewen, H.-J.: Reggio ist kein Modell ... In: klein & groß, Heft 6/ 1998, S. 6-14
Landesinstitut für Schule und Weiterbildung NRW (Hrsg.): Lehren und Lernen als
konstruktiver Prozess. Soest 1995

Lay, C.: Der Flirt mit dem Igel. In: Päd extra, Heft 7-8/1987, S. 43 - 46

Ders.: Kinderwerkstatt. In: Welt des Kindes, Heft 2/1988, S. 17 - 19

Ders.: Von der Bastelstube zum Kinderatelier. In: Welt des Kindes, Heft 4/1989, S. 11 - 17

Leu, H. R.: Prozesse der Selbst - Bildung bei Kindern -- eine Herausforderung an Forschung
und Pädagogik. In: DJI (Hrsg.): Das Forschungsjahr 1998. München 1999, S. 168 - 185

Liebetruth-Bergfeld, B.: Die Reggio-Pädagogik - ein Konzept von Offenheit.
In: Entdeckungskiste, Jan. / Feb. 1998, S. 80 - 82

Dies.: Mit allen Sinnen erleben! Das reggianische Bild vom Kinde.
In: Entdeckungskiste , Mai / Juni 1998, S. 81 - 85

Dies.: Ein ästhetisches Raum - Erleben. In: Entdeckungskiste, Juli / August 1998, S. 89 - 92

Dies.: Spieglein, Spieglein an der Wand. In: Entdeckungskiste, Sept. / Oktober 1998,
S. 75 - 77

Dies.: Die Projekte der Kinder von Reggio Emilia In: Entdeckungskiste , Nov. / Dezember
1998, S. 78 - 80

Dies.: Kinder sind geborene Entdecker und Erfinder. In: Entdeckungskiste, März / April 1999,
S. 8 - 10

Dies.: Die Reggio-Pädagogik - ein übertragbares Modell?! In: Entdeckungskiste, Jan. / Feb.
1999 S. 72 - 75

Liegle, L.: Bildung und Erziehung in früher Kindheit. Stuttgart 2006

Liegle, W.: Das Meer wird aus der Mutter Welle geboren. Vorsichtige Annäherungen an die
Reggio-Pädagogik. Weingarten 2005
http://www.akademie-rs-test.de/fileadmin/user_upload/pdf_archive/20051110_1550_Reggiov_Vortrag_Liegle_Wolfgang.pdf

Lingenauber, S. : Einführung in die Reggio-Pädagogik. Kinder, Erzieherinnen und Eltern als konstitutives Sozialaggregat. 5. A. Bochum 2009

Malaguzzi, L.: Zum besseren Verständnis der Ausstellung -- 16 Thesen zum pädagogischen Konzept. Hamburg 1990

Ders.: "Kommentare zum besseren Verständnis der Ausstellung" o. J., o. O.

Ders.: Pädagogik als Projekt. In: Göhlich, M. (Hrsg.): Offener Unterricht, Community Education, Alternativpädagogik, Weinheim 1997, S. 197 - 201

Ders.: Im Vergnügungspark für Vögelchen. In: klein & groß, Heft 3/1997a, S. 20 - 22

Ders.: Eröffnungsbeitrag zur Fachtagung ' Hundert Sprachen hat das Kind' In: Senatsverwaltung für Jugend und Familie (Hrsg.), Berlin 1992

Neber, H. ( Hrsg.): Entdeckendes Lernen. Weinheim - Basel 3. Aufl. 1981

Neuß, N. (Hrsg.): Ästhetik der Kinder. Interdisziplinäre Beiträge zur ästhetischen Erfahrung von Kindern. Frankfurt 1999

Nöske, A.: Ich bin stolz, dass ich mich zurückgehalten habe. Erfahrungen mit dem Konzept des "konstruierenden Kindes". In: Welt des Kindes, Heft 5/2000, S. 37 - 39

Otto, G.: Argumentationsfiguren zum Verhältnis von Bildungstheorie und ästhetischer Theorie. In: Otto. G.: Lernen und Lehren zwischen Didaktik und Ästhetik. Bd. 3. Seelze 1998, S. 51 - 68

Oelkers, J.: Eine Passage des Bildungsprozesses. Ästhetisches Lernen als Selbstformung. In: medien + erziehung, Heft 5 / 1999, S. 271 - 278

Parsons, M.J.: Studien zur ästhetischen Entwicklung. In: Garz, D.: Sozialpsychologische Entwicklungstheorien. Opladen 1989, S. 220 - 249

Portfolios – Bildung und Entwicklung dokumentieren. Themenheft TPS H. 9 / 2008

Pousset, R./Aden-Grossmann, W.(Hg.): Handwörterbuch für Erzieherinnen und Erzieher. Weinheim 2006

Preuss, M.: Meine Gedanken zum neuen Bild vom Kind. In: kindergarten heute, Heft 3/1994, S. 42 - 44

Reich, K.: Systemisch-konstruktivistische Pädagogik. 2. Aufl. Neuwied 1997

Reggio Children (Hrsg.): Springbrunnen. Aus einem Projekt zur Konstruktion eines Vergnügungsparks für Vögel. Neuwied - Krieftel - Berlin 1998

Dies.: Ein Ausflug in die Rechte von Kindern: Aus Sicht der Kinder. Neuwied-Krieftel - Berlin 1998

Dies.: Die Kinder vom Stummfilm. Fantasiespiele zwischen Fischen und Kindern in der Krippe. Neuwied - Krieftel -Berlin 1998

Dies.: Zärtlichkeit. Eine Geschichte von Laura und Daniele. Neuwied-Kriftel-Berlin 1998

Dies.: Hundert Sprachen hat das Kind: die deutsch-italienische Originalausgabe zur Ausstellung. Neuwied - Krieftel - Berlin 2002

Dies.: Alles hat einen Schatten, außer den Ameisen. Weinheim - Basel 2002

Dies.: Ganz Reggio – Wie Kinder ihre Stadt in hundert Sprachen erforschen. Berlin Weimar 2009

Dies.: Making learning visible. Reggio 2001

Dies.: Die Krippen und Kindertagesstätten von Reggio Emilia. Historische Daten und Allgemeine Auskünfte. Reggio Emilia 2008

Rettkowski-Felten, M./ Jordan, M.: Spieglein, Spieglein an der Wand .... In: Betrifft Kinder, H. 1/2 2008, S. 31 – 34

Rieber, D.: Der Kultur der Kinder auf der Spur. Freiburg 2002

Rinke, S. / Knauf, T.: Reggio, Montessori und die Reformpädagogik. In: klein & groß, Heft 6/1996, S. 6 - 10

Rodari, G.: Grammatik der Phantasie. Die Kunst, Geschichten zu erfinden. Leipzig 1992

Staudte, Aufl. (Hrsg.): Ästhetisches Lernen auf neuen Wegen. Weinheim - Basel 1993

Schäfer, A.: Einführung in die Erziehungsphilosophie. Weinheim/Basel 2005

Schäfer, G. E.: Bildungsprozesse im Kindesalter. Weinheim - München 1995

Ders. / Stenger, U.: Grundlagen der Reggio-Pädagogik. In: Kinder in Tageseinrichtungen. Heft 3/1998, S. 135 - 142

Ders.: Die Lust am Lernen, Wahrnehmen und Verstehen. Vorschulische Bildung als ästhetische Erfahrung. In: Welt des Kindes, Heft 3/1994, S. 22 - 29

Ders.: Sinnliche Erfahrung bei Kindern. In: Lepenies, A. u. a.: Kindliche Entwicklungspotentiale. München 1999, S. 153 - 290

Schiller, F.: Über die ästhetische Erziehung des Menschen. Stuttgart 1965

Scholz, G.: Kinder sind unbelehrbar. In: Theorie und Praxis der Sozialpädagogik, Heft 3/2000, S. 6 - 11

Schreiner, S.: Nachdenken über Reggio. In: Päd extra, Heft 3/1991, S. 36 - 39

Schult, I.: Reggio Emilia- Ein Erziehungsmodell. Über die Zusammenhänge und das Zusammenwirken von Kultur, Pädagogik und Politik. In: Blätter der Wohlfahrtspflege, Heft 6/1987, S. 143 - 145

Schulz, W.: Ästhetische Bildung. Weinheim 1997

Senatsverwaltung für Jugend und Familie (Hrsg.): Hundert Sprachen hat das Kind. Berlin 1992

Sikora, I.: Wenn der Funke überspringt. In: Welt des Kindes, Heft 5/1990, S. 40 - 43

Dies.: Spiegel, Folien, Licht und Schatten: In: Welt des Kindes, Sept/Okt. 1985

Dies.: Die Welt in einer Pfütze. In: Welt des Kindes, Heft 4/1986, S. 287 - 292

Dies.: Ein weinender Springbrunnen. Aus Ideen lernen: Wie Kinder entdecken, erforschen und begreifen. In: Welt des Kindes, Heft 4/2000, S. 13 - 15

Stenger, U.: Auf der Suche nach möglichen Anfängen. Projektarbeit in Reggio Emilia. In: klein & groß, Heft 2/1998, S. 20 - 22

Dies.: Reggio-Pädagogik in der Praxis- projekthaftes Arbeiten. In: Kinder in Tageseinrichtungen, Heft 3/1998, S. 143 - 150

Stinner, B.: Reggio-Pädagogik. In: Huppertz, N. (Hrsg.): Konzepte des Kindergartens. Oberried 2. Aufl. 2000

Steudel, A.: Beobachtung in Kindertageseinrichtungen. Entwicklung einer professionellen Methode für die pädagogische Praxis. Weinheim 2008

Tedeschi, M: Die hundert Sprachen des Essens. In: Betrifft Kinder, H. 6/7 2008, S. 6 – 8

Tennstedt, B.: Das Auge springt über die Mauer. In: klein & groß, Heft 9/1990, S. 8 - 12

Theorie und Praxis der Sozialpädagogik: Themenheft "Kinder als Forscher", Heft 3/2000

Viernickel, s./ Völkel, P. (2009): Beobachten und dokumentieren im pädagogischen Alltag. Freiburg 2009

Vygotskij, L. S.: Die Phantasie und ihre Entwicklung im Kindesalter. In: Vygotskij, L. S: Vorlesungen über Psychologie. Marburg 1996, S. 98 - 117

Watzlawick, P. (Hrsg.): Die erfundene Wirklichkeit. Wie wissen wir, was wir zu wissen glauben? Beiträge zum Konstruktivismus. München 4. Aufl. 1986

Welsch, W.: Ästhetisches Denken. Stuttgart 4. Aufl. 1995

Werning, R.: Konstruktivismus. In: Pädagogik, Heft 7-8/1998, S. 39 - 41

Wies, H.: Lust am Lernen. Eine Ausstellung über deutsche Reggio-Projekte. In: Betrifft Kinder H. 6/7 2008, S. 12 – 15

Wies, H. u.a.: Spinnen und Netze oder Wie Kinder das Lernen lernen.
In: Betrifft Kinder , Heft 12/2006, S. 19 – 23

Wies, H.: Briefe aus Reggio (1). In: Betrifft Kinder,  Heft 11/2008,
S. 17 – 19

Wies, H.: Briefe aus Reggio (2). In: Betrifft Kinder, H. 12/2008, S. 15–17.
(In loser Folge sind 10 Reiseberichte in der Zeitschrift ‚Betrifft Kinder' veröffentlicht worden.
Der 10. Reisebericht erschien im Heft 11-12  / 2009 )

Zimiles, H.: Kommentar zu ausgewählten Aspekten der Reggio-Pädagogik. In: Fthenakis, W.
E. u. a. (Hrsg.): Pädagogische Ansätze im Kindergarten. Weinheim 2000, S. 202 - 208


**Medien**

Filmwerkstatt Münster (2008): Die Geschwindigkeit kommt einfach von alleine. DVD,
Münster (1)

Forman,George; Gandini, Lella (1994): A Message from Loris Malaguzzi. VHS, Amherst. (2)

Großer-Stöpler, Franziska (1988): Wenn das Auge über die Mauer springt.
Kleinkindererziehung in Reggio nell' Emilia. Ein pädagogischer Reisebericht. VHS,
Hamburg.

"Ich bin ganz verliebt in meine Spinne…, wie in dich, Matthias.". Reggio-Pädagogik in der
Kindertagesstätte Niki de St. Phalle, VHS, Münster 2006 (3)

Reggio children (2008): Not just anyplace. Reggio Emilia - an educational experience as told
by the protagonists. DVD. Reggio Emilia. (2)


**Bezugsquellen:**

(1)Filmwerkstatt Münster
Gartenstr. 123, 48147 Münster

(2) Reggio Children S.r.l.
Via Bligny 1/a - C.P. 91 Succursale 2
42100 Reggio Emilia - Italy
tel: +39 0522 513752
fax: +39 0522 920414
email: info@reggiochildren.it

(3)Hildegardisschule Münster
z. Hd. Karl Mair
Neubrückenstr. 17, 48143 Münster

**Internetadressen:**

Unter den folgenden Internetadressen finden Sie Fachartikel zu verschiedenen Aspekten der Reggio-Pädagogik:

http://www.kindergartenpaedagogik.de/

http://www.bildungsserver.de/zeigen.html?seite=1920

http://www.dialog-reggio.de

http://zerosei.comune.re.it/inter/rechild/skrc0.htm (Englische Version)

http://www.uni-koeln.de/ew-fak/paedagogik/fruehekindheit/texte/einfuehrung06.html

http://www.reggiokindergarten.de/


Filme zur Reggio-Pädagogik auf youtube:

http://www.youtube.com/watch?v=8egkhQB4_-k&feature=related